BIBLIOTHÈQUE DU XVIIIe SIÈCLE
sous la direction de Pierre Frantz et Catriona Seth
49

Mémoires de Madame de Batteville ou la veuve parfaite

Ouvrage publié avec le soutien de l'université d'Augsbourg

Marie Leprince de Beaumont

Mémoires de Madame de Batteville

ou la veuve parfaite

Édition critique par Rotraud von Kulessa

PARIS
CLASSIQUES GARNIER
2020

Rotraud von Kulessa est professeur de littératures française et italienne à l'université d'Augsbourg. Spécialiste des auteures du XVIIIe et XIXe siècles en France et en Italie, elle a publié une édition critique des *Lettres d'une Péruvienne* et de nombreux articles et volumes collectifs dont *Une éducatrice des Lumières : Marie Leprince de Beaumont* avec Catriona Seth.

ISBN 978-2-406-09989-5 (livre broché)
ISBN 978-2-406-09990-1 (livre relié)
ISSN 2109-7623

INTRODUCTION

Marie Leprince de Beaumont, une éducatrice des Lumières

Auteure d'ouvrages éducatifs, de romans, de contes et journaliste, Marie Leprince de Beaumont (1711-1776) est, de nos jours, avant tout connue pour sa réécriture du conte de *La Belle et la Bête*, à l'origine de la plume de Gabrielle-Suzanne de Villeneuve[1]. Le conte fait partie du cinquième dialogue du *Magasin des enfants*, un recueil de dialogues pédagogiques entre une gouvernante, Mlle Bonne, et ses élèves, qui sert à la fois de manuel aux éducatrices et de livre de lecture aux petites filles entre 5 et 13 ans[2]. Au *Magasin des enfants*, l'auteure ajoute le *Magasin des adolescentes* (1760) et les *Instructions pour les jeunes dames* (1764), des ouvrages qui fonctionnent tous selon le même principe. En raison du fait qu'elle adapte la langue et le contenu de ses *Magasins* à l'âge respectif des élèves fictives, qui constituent en même temps les destinataires de l'ouvrage, Leprince de Beaumont peut être considérée comme l'inventeur de la littérature d'enfance et de jeunesse. Si l'auteure a été longtemps considérée comme une défenseure fervente du catholicisme et donc comme adepte de ce que l'historiographie aime à désigner comme les « anti-Lumières », les recherches de Barbara Kaltz[3], de Geneviève Artigas-Menant[4] et des travaux récents effectués dans le cadre du projet

1 Villeneuve, Gabrielle-Suzanne de, « La Belle et la Bête », in Gabrielle-Suzanne de Villeneuve, *La jeune Américaine et les contes marins*, La Haye, Au dépens de la Compagnie, 1740-1741.

2 Pour le fonctionnement du dialogue dans *Le Magasin des enfants*, voir Kulessa, Rotraud von, « La fonction du dialogue dans *Le Magasin des enfants* de Marie Leprince de Beaumont », *Marie Leprince de Beaumont. De l'éducation des filles à « La Belle et la Bête »*, éd. J. Chiron et C. Seth, Paris, Classiques Garnier, 2013a, p. 73-83.

3 *Contes et autres écrits*, éd. Barbara Kaltz, Oxford, Voltaire Foundation, coll. « Vif », 2000.

4 Artigas-Menant, Geneviève, « Les Lumières de Marie Leprince de Beaumont : Nouvelles données biographiques », *Dix-Huitième Siècle*, n° 36, 2004, p. 291-301 ; Artigas-Menant, Geneviève, *Lumières clandestines. Les papiers de Thomas Pichon*, Paris, Honoré Champion, 2001 ; voir aussi l'article de la même dans le *Dictionnaire des femmes des Lumières*, éd. H. Krief et V. André, Paris, Honoré Champion, 2015, t. 2, p. 716-720.

EDULUM[5] ont mis en évidence la pluridimensionnalité de son œuvre qui pose en effet le problème de la place de l'apologétique chrétienne dans le mouvement des Lumières[6].

Les écrits de Marie Leprince de Beaumont attestent d'un projet d'éducation chrétienne éclairée qui cherche à harmoniser la foi et la raison[7]. Si les travaux portant sur cette auteure se sont multipliés ces dernières années, notamment grâce aux travaux menés dans le cadre du projet EDULUM[8], les éditions modernes et critiques de ses œuvres sont encore rares. En dehors d'une édition scolaire de la *Belle et la Bête* (Flammarion, 2017), de celle du *Magasin des enfants* établie par Elisa Biancardi (Paris, Champion, 2008), et d'un fac-similé de *Civan, Roi de Bungo* accompagné d'une introduction d'Alix S. Deguise (Genève, Slatkine, 1998), les romans de Leprince de Beaumont n'ont, jusqu'à présent, pas encore fait l'objet d'éditions critiques. Il nous a donc semblé urgent de combler cette lacune en donnant des éditions commentées et annotées, à titre exemplaire, de deux œuvres de fiction de l'éducatrice, à savoir son premier roman, *Le Triomphe de la vérité* (1748[9]), ainsi que l'un de ses romans épistolaires, les *Mémoires de Madame de Batteville* (1766). Tous deux illustrent la manière dont l'auteure se sert des stratégies romanesques alors en vogue à des fins édifiantes.

Marie-Barbe Leprince[10] naît le 26 avril 1711 à Rouen. Son père est le sculpteur-peintre Jean-Baptiste-Nicolas Leprince. Sa mère, Barbe

---

5 Chiron, Jeanne et Seth, Catriona (éd.), *Marie Leprince de Beaumont. De l'éducation des filles à « La Belle et la Bête »*, Paris, Classiques Garnier, 2013 ; Kulessa, Rotraud von et Seth, Catriona (éd.), *Une éducatrice des Lumières, Marie Leprince de Beaumont*, Paris, Classiques Garnier, 2018.

6 Voir Masseau, Didier (éd.), *Les Ennemis des philosophes. L'antiphilosophie au temps des Lumières*, Paris, Albin Michel, 2000.

7 Kulessa, Rotraud von, « Marie Leprince de Beaumont : éducatrice éclairée, femme philosophe ou apologiste catholique », *Études sur le 18e siècle. Femmes des Anti-Lumières, femmes apologistes*, éd. F. Preyat, Bruxelles, Presses universitaires de Bruxelles, 2016a, p. 159-170.

8 Il s'agit du projet de recherche ANR/DFG *Éducatrices des Lumières. Le cas de Marie Leprince de Beaumont* codirigé par Catriona Seth (Université de Lorraine) et Rotraud von Kulessa (Université d'Augsburg).

9 L'édition critique est en préparation sous la responsabilité de Catriona Seth.

10 Pour la biographie de Marie Leprince de Beaumont, voir Seth, Catriona, « Introduction. Marie Leprince de Beaumont : Lumières et ombres », *Marie Leprince de Beaumont. De l'éducation des filles à « La Belle et la Bête »*, éd. J. Chiron et C. Seth, Paris, Classiques Garnier, 2013, p. 7-42 ; Herz-Gazeau, Ramona, « Marie Leprince », *Dictionnaire de la SIEFAR*, <http://siefar.org/dictionnaire/fr/Marie_Leprince>, consulté le 13.03.18.

Plantart, meurt quand sa fille a onze ans. Marie Leprince de Beaumont est décédée le 6 décembre 1776 à Avallon comme nous le montre l'acte de décès récemment découvert par Laurence Croq. Quant aux mariages supposés de l'auteure, nous nous voyons confrontés à un certain nombre de mystères. Un premier mariage est attesté en 1737 avec Claude-Antoine Malter, un maître de danse. L'union est probablement annulée en 1745. Un second mariage avec un Beaumont, peut-être Antoine Grimard de Beaumont, dont elle portera le nom par la suite, n'est pas prouvé. Nous ne savons pas non plus qui fut le père de la fille ou nièce de Marie Leprince, Élisabeth, née en 1744. En 1756, l'auteure fait la connaissance de Thomas Pichon, dont elle sera la compagne entre 1758 et 1762.

Nous avons plus de certitudes en revanche quant à l'activité d'éducatrice et d'auteure de Marie Leprince. Sans doute en 1725, à l'âge de 14 ans, elle entre au couvent d'Ermenonville, lieu de ses premières expériences d'éducatrice d'enfants pauvres. En 1735, elle rejoint son père et sa nouvelle famille à Metz. Avec sa nouvelle épouse, Anne Gautier, le père a eu six autres enfants, dont Jean-Baptiste Leprince, futur peintre et graveur de renom. Selon certaines sources, Marie Leprince aurait assumé une fonction à la cour de Lorraine probablement jusqu'en 1737.

Nous savons que Marie Leprince de Beaumont part en 1748 à Londres pour y exercer le métier de gouvernante auprès de jeunes filles nobles, dont Sophie Carteret, la future Lady Shelbourne. En Angleterre, Marie Leprince de Beaumont lance l'entreprise de son journal *Le Nouveau magasin français* qui paraît entre 1750 et 1752. Durant son séjour à Londres paraît également son ouvrage à grand succès, le *Magasin des enfants* (1756), qui la rend célèbre dans toute l'Europe, ainsi que la suite de ce dialogue éducatif, le *Magasin des adolescentes*, en 1760. Elle quitte Londres en 1763 pour rejoindre sa fille ou nièce à Annecy, une période de sa vie dont nous ne connaissons les détails que grâce à sa correspondance avec Pichon. Néanmoins, durant cette période, Marie Leprince de Beaumont est très productive comme auteure, faisant paraître les *Instructions pour les jeunes dames* (1764), *Lettres d'Émérance à Lucie* (1765), *Mémoires de la baronne de Batteville* (1766), *La nouvelle Clarice* (1767), *Le Magasin des pauvres* (1767)[11],

11 Voir Kulessa, Rotraud von, « Marie Leprince de Beaumont. *Le Magasin des pauvres, des artisans, domestiques et gens de la campagne* et la démocratisation de l'éducation au XVIIIe siècle », *Une éducatrice des Lumières, Marie Leprince de Beaumont*, éd. R.v. Kulessa et C. Seth, Paris, Classiques Garnier, 2018, p. 53-63.

Les Américaines (1769)[12], *Le Mentor moderne* (1772-1773), les *Contes moraux* (1773)[13] ainsi que son dernier ouvrage, *La Dévotion éclairée* (1779), pour ne nommer que les ouvrages les plus importants.

Marie Leprince de Beaumont mène une lutte fervente en faveur de la démocratisation de l'éducation ; elle dédie ainsi ses *Magasins* à l'éducation des filles (le *Magasin des enfants* 1756, le *Magasin des adolescentes* 1760, *Instructions pour les jeunes dames qui entrent dans le monde* 1764) et à ceux qui jusqu'alors n'avaient pas du tout fait l'objet de traités d'éducation, à savoir le peuple, avec *Le Magasin des pauvres, artisans, domestiques et gens de la campagne* (1767). Si l'enseignement qu'elle dispense aux jeunes filles peut paraître conservateur à bien des égards – ne s'agit-il pas de faire d'elles de bonnes épouses et mères– l'auteure revendique leur droit au savoir et à l'esprit critique. Ainsi elle déclare dans l'avertissement au *Magasin des enfants* :

> D'autres trouveront que j'ai tort de parler aux enfants de choses qu'ils supposeront au-dessus de leur portée : de choses qu'ils prétendent que les femmes mêmes doivent toujours ignorer. Qu'ont-elles besoin, me diront-ils, de connaître la différence de leurs âmes avec celles des animaux ? Elles croient cette vérité et mille autres sur la foi d'autrui ; elles ne sont pas faites pour en savoir davantage. On dirait que vous prétendez en faire des Logiciennes, des Philosophes ; et vous en feriez volontiers des automates, leur répondrais-je. Oui, Messieurs les tyrans, j'ai dessein de les tirer de cette ignorance crasse, à laquelle vous les avez condamnées. Certainement j'ai dessein d'en faire des Logiciennes, des Géomètres, d'eux et même des Philosophes. Je veux leur apprendre à penser, à penser juste, pour parvenir à bien vivre[14].

Contrairement aux écoliers envisagés dans les traités et ouvrages d'autres éducateurs et éducatrices de son époque, les élèves de Mlle Bonne, *alias* Marie Leprince de Beaumont, ont le droit de presque tout lire pourvu qu'elles appliquent à leurs lectures un esprit critique :

> On a trop mauvaise opinion de l'esprit des jeunes personnes ; elles sont capables de tout, pourvu qu'on les accoutume au raisonnement petit à petit. Aujourd'hui les femmes se piquent de tout lire ; histoire, politique, ouvrage

12 Voir Herz-Gazeau, Ramona, « La querelle de l'âme des bêtes dans *Les Américaines*. Une étude des sources de Marie Leprince de Beaumont », *Une éducatrice des Lumières, Marie Leprince de Beaumont*, éd. R.v. Kulessa et C. Seth, Paris, Classiques Garnier, 2018, p. 177-193.

13 Une édition critique est en préparation par Sonia Cherrad.

14 *Le Magasin des enfants ou dialogues entre une sage gouvernante et plusieurs de ses élèves de la première distinction* [1756], La Haye, Pierre Gosse, 1768, t. 1, p. XVIJ.

> de philosophie, de religion ; il faut donc les mettre en état de porter un jugement sûr par rapport à ce qu'elles lisent, et leur apprendre à discerner le vrai d'avec le faux[15].

Marie Leprince de Beaumont conçoit bel et bien l'existence de la femme philosophe quand elle fait enseigner par Mlle Bonne le doute cartésien à ses élèves[16]. Dans l'œuvre de l'auteure, les protagonistes femmes apparaissent, en règle générale, comme intellectuellement supérieures aux hommes. C'est par exemple le cas dans *Les Américaines ou la Preuve de la Religion chrétienne par les Lumières naturelles* (1769), traité sous forme de dialogue éducatif dans la lignée des *Magasins*[17], qui sert à démontrer la primauté de la religion catholique dans le but de concilier la foi chrétienne avec les principes de la raison[18]. Le dialogue réunit ainsi Mlle Bonne, ses disciples et plusieurs interlocuteurs masculins qui représentent, d'une part, les différentes religions monothéistes, et d'autre part les adeptes du parti des « philosophes ». Dans la discussion, les disciples de Mlle Bonne se montrent à bien des égards meilleures raisonneuses que les convives mâles et elles sortent victorieuses de cette querelle métaphysique[19]. La querelle métaphysique va ainsi de pair avec la querelle des femmes et malgré les contradictions inhérentes qui sillonnent son œuvre quant à sa conception du rôle des représentantes de son sexe, notamment quand il s'agit du mariage, Marie Leprince de Beaumont peut être considérée à la fois comme une « proto-féministe » et comme une représentante des Lumières[20].

---

15 *Magasin des adolescentes, ou Dialogues entre une sage gouvernante Et plusieurs de ses Éleves de la premiere Distinction. Pour servir de suite au Magasin des Enfans*, Londres, J. Nourse, 1777, t. 1, p. XX.

16 Kulessa, Rotraud von, « Marie Leprince de Beaumont et la Querelle des femmes », *Revue Lumières, La condition des femmes dans l'Europe du XVIIIe siècle*, n° 24, 2015b, p. 75-89, ici p. 82.

17 Voir la thèse de Ramona Herz-Gazeau, dirigée par Catriona Seth et Rotraud von Kulessa.

18 Voir Kulessa, Rotraud von, « L'apologétique chrétienne et l'éducation au féminin : Marie Leprince de Beaumont : *Les Américaines* (1769) », *Œuvres et critiques, L'apologétique littéraire et les anti-Lumières féminines*, n° 38/1, 2013b, p. 91-102 ; et les articles dans le volume Kulessa/Seth, *op. cit.*

19 Kulessa (2015b), art. cité, p. 86.

20 *Ibid.*

LES *MÉMOIRES DE MME DE BATTEVILLE OU LA VEUVE PARFAITE* (1766)

À cheval entre le roman épistolaire et le genre des pseudo-mémoires, le roman épistolaire polyphonique, *Mémoires de Mme de Batteville ou la veuve parfaite* (1766), s'adresse à un lectorat féminin en âge de se marier et d'entrer dans le monde, dans un but moralisateur et didactique. Il consiste en 19 lettres dont l'auteure principale, et aussi le personnage principal du roman, Madame de Batteville, s'adresse à son amie Madame de Castelet. S'y ajoutent quelques lettres insérées, notamment celles de l'ex-amant de la protagoniste et futur mari de sa fille, Monsieur des Essarts, et les réponses de Madame de Castelet aux lettres de la veuve.

L'échange épistolaire débute au moment où Madame de Castelet se marie par amour et déménage à Paris. Madame de Batteville, restée alors à la campagne, prend comme prétexte l'éloignement de son amie afin de l'éclairer sur son état de veuve et de lui faire le récit de sa vie dans le but de la prévenir contre les dangers du mariage d'amour, une des thématiques au centre du roman. Comme on peut s'y attendre, le mariage de l'amie se révèle malheureux à la fin puisque le mari est trop attiré par les femmes et donc infidèle. Les infortunes de l'union de Madame du Castelet sont cependant traitées avec un certain humour par les épistolières et le dénouement laisse entrevoir une solution : se voyant lui-même trompé par une de ses amantes, Monsieur du Castelet revient à sa femme avec bien des remords et reconnaît ses torts avec un brin d'auto-ironie.

Madame de Batteville elle-même est l'exemple de la femme qui toute sa vie a combattu la passion pour suivre le chemin de la raison et du devoir que lui a tracé la providence divine. Comme l'a bien souligné Pierre-Olivier Brodeur, au sein de la fiction, le romanesque est mis au service de la providence :

> Dans les romans de Mme Leprince de Beaumont, la providence est convoquée comme plan organisateur des événements de l'ouvrage, qui donne un sens transcendantal au récit. Elle est alors utilisée comme une destinée proprement

> chrétienne, dont la fréquence constitue une caractéristique pratiquement définitoire du roman édifiant[22].

Il est vrai que les péripéties romanesques s'enchaînent à une telle vitesse qu'il est difficile d'en donner un résumé. Dans la seconde lettre, l'héroïne éponyme fait le récit de sa vie à son amie : Madame de Batteville, qui se prénomme Julie, est élevée par sa mère veuve. Cette dernière, de bonne famille mais sans bien, se voit obligée de pourvoir aux besoins de sa fille ainsi qu'aux siens propres. La bonne éducation que la future Madame de Batteville reçoit de sa mère ne l'empêche pas cependant de tomber amoureuse, très jeune, du fils d'une voisine, Des Essarts. Mais comme Julie, le jeune homme est démuni, et le mariage est impossible. L'union des futurs jeunes époux serait seulement envisageable grâce à une amélioration de leur situation de fortune. Celle-ci est soumise à la providence dont les personnages épient impatiemment les signes. Les maintes péripéties romanesques auxquelles sont sujets les personnages, à tel point que le roman s'apparente à un roman d'aventures, laissent apparaître plus d'une fois des lueurs d'espoir qui sont cependant aussitôt effacées par d'autres événements néfastes. Parfois, on peut noter la gratuité des catastrophes comme dans le cas de la tentative de meurtre du père de Monsieur de Batteville par son épouse, épisode qui ne semble pas nécessaire à la logique providentielle du roman.

Au cours du roman, Des Essarts accompagne la mère de Julie dans le Midi de la France pour des affaires de succession qui pourraient arranger la situation financière du jeune couple. Mais la mère, ainsi que Des Essarts, sont victimes de la peste qui a effectivement ravagé Marseille en 1720. Croyant Des Essarts victime de cette épidémie, Julie finit par se résigner : elle renonce à sa passion, et épouse le vieillard, Monsieur de Batteville, qui fera son bonheur et avec qui elle aura une fille, également nommée Julie. Le mariage de raison semble donc pleinement justifié.

Mais Des Essarts n'est pas mort. Ses mésaventures, dont nous aurons plus tard le récit dans une lettre, font qu'il décide de disparaître afin de ne pas déranger la vie de Julie. Cependant la providence romanesque est aussi responsable de la rencontre de Des Essarts et de Monsieur de Batteville qui se lient d'amitié. Des Essarts ne se fait cependant pas

---

22 Brodeur, Pierre-Olivier, « La providence romanesque de Mme Leprince de Beaumont », *Œuvres et critiques, L'apologétique littéraire et les anti-Lumières féminines*, n° 38/1, 2013a, p. 103-116, ici p. 107.

connaître afin de ne pas mettre en danger le bonheur de la famille Batteville. Il épie Julie en cachette et la sauve, ainsi que sa fille, d'un incendie, autre péripétie romanesque. La fille de Julie fait la connaissance de Des Essarts et tombe à son tour amoureuse de lui. Le protagoniste masculin retrouve en elle l'image de sa mère qu'il a aimée dans sa jeunesse. Monsieur de Batteville souhaite alors marier sa fille à Des Essarts, mais Julie fille prend par hasard connaissance de la relation que ce dernier eut jadis avec sa mère et décide de renoncer à cette union. Après la mort de Monsieur de Batteville, la jeune Julie essaie ainsi de convaincre sa mère à satisfaire enfin sa passion, dans un acte de renoncement que les autres personnages qualifient d'héroïque. Mais, par un ultime retournement de situation, Madame de Batteville persuade sa fille d'épouser Des Essarts. La jeune Julie vivra heureuse avec l'ex-amant de sa mère et aura de nombreux enfants, comme l'indique l'auteur tout à la fin de l'œuvre. Le dénouement du roman, qui fait penser à un conte de fées, laisse donc entrevoir la possibilité d'un mariage basé sur l'amour à condition que le contexte matériel le permette et qu'il soit favorisé par la providence. La veuve parfaite est récompensée pour son renoncement à la passion par une descendance nombreuse :

> [...] et cette Dame qui s'est consacrée absolument à leur [des enfants] éducation, a le plaisir de jouir à soixante ans du spectacle d'une famille composée déjà de vingt-huit personnes, et qui pour le bonheur du genre humain, promet de devenir plus nombreuse, car aucun de ses descendants ne s'est écarté de cette vertu que leurs parents ont pratiquée avec tant d'héroïsme, et qu'ils ont plus à cœur de transmettre à leur postérité que leurs richesses[23].

L'amalgame entre la mention permanente des conditions matérielles et celle de la providence peut paraître surprenant, mais fait probablement partie des nombreuses contradictions et incohérences que nous rencontrons dans l'œuvre de Marie Leprince de Beaumont. Le sujet est d'ailleurs également évoqué dans le *Magasin des adolescentes*, où Mlle Bonne constate à propos de la condition de son élève, Lady Lucie :

> La Providence, ma chère, vous a mise en situation de vous marier à votre gré. Vous êtes dans l'abondance, sous les yeux de parents qui vous aiment, et qui ne cherchent qu'à vous rendre heureuse. Rien ne vous oblige par

---

23 *Mémoires de Madame de Batteville*, p. 186 ; les indications de numéros de pages se réfèrent au présent ouvrage.

> conséquent à vous presser de vous marier : vous avez le temps de choisir à votre aise, et vous ferez fort bien de ne vous engager qu'au moment où vous trouverez réunies dans une seule personne les qualités estimables et aimables. La Providence semble vous donner cette permission, par la position où elle vous a mise[24].

La condition sociale et/ou matérielle est donc le résultat de la Providence et doit être acceptée comme telle.

LE ROMAN ÉPISTOLAIRE MIS AU SERVICE DE L'ÉDUCATION

Choisissant la forme épistolaire, Marie Leprince de Beaumont exploite le genre à succès de son époque afin de véhiculer son message éducatif et moral. En effet, le roman tient à la fois du roman épistolaire et du genre des pseudo-mémoires – comme l'indique d'ailleurs le titre –, qui est un autre genre à la mode au XVIIIe siècle. Tous deux confèrent un semblant d'authenticité à la fiction, ce qui, dans le cas de Leprince de Beaumont, sert à donner plus de poids à son enseignement. En effet, dans les *Mémoires de Mme de Batteville*, l'emploi de la forme épistolaire paraît, par endroits, peu crédible, car les lettres sont parfois d'une longueur étonnante. C'est le cas de la quatrième lettre que la veuve adresse à son amie et qui contient le récit de sa vie. La lettre devient ainsi un roman dans le roman et l'auteure de la lettre devient l'auteure du roman de sa vie. Afin de rendre le récit plus vivant, des dialogues sont insérés dans les lettres qui racontent la vie des personnages. Pour étayer le caractère documentaire du récit, l'auteur ajoute, à plusieurs reprises, des lettres dans la lettre.

La caractéristique inhérente au roman épistolaire est son double destinataire, à savoir le destinataire à l'échelle intra-diégétique – ici il s'agit avant tout de l'amie absente, Mme du Castelet – et le destinataire extra-diégétique, donc les lecteurs, ou plutôt les lectrices, du roman. Le genre épistolaire permet également à l'auteure de jouer sur la polyphonie narrative en contrastant et en complétant les récits de Julie mère et celui de des Essarts. Mais les lettres de la veuve semblent aussi s'adresser à sa fille, Julie, même si celle-ci n'apparaît pas comme étant la destinataire explicite des lettres de la baronne. Ainsi, la baronne définit l'objectif du récit de sa vie dans une lettre qui s'adresse à l'amie absente :

---

24 *Magasin des adolescentes*, *op. cit.*, t. 2, III, p. 37.

> Vous apprendrez par mon exemple combien la passion la plus raisonnable peut devenir une source de repentir et de fautes, et cette connaissance est fort propre à vous engager à veiller exactement sur votre cœur, pour y couper dans la racine tout ce qui pourrait altérer votre vertu et votre paix[25].

Parmi les caractéristiques du roman épistolaire figure par ailleurs le jeu sur l'authenticité des lettres[26]. Si, d'une part, Marie Leprince de Beaumont abuse des péripéties romanesques, elle essaie, d'autre part, de créer des effets de réel par des références à des événements et des personnages historiques bien précis. Julie mère et Des Essarts arrivent à Marseille au moment où éclate la grande peste, à savoir en 1720[27]. La maladie a été probablement introduite par le navire Grand-Saint-Antoine qui arrive à Marseille le 25 mai 1720, en provenance du Levant (de la Syrie). Sa cargaison constituée d'étoffes et de balles de cotons était contaminée par le bacille de Yersin, responsable de la peste. Malgré des malades et des décès survenus à bord, le bateau obtient finalement la permission de décharger la marchandise. Les premiers cas se déclarent dès le 20 juin 1720 et l'épidémie progresse rapidement dans le quartier de la vieille ville. À partir du 31 juillet, les Marseillais ont interdiction de sortir de la ville et toute communication avec les environs est interrompue. Au mois d'août, l'épidémie arrive à son apogée. Les médecins arrivés de l'université de Montpellier, comme François Chicogneau, déclarent qu'il s'agit bel et bien de la peste. Malgré les mesures prises par le Chevalier Roze, alors capitaine du quartier de la vieille Ville, la maladie continue à faire des ravages et on compte jusqu'à trois cents décès par jour. À partir du 8 août, des fosses communes sont ouvertes. Désormais on abandonne les cadavres dans les rues. Des galériens sont chargés d'enlever les morts et de les évacuer sur des chariots. Le 14 octobre, le Conseil d'État prononce le blocus de la ville. Cependant la maladie s'est déjà répandue dans les environs et il faut attendre deux ans pour voir disparaître la peste en Provence et dans le Languedoc. Les victimes sont estimées entre 90.000 et 120.000 sur une population de 400.000 habitants. En octobre 1720, la peste commence à reculer. Malgré quelques rechutes en 1721 et 1722, la maladie est déclarée enrayée en août 1722. Parmi

25 *Mémoires de Madame de Batteville*, p. 40.

26 Voir Calas, Frédéric, *Le roman épistolaire*, Paris, Nathan, 1996.

27 Pour la grande peste de Marseille, voir Bertrand, Jean-Baptiste, *Relation historique de la peste de Marseille de 1720*, Amsterdam/Marseille, Jean Mossy, 1779 et Busquet, Raoul, *Histoire de Marseille*, Marseille, Jean Laffitte, 1998.

les personnages qui se sont illustrés pendant la grande peste et qui sont évoqués dans le roman de Leprince de Beaumont, figure Monseigneur de Belsunce (1671-1755), évêque de Marseille de 1710 à 1755, que son héroïque engagement en faveur des malades a auréolé de gloire.

Les références à la grande peste nous permettent donc de situer le récit dans l'histoire. La mention du roi de Siam, ainsi que de Monsieur de Constance et des mésaventures de ce dernier dans les récits de Des Essarts posent par contre problème[28], dans la mesure où elle ne coïncide pas avec la chronologie historique, l'épisode datant de la fin du siècle précédent. En ce qui concerne la chronologie interne du récit, des indications temporelles comme par exemple l'âge de Julie – presque 16 ans – au moment où la veuve commence la correspondance avec son amie, nous donnent des repères par rapport aux nombreux sauts entre le passé des personnages et le présent du récit cadre.

Comme cela est souvent le cas dans l'œuvre de Marie Leprince de Beaumont, que cela soit dans les dialogues ou dans les contes, nous assistons à une mise en récit d'une situation éducative. Dans la quatrième lettre, la veuve explique l'éducation qu'elle a reçue de sa propre mère, un récit qui se reflète ensuite dans celui qu'elle fait de l'éducation qu'elle confère à sa fille, qui, nous l'avons déjà souligné, s'appelle également Julie. Si Marie Leprince de Beaumont conteste la capacité des mères à être de bonnes éducatrices, comme elle le fait par exemple dans le *Magasin des adolescentes*[29], elle revalorise pleinement le rôle de la mère éducatrice dans les *Mémoires de la Baronne de Batteville*. Ainsi, la Baronne débute le récit de son éducation par les paroles suivantes :

> Dénuée de tout, elle [la mère de l'épistolière] se jeta courageusement dans les bras de la Providence, et se flatta de trouver dans un travail assidu une ressource contre la pauvreté. Ce fut dans cet exercice laborieux qu'elle me mit au monde, et je lui ai ouï dire mille fois qu'elle prit alors la résolution qu'elle a si fidèlement exécutée, de me dédommager par une excellente éducation des disgrâces de la fortune[30].

28 Voir Père d'Orléans, *Histoire de M. de Constance, premier ministre du roi de Siam et de la dernière révolution de cet état*, Tours, Philbert Masson, 1690.

29 *Magasin des adolescentes*, *op. cit.*, t. 1, p. X : « […] Voilà ce que la plus grande partie des gouvernantes sont incapables de faire. Les mères le sont-elles davantage ? Elles, qui devraient sur cela donner le ton aux gouvernantes. Il y en a un grand nombre qui sont aussi ignorantes que ces dernières, beaucoup plus dissipées, et qui ont moins de mœurs […] ».

30 *Mémoires de Madame de Batteville*, p. 41.

Cette « excellente éducation » est basée sur le principe d'un enseignement de la raison qui conduit naturellement à la vertu :

> J'avais à peine cinq ans, qu'elle [la mère de la narratrice] me fit comprendre que la raison me distinguait des animaux, et quand je voulais m'en écarter, il suffisait de me dire : voilà ma fille qui s'efforce de devenir semblable au petit chien, car elle refuse d'obéir à sa raison ; ces paroles dans l'instant me faisaient rentrer en moi-même et je lui disais : Maman, dites-moi comment je dois faire pour n'être point un animal ; commandez-moi tout ce que vous voudrez, je suis prête à faire ce qu'il y aura de plus difficile plutôt que de tomber dans ce malheur. Ordinairement elle m'embrassait, et me disait : je ne veux rien vous commander, mon enfant, mais consultons votre raison, puis vous ferez ce qu'elle vous ordonnera, car c'est pour cela que Dieu vous l'a donnée[31].

L'enseignement du raisonnement se fait, comme c'est d'ailleurs le cas dans les Magasins, au sens cartésien. Comme Dieu nous a doté des lumières naturelles, c'est de notre devoir d'en tirer profit. Ainsi Julie comprend naturellement qu'il serait vain de compter uniquement sur les avantages physiques que Dieu a bien voulu lui accorder, car les valeurs intérieures, donc un comportement vertueux, sont les vrais mérites d'une femme. La contrainte est ainsi bannie de l'éducation dont les principes clés sont l'égalité, l'amitié et l'absence de hiérarchie entre les générations : « Ces leçons que me faisait ma tendre mère, étaient toujours prononcées du ton d'une amie ; jamais je ne m'aperçus de la supériorité qu'elle avait sur moi : elle me priait, me conseillait et ne me commandait point[32]. » L'absence d'exercice de l'autorité maternelle inspire donc une relation de confiance qui conduit la jeune fille au respect et à la sincérité envers la mère : « Vous concevez qu'une telle conduite avança chez moi la raison, et en même temps fortifia tellement mon respect et ma confiance pour ma mère, que j'aurais cru commettre un grand crime en lui déguisant une de mes pensées[33]. » Ainsi, la mère s'abstient aussi de forcer sa fille à suivre une trajectoire de femme. Ayant peu de penchant pour les travaux manuels, la Baronne s'adonne aux sciences et aux lettres :

> Je ne m'occupai donc plus que du soin d'orner mon esprit : je lisais sans cesse, et je lisais avec fruit, par le soin qu'elle [la mère de la narratrice] prenait

---

31 *Ibid.*, p. 42.
32 *Ibid.*, p. 42.
33 *Ibid.*, p. 42.

> de tourner toutes mes lectures au profit des mœurs. Je brûlais du désir de m'appliquer aux sciences plus relevées, et je gémissais de l'impossibilité de trouver un guide pour m'ouvrir cette carrière, et m'aider à la parcourir ; la Nature prit soin de me guider elle-même, et voici ce qui me détermina à ne point chercher des secours étrangers. Le premier Volume de Descartes me tomba entre les mains : et ravie de trouver dans cet Auteur que les premiers principes de toutes les connaissances étaient au fond de notre âme, je renonçai à la lecture pour donner plus de temps à la réflexion, et démêler en moi ce que la Nature y avait mis. Je réussis sans m'en apercevoir : et comment l'aurais-je su ? J'étais devenue Philosophe, Logicienne avant même de savoir le nom de ces sciences ; mon talent pour ces études abstraites était si naturel, que je n'en sentais pas la difficulté ; ma santé n'en reçut aucune altération. Vous comprendrez que de telles occupations devaient me donner un grand dégoût pour les amusements frivoles[34].

Conformément à l'objectif défini dans l'avertissement au *Magasin des enfants*, l'éducation dont profite la baronne aboutit à l'idéal de la femme philosophe, la capacité de raisonner, l'étude étant les seuls remparts contre les « amusements frivoles » qui menacent la vertu des femmes.

Le cadre dans lequel se déroule l'éducation de Julie mère, comme celle de Julie fille, est la campagne. L'espace romanesque est ainsi construit autour de lieux bien précis. Au début de l'échange épistolaire, la baronne et Julie, sa fille, habitent Reims alors que la baronne et Monsieur des Essarts ont grandi à Orléans. Ce dernier fait la connaissance du Baron de Batteville à Chalon-sur-Saône et Julie fille cherche à se retirer dans le couvent des Filles de Sainte Claire à Metz, une ville bien connue de Marie Leprince de Beaumont. L'espace romanesque prend ainsi une valeur symbolique, en jouant sur l'opposition entre la ville et la province, voire la campagne. En effet, l'opposition quasi rousseauiste entre une vie de retraite à la campagne et une vie dans l'espace urbain de la capitale, le lieu des distractions mondaines et donc de toutes les tentations et vices possibles, est un sujet récurrent dans l'œuvre de Marie Leprince de Beaumont, ainsi que dans celui de ses consœurs éducatrices, telles que Stéphanie-Félicité de Genlis ou Louise d'Épinay[35]. Dès la première lettre, Madame de Batteville prévient son amie des dangers auxquels elle est confrontée par son déménagement à Paris : « Vous voilà donc transportée dans le grand monde, dans le pays des illusions, des enchantements. Si

34 *Ibid.*, p. 43-44.

35 Voir Krief, Huguette, « Retraite féminine et femmes moralistes au Siècle des Lumières », *Dix-Huitième Siècle*, nº 48, 2016, p. 89-101.

jamais le Ciel vous rend à nos vœux, vous regarderez en pitié la simplicité de nos mœurs, et vous ne pourrez concevoir comment on peut ne pas mourir d'ennui hors Paris[36]. » Quand elle évoque la simplicité des mœurs des gens vivant à la campagne, l'héroïne éponyme du roman fait en effet penser à Zilia, héroïne des *Lettres d'une Péruvienne* de Françoise de Graffigny (1747-1752), qui oppose systématiquement les mœurs simples et donc sincères et vertueuses à la corruption des mœurs de la civilisation française. Quant à sa fille, elle semble ressentir instinctivement les risques qu'elle prendrait en acceptant un voyage dans la capitale, comme Madame de Batteville se hâte de le relater à Madame du Castelet :

> Si ma fille était un peu plus docile, je vous ferais la première visite ; elle est d'un âge à commencer à voir le monde, et je consentirais à l'accompagner à Paris, si elle voulait prendre ce parti, mais elle y est moins disposée que jamais ; elle avait obtenu de son père de ne point sortir de Reims avant seize ans, elle n'en a eu que quinze avant-hier, et veut absolument profiter de cette dernière année pour vivre à elle-même. On croit toujours que c'est moi qui lui inspire le goût de la retraite, et on ne me rend pas justice ; [...][37].

Madame de Batteville ne craint donc rien pour sa fille qui, par son éducation, est à couvert des dangers du grand monde. Rien n'est moins sûr pour l'amie, Madame du Castelet, à qui la veuve se hâte de rappeler : « Précautionnez-vous contre ces dangers en conservant fidèlement le respect et l'amour des devoirs du Christianisme que vous avez sucés avec le lait. C'est le seul préservatif efficace contre la contagion du grand monde[38]. »

UN GENRE GENRÉ OU LA FEMME LECTRICE DE ROMANS

Bien que ce soit un genre littéraire à grand succès, le roman fait l'objet de nombreux débats au XVIIIe siècle, quant à son utilité et/ou aux dangers qu'il pourrait présenter, notamment pour un lectorat féminin. Dans l'article « Roman (Critique du) et romans antiphilosophiques avant 1789 », Didier Masseau insiste sur la critique du genre que les romanciers antiphilosophiques prononcent dans leurs romans[39].

---

36 *Mémoires de Madame de Batteville*, p. 36.

37 *Ibid.*, p. 37.

38 *Ibid.*, p. 36.

39 Masseau, Didier, « Roman (Critique du) et romans antiphilosophiques avant 1789 », *Dictionnaire des anti-Lumières et des antiphilosophes*, éd. D. Masseau, Paris, Honoré Champion, 2017, t. 2, p. 1357-1362, ici p. 1362.

Parmi les défenseurs du genre romanesque, Nicolas Lenglet du Fresnoy, dans *De l'usage des romans* (1734), recommande aux mères de faire lire des romans à leurs filles, afin de les initier aux éventuels dangers du grand monde. Il traite en particulier de la question dans le chapitre VI de son ouvrage, intitulé : « Utilité des romans pour inspirer des mœurs, réprimer les passions, en éviter les pièges, et pour connaître les usages du monde[40]. »

Si, souvent, les éducateurs et éducatrices prescrivent des plans de lecture, comme par exemple Félicité de Genlis dans *Adèle et Théodore*[41], les élèves de Mlle Bonne dans les *Magasins* ont, en principe, le droit de tout lire, même si la gouvernante les avertit des dangers que pourrait constituer la lecture de certains romans : « Il y en a deux sortes [les occasions dangereuses], les éloignées et les prochaines. Une dame chrétienne et prudente les fuit toutes deux également. Les occasions éloignées sont l'oisiveté, qui produit l'amour de la dissipation, les spectacles, les bals, les assemblées, la lecture des romans et des livres d'amourettes[42]. » Parmi les ouvrages de fiction jugés particulièrement problématiques par Mlle Bonne, se trouvent les romans de Richardson et *La Nouvelle Héloïse* de Rousseau ainsi que *Candide* de Voltaire.

Dans les propres productions romanesques de Leprince de Beaumont (*Le Triomphe de la vérité*, 1748 ; *Civan, roi de Bungo*, 1754 ; *Lettres de Madame du Montier à la Marquise***, sa fille*, 1750-1752 ; *Lettres d'Émérance à Lucie*, 1765 ; *Mémoires de la baronne de Batteville*, 1766 ; *La Nouvelle Clarice*, 1767), se fait ressentir le besoin de remédier aux prétendus dangers du roman – qui menacent notamment le lectorat féminin – à savoir la corruption des mœurs et de la morale. Ainsi, *La Nouvelle Clarisse* – un titre qui fait à la fois allusion au roman éponyme de Richardson et à *La Nouvelle Héloïse* de Rousseau – représente une réécriture des deux célèbres ouvrages de fiction dans une visée didactique chrétienne[43]. En effet, l'auteure met le genre romanesque au service de ses buts éducatifs, insérant dans les récits des réflexions méta-discursives sur le roman, sur

---

40 Lenglet du Fresnoy, Nicolas, *De l'usage des romans*, Amsterdam, chez la veuve de Poilras, 1734, t. 1, p. 282.

41 Plagnol-Diéval, Marie-Emmanuelle, « Que lire et comment lire. Quelques prescriptions au XVIIIe siècle », *Démocratisation et diversification : les littératures d'éducation à l'époque des Lumières*, éd. R. von Kulessa, Paris, Classiques Garnier, 2015, p. 65-80.

42 *Magasin des adolescentes*, *op. cit.*, t. 2, IV, p. 100.

43 Brodeur (2013a), art. cité, p. 103.

l'écriture et la lecture. À maintes reprises, les auteurs fictifs des lettres se livrent à une sorte de méta-discours sur le roman et le romanesque.

Ainsi, Mme de Batteville semble se distancier de manière ironique des détracteurs du genre romanesque de son époque quand elle constate, à plusieurs reprises, l'existence du romanesque en dehors du roman. Le fait de ne pas avoir lu de roman ne prévient donc nullement des dangers de la passion :

> Il est certain que j'ignorais jusqu'au nom de l'amour, et encore plus ses funestes effets : je n'avais jamais lu un seul roman, je n'avais point eu de société avec les filles de mon âge, et ma mère avait eu soin d'écarter des conversations tout ce qui pouvait m'instruire à cet égard, mais mon cœur pour cela n'était point demeuré oisif[44].

De même, la volonté de la jeune Julie de renoncer à son mariage avec Des Essarts en faveur de sa mère n'est point inspirée par la lecture de romans : « J'embrassai ma fille, et lui dis en riant : si je n'étais sûre que ma chère Julie n'a jamais lu de romans, je croirais qu'elle aurait puisé dans cette lecture l'héroïque des sentiments qu'elle étale[45]. » Ce constat semble quelque peu moqueur, mais ne l'est que de manière apparente comme le souligne Pierre-Olivier Brodeur quand il écrit :

> [...] ces sentiments héroïques pourraient avoir leur origine dans la lecture de romans, présentant ces derniers sous un jour favorable, celui d'une lecture moralement enrichissante, tout en s'en distanciant en affirmant ne pas les fréquenter. Nous sommes en présence d'un phénomène qui relève du discours sensible, généralement attribué à la lecture de romans, qui se manifeste ici sans cette cause, simplement comme émanant d'un jeune cœur certes tendre, mais vertueux. Il semble y avoir non seulement un dédouanement du roman, accusé de provoquer des sentiments qui, visiblement, peuvent exister sans lui, mais un embryon de défense du roman, sur la base de son adéquation aux sentiments des personnages. Le roman apparaît en harmonie avec les cœurs de ceux qui les lisent[46].

Ainsi, la lecture de romans peut être tout à fait édifiante, comme le montre le récit que des Essarts fait de son éducation : « J'eus le bonheur

44 *Mémoires de Madame de Batteville*, p. 52-53.
45 *Ibid.*, p. 121-122.
46 Brodeur, Pierre-Olivier, « 'Ma chère Julie n'a jamais lu de romans'. Madame Leprince de Beaumont et la recherche d'un romanesque nouveau », *Marie Leprince de Beaumont. De l'éducation des filles à « La Belle et la Bête »*, éd. J. Chiron et C. Seth, Paris, Classiques Garnier, 2013b, p. 47-57.

de tomber entre les mains d'un professeur qui prit de l'amitié pour moi et qui voulut bien devenir mon guide [...]. Ce fut alors qu'il le prononça cet arrêt, qu'un de nos romanciers a mis dans la bouche du précepteur de son héros[47]... » Même si le roman en question n'a pas pu être identifié – Leprince de Beaumont tait d'ailleurs souvent ses sources et références intertextuelles – il a pour le moins contribué à faire de des Essarts un être des plus vertueux et n'a pas su le détourner de cette voie.

Il en est de même pour Mme de Batteville. Quant à l'éducation qu'elle a reçue de sa mère, elle nous apprend : « Je lisais sans cesse, et je lisais avec fruit, par le soin qu'elle prenait de tourner toutes les lectures au profit des mœurs[48]. » Il nous semble ici entendre Mlle Bonne qui, dans les *Magasins*, souligne à plus d'une reprise les bénéfices que ses jeunes disciples peuvent tirer d'une lecture guidée et raisonnée. La lecture permet ainsi de développer sa raison, et de faire de l'homme un être pensant, ce qui le sépare de l'animal, conformément à la réflexion de Descartes sur la bête-machine. On y arrive ici par la négative, lorsqu'une absence de pensée conduit à l'animalisation de l'enfant : « Voilà ma fille qui s'efforce à devenir semblable au petit chien, car elle refuse d'obéir à sa raison[49] ».

Au niveau intra-diégétique, la lecture des lettres a également une fonction édifiante pour les différents personnages. Tout en prenant une certaine distance par rapport au discours sur la fiction, qui frôle parfois l'ironie, le roman et la lecture semblent réhabilités par Marie Leprince de Beaumont, car la lecture de romans peut être édifiante pour les personnes qui, étant douées de raison, sont capables d'en déchiffrer les signes.

VRAISEMBLANCE ET PROVIDENCE

Dans son ouvrage intitulé *Vraisemblance et représentation au* XVIIIe *siècle*, Nathalie Kremer souligne : « Au XVIIIe siècle, toute forme de représentation passe par le crible de la vraisemblance[50]. » Cependant, nous

47 *Mémoires de Madame de Batteville*, p. 142-143.
48 *Ibid.*, p. 43.
49 *Ibid.*, p. 42.
50 Kremer, Nathalie, *Vraisemblance et représentation au* XVIIIe *siècle*, Paris, Honoré Champion, 2011, p. 9.

pouvons noter un déplacement de l'acception du terme entre le XVIIe et le XVIIIe siècle :

> Au XVIIIe siècle, lorsque s'élabore un rapprochement entre le sujet représenté et l'objet réel, en incluant ses imperfections [...], la spécificité de l'art se déplace de l'objet à la façon de le représenter, la manière, le style, qui sera la vraie source de l'effet de l'art sur le spectateur. [...] Dans le cas du roman, la « façon » de raconter, « d'agencer » l'intrigue, prend une importance notable, et l'ingénieux auteur est celui qui parvient le mieux à faire 'comme vrai'[51].

Contrairement au XVIIe, où le principe de la vraisemblance entretient une relation dialectique avec le principe de la bienséance, le XVIIIe siècle conçoit une vraisemblance qui est souvent cautionnée par l'authenticité fictive du discours préfaciel ou du genre employé, comme c'est le cas pour le roman épistolaire et des pseudo-mémoires[52]. Marie Leprince de Beaumont, dans les *Mémoires de Madame de Batteville*, met ces deux genres littéralement à l'épreuve à force d'enchaîner les péripéties romanesques au point de frôler la parodie du genre romanesque. Aux yeux du lecteur, les aventures de des Essarts à Marseille ne semblent guère pouvoir s'être passées selon les règles de la raison, et Marie Leprince de Beaumont paraît ici penser dans les termes de Boileau : « Le vrai peut quelquefois n'être point vraisemblable. » Ce qui peut paraître invraisemblable aux yeux des lecteurs ne l'est apparemment pas pour les personnages qui font une lecture des événements qui sont alors interprétés comme signes de la volonté et donc de la providence divine. Comme l'a démontré Pierre-Olivier Brodeur, Leprince de Beaumont met le romanesque au service de la providence afin de transmettre son message apologétique, sans doute au centre du roman :

> Les péripéties romanesques sont autant d'étapes que cette volonté agissante emploie afin de provoquer un dénouement particulier, comme la conversion d'un personnage. En remplaçant le temps du hasard par un temps guidé par Dieu, la providence fournit une justification des événements, même les plus extraordinaires, par une foi inébranlable dans leur finalité[53].

---

51 *Ibid.*, p. 311.

52 Voir Kremer, *op. cit.*, p. 22 qui renvoie à Cécile Cavillac et son article « Vraisemblance pragmatique et autorité fictionnelle », *Poétique*, n° 101, 1995, p. 23-46 quand elle constate : « La vraisemblance a partie liée avec le problème de l'accréditation de la fiction : elle constitue un moyen pour faire recevoir la parole narrative. »

53 Brodeur (2013a), art. cité, p. 107.

Brodeur parle à ce propos de « psychologie de la providence », ce qui serait une des caractéristiques principales du roman édifiant[54].

L'accumulation de péripéties romanesques, surtout dans le récit de des Essarts, choque à plus d'une reprise le principe de vraisemblance. Marie Leprince de Beaumont semble vouloir convaincre le lecteur que la vie peut parfois n'être pas vraisemblable. Le romanesque est donc non seulement mis au service de la providence, mais il semble se confondre avec elle, au point que celle-ci devient un roman qui est, à en croire Leprince de Beaumont, écrit par Dieu. Pour maîtriser ce roman, ou la vie, il faut savoir appliquer une lecture raisonnée. Or, c'est cette lecture raisonnée et l'éducation qui y mène qui sont mises en scène, telle une mise en abyme, dans ce roman édifiant.

RÉCEPTION

Au XVIIIe siècle, comme au siècle suivant, la renommée de Marie Leprince de Beaumont est avant tout due à son *Magasin des enfants* qui l'a fait passer pour une éducatrice[55]. Dans le dictionnaire de Philibert Riballier et de Catherine Cosson, « [c]ette illustre Bienfaitrice de l'humanité » est louée ainsi que ses ouvrages, « que le Public a reçus avec tant de satisfaction et d'avidité, qu'il n'y a aujourd'hui aucune mère de famille qui ne les ait entre les mains et à qui ils ne servent de guides[56] ». Le *Magasin des enfants*, avec ses maintes rééditions et des traductions en douze langues, a ainsi fait la fortune de l'auteure dans toute l'Europe[57]. L'immense succès de l'œuvre a sans doute influencé la réception des ouvrages qu'elle a publiés par la suite[58]. Ses romans épistolaires, par exemple, ont connu nombre de rééditions et de traductions. Ainsi, le roman *Lettres d'Émérance à Lucie* (1765)[59] a été réédité onze fois

54 *Ibid.*, p. 110.

55 Voir Bérenguier, Nadine, « De pédagogue à conteuse. Images de Marie Leprince de Beaumont aux XVIIIe et XIXe siècles », *Une éducatrice des Lumières, Marie Leprince de Beaumont*, éds. R. v. Kulessa et C. Seth, Paris, Classiques Garnier, 2018, p. 243-265.

56 Voir Riballier, Philippe et Cosson de la Cressonnière, Catherine, *De l'éducation physique et morale des femmes, avec une notice alphabétique de celles qui se sont distinguées dans les différentes carrières des sciences & des beaux-arts, ou par des talens & des actions mémorables*, Bruxelles/Paris, chez les frères Estienne, 1779, <http://siefar.org/dictionnaire/fr/Marie_Leprince/Philibert_Riballier_et_Catherine_Cosson>, consulté le 02.03.17, p. 417.

57 Voir *Contes et autres écrits*, *op. cit.*, p. 30.

58 *Ibid.*, p. 29-30.

59 *Ibid.*, p. XII.

et traduit en quatre langues[60]. *La Nouvelle Clarice* (1767)[61] a connu cinq rééditions et également des traductions en plusieurs langues[62].

Le roman proposé dans cette édition, *Mémoires de Madame la Baronne de Batteville ou La Veuve Parfaite*, a été publié en 1766 chez Pierre Bruyset Ponthus à Lyon[63]. Il a été réédité trois fois, l'année de sa première publication (Leyde, Jacquot, 1766 ; Leipzig, Weidmann und Reich, 1766 ; Londres, Nourse, 1766). La réception à l'étranger s'est effectuée par le biais de rééditions et de traductions, à savoir en allemand, anglais et espagnol[64].

La traduction allemande, *Geschichte der Frau Baroninn von Batteville oder die vollkommne Witwe*[65], est parue en 1766, la même année que la parution du livre en France, chez Weidmann & Reich à Leipzig. Cette maison d'édition, spécialisée dans les publications de romans français, fait également paraître une édition du roman en langue française la même année[66]. La traduction anglaise[67] ainsi qu'une version française[68] ont paru en 1766 chez Nourse à Londres. Une autre traduction intitulée *The virtuous Widow : or, Memoirs of the Baroness de Batteville*[69] a paru à Dublin en Irlande en 1767 chez J. Williams. La traduction espagnole a été publiée en 1795 chez Luis de Carreras à Malaga avec le titre *Memorias de la baronesa de Bateville o La viuda perfecta*[70].

60 *Ibid.*, p. XVII.

61 Voir Herz-Gazeau, Ramona, « Marie Leprince », *Dictionnaire de la SIEFAR*, <http://siefar.org/dictionnaire/fr/Marie_Leprince>, consulté le 13.03.18.

62 Voir *Contes et autres écrits*, *op. cit.*, p. XVII-XVIII.

63 *Mémoires de Madame la Baronne de Batteville ou La Veuve Parfaite*, Lyon, Pierre Bruyset Ponthus, 1766a.

64 Voir *Contes et autres écrits*, *op. cit.*, p. XVIII.

65 *Geschichte der Frau Baronin von Batteville oder die vollkommne Witwe*, Leipzig, Weidmann & Reich, 1766.

66 *Mémoires de Madame la Baronne de Batteville ou La Veuve Parfaite*, Leipzig, Weidmann & Reich, 1766c.

67 A Society of Gentlemen, *The Critical review : or, Annals of Literature*, vol. 21, Londres, A. Hamilton, 1766, p. 438.

68 *Mémoires de Madame la Baronne de Batteville, ou La Veuve Parfaite*, Londres, J. Nourse, 1766b.

69 *The virtuous widow : or memoirs of the Baroness de Batteville*, Dublin, J. Williams, 1767.

70 *Memorias de la baronesa de Bateville ó La viuda perfecta*, Malaga, Luis de Carreras, 1795. Pour la traduction des œuvres de Marie Leprince de Beaumont en espagnol, voir Onandia, Beatriz, « La fortune littéraire de Madame Leprince de Beaumont en Espagne », *Une éducatrice des Lumières, Marie Leprince de Beaumont*, éds. R.v. Kulessa et C. Seth, Paris, Classiques Garnier, 2018, p. 227-242. Beatriz Onandia a également rédigé une thèse, sous la direction de Catriona Seth et de Lydia Vázquez sur la réception des éducatrices françaises du XVIIIe en Espagne.

La critique contemporaine passe en quelque sorte sous silence ce roman de Leprince de Beaumont, contrairement à d'autres de ses ouvrages. Ainsi, le *Mercure de France* de février 1766, l'annonce ainsi : « C'est encore ici un roman en forme de lettres de Madame le Prince de Beaumont. On y trouve le même genre d'intérêt, les mêmes préceptes de morale qui distinguent les écrits de cette Dame Auteur[71]. » Cette annonce suit directement celle des *Lettres d'Émérance à Lucie*, Lyon, Bruyset Ponthus :

> Une femme illustre par ses vertus et par ses malheurs, s'était retirée dans une campagne, où elle entretient un commerce de lettres avec de jeunes Demoiselles qu'elle avait connues dans le monde, et qui se gouvernaient par ses conseils. Ces lettres contiennent par conséquent des règles de conduite pour les jeunes personnes du sexe. Elles présentent aussi l'histoire de cette femme, dont la lecture attache et intéresse. La réputation que s'est acquise Madame Le Prince de Beaumont, pour les ouvrages de ce genre, tels que le Magasin des enfants, etc. forment un préjugé favorable pour celui-ci[72].

Un témoignage de la réception du roman en Allemagne se trouve chez Catharina von Hesse dans « *Etwas für meine deutsche Schwestern* » (« Pour mes sœurs allemandes » 1794), où elle recommande les ouvrages de Marie Leprince de Beaumont aux jeunes filles, et surtout les *Mémoires de Madame la Baronne de Batteville ou La Veuve Parfaite* : « Les ouvrages français sont souvent de nature très scabreuse. Cependant, j'ose vous en recommander un : *La Veuve parfaite ou Mémoires de Madame [la Baronne] de Batteville*, un ouvrage de Mme Leprince de Beaumont qui a sans doute ses mérites quand il s'agit d'écrire pour les jeunes filles et dont tous les ouvrages réussissent à perfection à notre sexe[73]. »

Une voix anglaise s'exprime de la manière suivante au sujet des ouvrages de fiction de Marie Leprince de Beaumont, après avoir donné un bref résumé du roman en question : « Bref, les scènes décrites ne correspondent pas vraiment à la vie réelle, et nous ne saurions recommander la lecture de ce roman à toute personne, de l'un ou de l'autre sexe, qui a le malheur d'être de nature solitaire ou de souffrir de nerfs

71 *Mercure de France*, Paris, Chaubert *et al.*, février 1766, p. 141.

72 *Ibid.*

73 Hesse, Catharina von, *Etwas für meine deutsche Schwestern*, Donauwörth, Brunner, 1794, p. 46 : « *Die Französischen sind meistens sehr schlüpfrig, doch getraue ich mir aus denselben anzuempfehlen, La veuve parfoite – ou memoires de Madame de Batteville, ein Werk von der um das junge Frauenzimmer bestverdienten Mde. le Prince de Boumont* [sic], *von welcher alle Werke vortrefflich für unser Geschlecht sind.* »

faibles[74]. » Cette citation fait allusion aux invraisemblances évidentes du roman en raison desquelles le (ou la) critique en déconseille la lecture.

Dans *Continuación del Memorial Literario, instructivo y curioso*[75], nous lisons un éloge de Marie Leprince de Beaumont selon lequel elle ferait l'honneur de toutes les femmes de son siècle[76] et toutes ses œuvres auraient été, en général, accueillies avec beaucoup d'applaudissements[77]. Dans la citation suivante, portant sur les *Mémoires de Madame la Baronne de Batteville ou La Veuve Parfaite*, le critique apprécie le style de la romancière, en décrivant sa narration comme divertissante et intéressante, à l'instar de la morale transmise dans cet ouvrage. Le public visé par l'œuvre comprendrait aussi bien des personnes jeunes que plus âgées, mais surtout les femmes de tous les états qui pourraient y trouver des leçons de sagesse : « Cet écrit qui séduit le goût par une narration divertissante et intéressante introduit insensiblement dans le cœur les maximes les plus saines. Il captive l'intérêt non seulement des personnes jeunes, mais encore des plus âgées qui y trouveront des enseignements sages, surtout les femmes de tous les états pour qui on a publié et on publie encore aujourd'hui[78]. »

Le caractère édifiant du roman semble plaire plus aux Espagnols et aux Allemands qu'aux Anglais. En effet, la nature apologétique d'une grande partie des écrits de Leprince de Beaumont divise les esprits, selon le contexte religieux de leur réception[79]. Toutefois, force est de constater que même les œuvres mineures de Marie Leprince de Beaumont profitent d'un rayonnement à l'échelle européenne.

---

74 A Society of Gentlemen, *op. cit.*, p. 439 : "*In short, the scenes they exhibit are not such as happen in common life; and we cannot recommend the perusal of such novels to persons of either sex who have the misfortune to be of a solitary cast, or to have weak nerves*".

75 *Corte de Madrid, Continuacion del Memorial Literario, instructivo y curioso*, Madrid, Imprenta Real, 1795, p. 215. Voir aussi la thèse de Beatriz Onandia.

76 *Corte de Madrid*, *op. cit.*, p. 214 : "*que es el honor de todas las mugeres de su siglo*".

77 *Ibid.* : "*Todas las obras […] se han visto generalmente admitidas con general aplauso*".

78 *Ibid.*, p. 215 : "*Este escrito seduciendo al gusto con una narracion divertida e interesante, introduce insensiblemente en el corazón las mas sanas máximas, captando la afición no solo de las personas jóvenes, sino que ademas de las ancianas que encontrarán aquí sabias lecciones, y con especialidad las Señoras de todos estados, para quienes directamente se publicó y publica ahora.*"

79 Ivana Lohrey est en train de rédiger une thèse de doctorat sur la réception de Marie Leprince de Beaumont dans les pays germanophones sous la direction de Rotraud von Kulessa et de Catriona Seth.

PRINCIPES DE L'ÉDITION

Comme texte de base de cette édition nous avons choisi celle parue en 1766 chez Pierre Bruyset Ponthus à Lyon. Il s'agit en effet de la maison d'édition habituelle de l'auteure et nous pouvons ainsi partir du principe qu'il s'agit d'une édition autorisée par elle.

La saisie du texte et une partie de l'annotation ont été effectuées par les étudiants du cursus du master bilatéral Cultures européennes de la communication soutenu par l'Université Franco-Allemande dans le cadre d'un séminaire projet. Parmi les collaborateurs, il faut nommer : Julia Brenner, Chloé Lamaire, Gaëtan Morel, Paola Tomarchio, Marta Jiménez, Clémence Usseglio, Élodie Masson, Carina Rodrigues, Laetitia Leite, Flavie Dehlinger, Sarah Jacquesson.

Afin d'assurer une lisibilité plus aisée du texte, nous avons modernisé l'orthographe ainsi que la ponctuation en adoptant les principes suivants :

- Les accents et les accords ont été normalisés selon les règles modernes.
- Les terminaisons de l'imparfait et du conditionnel ont été adaptées à l'usage moderne : *-ois, -oit*, deviennent *-ais, -ait*, etc.
- Les abréviations des titres telles que Monseigneur, Monsieur, Mademoiselle ont été développées.
- Nous avons mis « eh ? » selon l'usage moderne.
- Nous avons ajouté la distinction entre l'indicatif et le subjonctif, notamment pour le passé.
- Selon l'usage moderne, nous avons fait la distinction entre « plus tôt » et « plutôt » ainsi qu'entre « quoi » et « quoique ».
- Les esperluettes ont été développées.
- Nous avons introduit des guillemets pour marquer les dialogues.

Des termes hors d'usage de nos jours sont expliqués dans le glossaire.

Rotraud VON KULESSA

MÉMOIRES DE MADAME LA BARONNE DE BATTEVILLE, OU LA VEUVE PARFAITE

LETTRE DE MADAME DE BATTEVILLE À UNE DE SES AMIES

Vous avez raison, ma chère, je suis heureuse, mais il s'en faut beaucoup que vous ayez la moindre idée de la nature du bonheur dont je jouis, et sans de certaines circonstances, il ne tiendrait qu'à moi de le regarder comme une infortune. Ce discours est une énigme pour vous, j'en suis sûre, et n'en deviendrait pas plus intelligible quand je vous l'aurais expliqué. On se fait à votre âge une fausse idée de cet être tant souhaité, et l'on a peine à se persuader qu'il en soit un d'une espèce toute différente. Être jeune encore, et joindre à cet avantage celui de la beauté. N'avoir que des actions de grâces à rendre à la nature du côté des dons et des talents frivoles, ajoutez à cela les douceurs de la liberté qu'on retrouve dans l'état de veuve[1]. Voilà, si je ne me trompe, ce que vous appelez le bonheur. Détrompez-vous, ma chère, les dehors brillants sont compatibles avec les chagrins les plus réels et les plus cuisants dont je serais la victime, si Dieu ne m'avait ménagé une félicité indépendante de tout ce qui m'environne. Cette lettre excitera sans doute votre curiosité, et je ne me défendrai que faiblement de la satisfaire, la première fois que j'aurai le plaisir de vous voir. Je me félicite d'avoir trouvé ce moyen de hâter votre retour. La chute des feuilles vous annonce depuis un mois qu'il est temps de regagner nos foyers, et le désir de revoir vos

1 Sous l'Ancien Régime, une femme est d'abord sous la tutelle de son père, puis sous celle de son mari à la suite de son mariage. Quand le mari vient à mourir, la femme obtient le statut de veuve et n'est ainsi plus sous aucune tutelle.

amis aurait dû augmenter à vos yeux les désagréments de la campagne dans une saison si avancée. Vous voyez que votre absence me cause un peu d'humeur, c'est pourtant peu de chose en comparaison de la colère de ma fille. Elle dit positivement qu'elle ne veut plus vous aimer, et croit être capable de cet effort. Fiez-vous-en à sa colère de l'impossibilité d'accomplir un tel vœu, il est la preuve de son attachement. Je ne vous dis rien du mien, vous en connaissez la nature, et j'en garantis la durée.

RÉPONSE

Vous avez raison, Madame, il n'est point de bonheur sans mélange de peine. J'en fais l'expérience en ce moment, et prête à prendre un engagement où je trouve la satisfaction de mon cœur, et tous les avantages de la fortune, je ne puis m'empêcher de sentir bien vivement la nécessité de m'éloigner de vous. J'épouse dans trois jours Monsieur du Castelet. Ce mariage me fixe à Paris, et me sépare de l'amie la plus estimable. Encore si j'avais la triste consolation de vous arroser de mes larmes en vous embrassant, mais ce plaisir m'est refusé, des affaires qui ne souffrent point de retardement rappellent Monsieur du Castelet dans cette capitale[2], et nous partons dimanche prochain. Il ne me reste donc plus que le plaisir de recevoir de vos nouvelles, c'est bien peu de chose pour une personne qui s'était fait une douce habitude de vous voir tous les jours, mais c'est beaucoup quand il faut renoncer à ce bonheur pendant plusieurs années, la charge de mon époux ne lui permettant pas de s'éloigner de cette capitale. Vous avez prévu la curiosité que votre lettre exciterait chez moi, souvenez-vous que vous paraissiez disposée à la satisfaire, et que mon absence ne doit point ruiner mes espérances à cet égard. Elle sera déjà assez pénible, sans l'aggraver par le refus d'une faveur dont je sentirai tout le prix. Je suis si occupée de la douleur que me cause notre séparation, que j'oublie presque à vous parler de celui qui va devenir mon époux. Nous nous aimions depuis deux ans sans espoir, parce que Madame sa mère avait d'autres vues sur lui. Sa mort l'a mis en liberté de suivre son penchant, et il me sacrifie une fortune brillante. C'est vous annoncer une constance, et une fidélité à ses serments, peu commune dans ce siècle. Vous connaissez les grâces de la figure, puisqu'il eut l'honneur de vous saluer l'année passée. Mais vous le vîtes trop peu pour juger de son esprit. Des personnes plus éclairées et moins prévenues que moi lui en trouvent beaucoup. Ne me faites point un crime du secret que je vous ai fait de mon inclination pour lui. Il l'avait exigé sans réserve, et j'admire comment j'ai pu résister

---

2 Le terme « capitale » signifie ici la ville de Paris. Paris comme lieu de la corruption des mœurs en opposition avec la campagne qui permet une vie vertueuse, loin des passions et des mœurs corrompues de la ville, constitue un topos dans la littérature du XVIIIe siècle.

à la tentation de violer la promesse que je lui en avais faite, car assurément ma confiance en vous était sans bornes. Quelque ennemie que vous soyez de l'amour, vous n'auriez pu désapprouver une passion que sa conduite justifie, et qui va faire tout le bonheur de ma vie. Adieu, Madame, jugez de mon attachement pour vous par la distraction que me donne l'amitié en présence d'un amant chéri.

LETTRE DE MONSIEUR DU CASTELET À LA VEUVE

J'en suis jaloux, Madame, j'oublie toute la terre à ses pieds, et au milieu de la satisfaction avec laquelle elle reçoit mes transports, il lui échappe des soupirs qu'elle donne à votre absence. Une amitié si tendre me ravit une partie de mes sentiments, et vous devez regarder comme un devoir, le soin de me dédommager du tort que vous me faites. Vous le pouvez, Madame, en me partageant les sentiments d'amitié dont vous l'honorez, et que je tâcherai de mériter par l'attachement le plus respectueux.

LETTRE DE LA VEUVE

Monsieur du Castelet a bonne grâce de me demander mon amitié, après le tour qu'il me joue. Passe pour vous avoir épousée, je lui pardonne ce trait, mais croit-il qu'il puisse impunément nous enlever la plus aimable personne de la province, sans exciter contre lui un soulèvement général ? Il peut compter, non sur mon amitié, mais sur une haine bien et dûment conditionnée, jusqu'à ce qu'il nous ait restitué le bien qu'il nous a ravi. Alors je l'aimerai tant qu'il voudra. Et le moyen de faire autrement ? Le voilà devenu un autre vous-même, mes sentiments sont un bien qui doit entrer en communauté comme le reste.

Vous voilà donc transportée dans le grand monde, dans le pays des illusions, des enchantements. Si jamais le ciel vous rend à nos vœux, vous regarderez en pitié la simplicité de nos mœurs[3], et vous ne pourrez concevoir comment on peut ne pas mourir d'ennui hors Paris. Parlons sérieusement. Si je vous connaissais moins, je tremblerais pour vous. Le passage entre deux genres de vie absolument dissemblables sera bien rapide, et il faut une vertu telle que la vôtre pour espérer de vous voir conserver vos sentiments vertueux dans un lieu où l'on ne rougit de rien, excepté de la religion et de la piété. On va vous répéter sans cesse que la vertu est un nom qui n'a rien de réel, que c'est l'apanage des personnes bornées, et qu'une femme qui a de la jeunesse, un nom et de grands biens, ne doit penser qu'à jouir du présent, sans se rompre la tête d'un avenir incertain. Les exemples viendront à l'appui des préceptes. Si vous osez critiquer par vos mœurs les actions des autres, on vous traitera de provinciale, et l'on décidera sans façon que vous n'avez pas le sens commun. Précautionnez-vous contre ces dangers en conservant fidèlement le respect et l'amour des devoirs du christianisme que vous avez sucés avec le lait. C'est le seul préservatif efficace contre la contagion du grand monde[4].

---

3 Madame de Batteville fait ici penser à la Péruvienne Zilia, héroïne du roman épistolaire de Françoise de Graffigny, *Lettres d'une Péruvienne* [1747/52], éd. critique par Rotraud von Kulessa, Paris, Classiques Garnier, 2016, p. 176-177 : « Naturellement sensibles, touchés de la vertu, je n'en [les Français] ai point vu qui écoutât, sans attendrissement, le récit que l'on m'oblige souvent à faire de la droiture de nos cœurs, de la candeur de nos sentiments et de la simplicité de nos mœurs ; s'ils vivaient parmi nous, ils deviendraient vertueux [...] ».

4 Il s'agit d'un propos récurrent dans l'œuvre de Marie Leprince de Beaumont, voir par exemple *Magasin des adolescentes*, *op. cit.*, t. 2, IV, p. 180 : « Il [Dieu] la [sa mère] salue

J'eusse fort souhaité m'acquitter de la parole que je vous ai donnée, mais le récit des événements de ma vie n'est bon qu'à être dit, et ne vaudrait rien, je pense, à être lu. D'ailleurs, je ne voudrais faire cette confidence qu'à vous, et les lettres sont sujettes à mille accidents. Permettez-moi donc de dégager ma parole, ou plutôt faites-moi crédit jusqu'à notre première entrevue. J'espère qu'elle ne sera pas retardée fort longtemps. L'espace qui nous sépare n'est point immense, et si je compte bien, on peut le franchir en vingt-quatre heures. Il faudra donc que vous vous arrangiez de façon à nous donner une fois chaque année le plaisir de vous revoir. Si ma fille était un peu plus docile, je vous ferais la première visite, elle est d'un âge à commencer à voir le monde, et je consentirais à l'accompagner à Paris, si elle voulait prendre ce parti, mais elle y est moins disposée que jamais. Elle avait obtenu de son père de ne point sortir de Reims avant seize ans, elle n'en a eu que quinze avant-hier, et veut absolument profiter de cette dernière année pour vivre à elle-même. On croit toujours que c'est moi qui lui inspire le goût de la retraite[5], et on ne me rend pas justice. Vous connaissez sa façon de penser à cet égard, et il faudrait bien des choses pour la faire changer. Cependant je n'en désespérerais pas, si on pouvait vous voir aux vendanges prochaines, il ne resterait que trois mois, et le plaisir de vous accompagner à votre retour pourrait l'engager à sacrifier un terme si court.

---

pleine de grâce, c'est-à-dire, pleine d'amour de Dieu, de douceur, de charité, de modestie ; en un mot, de toutes les vertus. [...] Nous sommes donc bien aveugles quand nous estimons d'autres biens que ceux-là, quand nous sacrifions ces vrais biens pour acquérir les richesses, la réputation et les autres avantages frivoles qu'on estime tant dans le monde. »

5 Ici, la retraite n'est pas perçue comme ayant une connotation religieuse. Il s'agit de la retraite géographique et spatiale, à la campagne bien souvent, qui permet aux personnes et personnages de se questionner, de lire, d'apprendre en dehors de l'exigence des mondanités supposée par la capitale ; voir aussi Krief, art. cité.

LETTRE DE MADAME DU CASTELET À LA VEUVE

Condamnez-moi, Madame, si je le mérite, et j'y consens, mais après avoir fait justice, vous ferez grâce à une coupable qui veut la mériter par une confession sincère. Vous aviez raison d'appeler la Cour le pays des illusions, peu s'en est fallu qu'elles ne m'aient fasciné[6] les yeux. Tout était nouveau pour moi, je ne voulais que me prêter, je me suis livrée. Mon époux est jeune, avec mille bonnes qualités il a le défaut à la mode, et pense très librement sur la religion. Je ne vous cacherai point que votre lettre a fourni une ample matière à ses plaisanteries. Il s'était fait un point capital de redresser mon esprit comme il s'exprime, et en vérité j'ai couru le plus grand danger. On ne nous prévient point assez, ce me semble, contre les mauvais raisonnements qu'on fait dans le monde, contre les vérités les plus respectables. Nous aimons la religion sans en connaître les fondements[7] et il m'est arrivé plusieurs fois de n'avoir rien à opposer à des raisons apparentes qui ne tendaient à rien moins qu'à renverser le christianisme de fond en comble. Heureusement nulle passion ne m'engageait à souhaiter que ce qu'on me disait fût réel. Dieu m'a fait la grâce, non seulement de conserver l'amour de la religion, mais encore de chercher à m'en instruire. Une personne de grande considération a engagé mon époux à recevoir chez lui un homme à qui on voudrait donner une teinture des affaires pour le placer ensuite avantageusement. Il se nomme Des Essarts, et ce qui lui a d'abord concilié mon amitié, c'est qu'il a le bonheur de vous connaître, et assez bon esprit pour vous estimer au-delà de toute expression. Il est d'Orléans, et c'est là qu'il vous a connue. Je ne vous rappelle pas cette circonstance dans la crainte que vous l'ayez oubliée, quoique vous fussiez fort jeune alors, on n'oublie point de tels amis. Mais comme je ne le crois pas plus âgé que vous, il se pourrait bien qu'il n'eût pas dans sa grande jeunesse tout le

---

6 Fasciner les yeux : « Charmer, éblouir par un faux éclat, imposer par une belle apparence. » (Dictionnaire de l'Académie française, 4e édition, Paris, Veuve Brunet, 1762, p. 722).

7 Marie Leprince de Beaumont aborde ce même thème ailleurs dans son œuvre, comme par exemple dans *Les Américaines* (1769), dans lequel elle prône l'idée suivante : pour bien croire il faut d'abord douter, mettre en doute sa foi. Ce discours est directement influencé par le doute méthodique de Descartes, qu'il explique dans *Discours de la méthode* et les *Méditations métaphysiques*.

mérite solide qu'il a aujourd'hui. J'admire surtout sa solide piété et ses grandes lumières, nous lisons ensemble les livres à la mode, et il met en poudre les mauvais raisonnements qui m'avaient paru sans réplique. Il me charge de vous présenter ses très humbles respects, mais je ne vous dissimulerai point que c'est après m'avoir fait les plus vives instances pour m'engager à ne faire aucune mention de lui dans ma lettre. Je ne conçois pas cette réserve, auriez-vous été brouillés ? Il est impénétrable sur cet article, et a mis ma petite pénétration en défaut. Ainsi c'est à vous que je m'adresse pour être instruite. Il a refusé de recevoir vos lettres que je voulais mettre à son adresse, et comme, par les raisons que vous pouvez comprendre, elles ne doivent plus être vues que par moi, vous aurez la bonté de les adresser à M*** à la poste restante. C'est le premier commis de mon époux qui me les remettra exactement.

LETTRE DE LA VEUVE

Quel nom avez-vous prononcé, ma chère ? Pouviez-vous prévoir les maux que vous m'alliez causer ? Il n'était pas besoin de me rappeler le lieu où j'ai vu Monsieur des Essarts pour la première fois, je travaille en vain depuis dix-sept ans à l'effacer de ma mémoire, ou plutôt à l'arracher de mon cœur. Vous ne vous attendiez pas à un tel aveu, Madame, vous me croyez ennemie de l'amour, hélas ! Je le devrais, je n'en ai jamais connu que les peines ! Après vous avoir découvert une passion qui a fait en même temps le délice et le tourment de ma vie, je ne puis remettre à vous faire la confidence entière que je vous ai promise, et que je ne différais que dans la crainte que vous fussiez forcée de confier à votre époux, un récit qui ne doit être que pour vous. Souvenez-vous du moins que vous ne devez point ma confiance à l'état violent où votre lettre m'a réduite. Il y a longtemps que je m'étais déterminée à vous ouvrir mon cœur, et je l'aurais certainement fait à notre première entrevue. La rencontre que vous avez faite me force seulement à prévenir ce temps que j'avais fixé pour cela.

Je me persuade même que mes malheurs pourront vous devenir utiles dans les circonstances où vous vous trouvez à présent. Vous apprendrez par mon exemple combien la passion la plus raisonnable peut devenir une source de repentir et de fautes, et cette connaissance est fort propre à vous engager à veiller exactement sur votre cœur, pour y couper dans la racine tout ce qui pourrait altérer votre vertu et votre paix. Vous comprendrez après avoir lu l'écrit que je joins à cette lettre, combien il m'importe qu'il ne tombe point entre les mains du trop tendre et malheureux Des Essarts. Je m'abandonne à votre discrétion, et vous estime trop pour vous croire capable de trahir ma confiance sous quelque prétexte que ce soit.

Je suis fille d'un capitaine de cavalerie, qui ayant beaucoup dissipé[8] dans sa jeunesse, n'avait plus d'autre bien que ce qu'il tirait du service, ce qui ne l'empêcha point d'épouser par inclination une fille de qualité qui n'avait pas plus de fortune que lui. La mort de mon père qui

8 Dissiper : « consumer » (*Dictionnaire de l'Académie française*, 4e édition, Paris, Veuve Brunet, 1762, p. 546).

suivit de près ce mariage laissa son épouse qui était grossede six mois, dans une indigence absolue. Elle aurait peut-être succombé à l'horreur d'une situation si triste, si le désir de conserver le gage de son amour ne l'eût élevée au-dessus d'elle-même. Dénuée de tout, elle se jeta courageusement dans les bras de la providence, et se flatta de trouver dans un travail assidu une ressource contre la pauvreté. Ce fut dans cet exercice laborieux qu'elle me mit au monde, et je lui ai ouï dire mille fois qu'elle prit alors la résolution qu'elle a si fidèlement exécutée, de me dédommager par une excellente éducation des disgrâces de la fortune. Je ne vous dissimulerai point, ma chère, que la nature m'avait faite, ce semble, à souhait, pour répondre à ses vues, et voici la raison qui m'empêchera de faire les honneurs de moi-même. Vous connaissez ma figure et mes talents, chercher à les rabaisser dans ce récit, serait me parer d'une modestie feinte, et je ne puis vous en imposer[9] à cet égard, et pourquoi chercherai-je à le faire ? Je fais trop peu de cas de ces avantages frivoles, pour vouloir m'humilier en essayant de les diminuer. Je n'eusse point été humiliée d'être née avec une figure désagréable et des talents bornés, je n'ai point à me reprocher de m'être estimée à raison de ces qualités d'emprunt, et j'ose vous assurer que leur perte ne m'eût pas coûté un soupir. Je vous en parlerai donc comme s'ils eussent appartenu à un autre, et seulement parce que la vérité l'exige. Cette beauté qui s'est conservée jusqu'à trente-deux ans sans altération, cette beauté, dis-je, me rendit dès le berceau l'objet de l'admiration de tous ceux qui me voyaient. À cette figure singulière, se joignaient une raison précoce, un esprit droit et un cœur sincère. À peine fus-je en état de connaître ce que tout le monde nommait mes avantages, que je m'appliquai à les évaluer selon leur valeur intrinsèque. Peut-être n'aurais-je pas pensé si juste, si les progrès de ma raison n'avaient point été dirigés par une mère qui ne perdait aucun de mes mouvements. Ce ne sont point les qualités corporelles, ni même celles de votre esprit qui vous rendront estimable, me disait-elle souvent, ce sera le bon usage que vous en ferez. Il n'y a que nos vertus qui soient notre bien propre aux yeux des hommes, s'entend, car à ceux de l'Être suprême, nous n'avons rien, et nous ne sommes que le néant. Cependant, puisqu'il

9 En imposer à quelqu'un : « Tromper, abuser, surprendre quelqu'un, en faire accroire à quelqu'un. » (*Dictionnaire de l'Académie française*, 4e édition, Paris, Veuve Brunet, 1762, p. 910).

veut bien que ses dons deviennent nos mérites, votre application à les faire valoir sera le seul bien qui soit vraiment à vous. Une figure régulière, des talents, rendent plus respectables à la société, au profit de laquelle tout doit être employé, et vous lui feriez un vol, si vous négligiez de faire valoir ce qui vous a été donné, plus pour elle que pour vous. Une belle femme fixe les yeux d'une manière agréable, me disait-elle encore, on l'aime, mais on n'estime que celle qui est sage. Les années font bientôt disparaître la beauté, et avec elle s'envolent les sentiments tendres qu'elle inspirait. Que reste-t-il alors à celle qui ne s'était attiré que des hommages frivoles et passagers ? Des regrets inutiles et cuisants, une solitude désespérante. La beauté de l'âme a seule le droit de fixer pour jamais l'admiration et l'estime. Ces leçons que me faisait ma tendre mère, étaient toujours prononcées du ton d'une amie. Jamais je ne m'aperçus de la supériorité qu'elle avait sur moi. Elle me priait, me conseillait et ne commandait point. J'avais à peine cinq ans, qu'elle me fit comprendre que la raison me distinguait des animaux[10], et quand je voulais m'en écarter, il suffisait de me dire : voilà ma fille qui s'efforce de devenir semblable au petit chien, car elle refuse d'obéir à sa raison. Ces paroles dans l'instant me faisaient rentrer en moi-même et je lui disais : « Maman, dites-moi comment je dois faire pour n'être point un animal. Commandez-moi tout ce que vous voudrez, je suis prête à faire ce qu'il y aura de plus difficile plutôt que de tomber dans ce malheur ». Ordinairement elle m'embrassait, et me disait : « Je ne veux rien vous commander, mon enfant, mais consultons votre raison, puis vous ferez ce qu'elle vous ordonnera, car c'est pour cela que Dieu vous l'a donnée ». Pardon, Madame, si je pèse sur ces circonstances qui paraissent frivoles. Ce sont elles qui ont décidé mon caractère et l'ont heureusement fixé, il est naturel de me les rappeler avec plaisir. Vous concevez qu'une telle conduite avança chez moi la raison, et en même temps fortifia tellement mon respect et ma confiance pour ma mère, que j'aurais crû commettre un grand crime en lui déguisant une de mes pensées.

10 Madame de Batteville fait ici allusion à la théorie nommée « la bête machine », également connue sous le nom de « animal-machine » de Descartes, soit le fait que la raison distingue les hommes des animaux. Descartes développe cette idée dans la *Lettre au Marquis de Newcastle*, les *Méditations métaphysiques* ou encore la *Lettre à Morus du 5 février 1649*. Marie Leprince de Beaumont reprend la discussion au sujet de la « bête machine » dans son ouvrage *Les Américaines*.

La situation de notre fortune semblait avoir fixé ma vocation au travail des mains, et ma mère n'oublia rien pour m'y affectionner[11]. Je secondais ses efforts de tout mon pouvoir, mais elle fut bientôt convaincue de mon inaptitude. J'étais d'une maladresse difficile à concevoir pour tout ce qui s'appelle ouvrage manuel, et quand je voulais forcer la nature par mon application, la délicatesse de mon tempérament succombait sous la violence que je me faisais, et j'étais sûre d'avoir la fièvre. Après quelques épreuves, dont la dernière mit ma vie en danger, ma mère crut que ce serait tenter la providence, qui, par cette inaptitude, semblait annoncer qu'elle me destinait à autre chose. Elle respecta les ordres, et crut qu'elle devait m'abandonner à ses soins, sans prévoir ce à quoi elle voulait m'employer. Je ne m'occupai donc plus que du soin d'orner mon esprit[12]. Je lisais sans cesse, et je lisais avec fruit, par le soin qu'elle prenait de tourner toutes mes lectures au profit des mœurs. Je brûlais du désir de m'appliquer aux sciences plus relevées, et je gémissais de l'impossibilité de trouver un guide pour m'ouvrir cette carrière, et m'aider à la parcourir. La nature prit soin de me guider elle-même, et voici ce qui me détermina à ne point chercher des secours étrangers. Le premier volume de Descartes me tomba entre les mains, et ravie de trouver dans cet auteur que les premiers principes de toutes les connaissances étaient au fond de notre âme, je renonçai à la lecture pour donner plus de temps à la réflexion, et démêler en moi ce que la nature y avait mis. Je réussis sans m'en apercevoir, et comment l'aurais-je su ? J'étais devenue philosophe, logicienne[13] avant même de savoir le nom de ces sciences. Mon talent pour ces études abstraites était si naturel, que je n'en sentais pas la difficulté. Ma santé n'en reçut aucune altération. Vous comprendrez que de telles occupations devaient me donner un grand dégoût pour

11 S'affectionner à une chose : « S'y attacher, s'y appliquer avec affection. » (*Dictionnaire de l'Académie française*, 4e édition, Paris, Veuve Brunet, 1762, p. 32).

12 Dans le *Magasin des adolescentes*, l'auteure prêche l'idée selon laquelle toute lecture doit se solder par un enseignement moral. Selon Lady Sensée, la lecture est la nourriture de l'âme : « Mais peut-être, ma Bonne, que la lecture est un de ces moyens, ou du moins l'instruction ; ne nous apprenez-vous pas à découvrir des vérités ? » (*Magasin des adolescentes*, *op. cit.*, t. 2, IV, p. 230).

13 Selon l'auteure, il faut lire pour tirer une certaine morale de l'œuvre. C'est ce qu'elle explique dans l'avertissement de son ouvrage *Magasin des adolescentes* : « Aujourd'hui les femmes se piquent de tout lire ; histoire, politique, ouvrage de philosophie, de religion ; il faut donc les mettre en état de porter un jugement sûr par rapport à ce qu'elles lisent, et leur apprendre à discerner le vrai d'avec le faux. » (*Magasin des adolescentes*, *op. cit.*, t. 1, p. XX).

les amusements frivoles[14], aussi ne fut-il pas possible au petit nombre des amies de ma mère, de m'engager dans aucune de ces parties qui sont l'objet des désirs des jeunes personnes, et je connaissais à peine nos plus proches voisins. Je m'efforçais pourtant de me prêter à notre petite société. La raison et ma complaisance pour ma mère m'en faisaient une loi. J'avoue qu'il m'en coûtait infiniment, et cette humeur communicative que vous me connaissez, est une des qualités qui m'a été la plus difficile à acquérir. Elle est, comme je l'ai dit, le fruit de ma docilité. Je respecte votre goût pour l'étude de la vérité, me disait ma mère, mais quoique je ne sois qu'une femme ignorante, il est des choses que la seule raison me découvre. Je conçois, par exemple, que dans les desseins du Créateur, l'homme n'est point né pour une vie contemplative qui en ferait comme un être isolé au milieu de l'Univers. Il doit réfléchir pourtant. Mais si j'en crois mes idées, le but de ses méditations doit être de devenir plus propre à la société pour laquelle il est créé, toute étude qui donnerait du dégoût et du mépris pour ses semblables, qui ne serait pas ajustée au désir de leur être utile, serait à mon sens très mauvaise, et l'ignorante humilité lui serait préférable. Ces leçons me furent répétées si souvent et en tant de manières, que je forçai la nature, et ma mère eut la bonté de donner des éloges à ma docilité, qui m'encouragèrent à me vaincre sur toutes les choses que son amitié pour moi lui faisait apercevoir.

Cette tendre mère, chargée de pourvoir à mes besoins, travaillait avec une application étonnante. Nous vivions dans un bourg où elle trouvait à peine de quoi s'occuper au prix le plus modique, encore craignait-elle à tous moments de manquer de travail. Une dame de qualité ayant vu de ses ouvrages en broderie, les trouva si parfaits, qu'elle l'excita à quitter ce lieu pour s'établir à Orléans, où elle faisait sa résidence, lui promettant sa protection et celle de toutes ses amies. Le désir de faire quelques connaissances qui pussent me devenir utiles, engagea ma mère à accepter ses offres, et cette dame nous ayant donné quelques jours pour régler nos petites affaires, nous prit dans son équipage lorsqu'elle quitta son château pour venir en cette ville. J'en devins le spectacle pendant

---

14 Dans le *Magasin des adolescentes*, Mlle Bonne définit les amusements frivoles qui correspondent aux « occasions dangereuses » comme suit : « Mlle Bonne. Il y en a deux sortes [les occasions dangereuses], les éloignées, et les prochaines. Une dame chrétienne et prudente les fuit toutes deux également. Les occasions éloignées sont l'oisiveté, qui produit l'amour de la dissipation, les spectacles, les bals, les assemblées, la lecture des romans et des livres d'amourettes. » (*Magasin des adolescentes*, *op. cit.*, t. 2, IV, p. 100).

quelques jours, ma beauté y fut célébrée en cent manières différentes. Je vous avoue avec sincérité que cet encens ne me monta point à la tête. Je me divertis au contraire de l'extravagance des hommes, et de la jalousie des femmes. Les premiers me supposaient un esprit infini, quoique je gardasse le silence ; un oui ou un non, la réponse la plus simple les transportait d'admiration. Les secondes se fatiguèrent à me chercher des défauts, et n'en pouvant trouver dans mes traits, elles disaient que je manquais de physionomie, que je laissais aller mon visage comme il voulait, sans y mettre une âme, ou du moins une âme spirituelle. On en venait, par degrés, jusqu'à me trouver un air stupide et hébété. On n'osait le dire ouvertement, mais on donnait la monnaie de ces deux mots, et l'on trouvait moyen de me le faire entendre à moi-même, tout en faisant semblant de me louer. Comme mes rivales s'aperçurent que je n'étais pas sensible à cette sorte d'humiliation, elles changèrent de batterie[15], et résolurent de me confondre par un autre moyen. On exagérait la triste situation à laquelle j'étais réduite, et sous prétexte de me plaindre, on épluchait ma misère, et on me l'exposait sous les points de vue les plus propres à m'anéantir. Cette méchanceté fut encore employée en pure perte, j'avais appris à m'élever au-dessus des préjugés vulgaires. La pauvreté n'humilie point une âme noble, quand elle n'est pas la suite de la mauvaise conduite. Je savais que mon indigence était un titre pour être respectée des personnes vertueuses, et même de celles qui n'auraient que de l'humilité, et c'était les seules dont je souhaitais la bienveillance et les égards. La méchanceté des femmes, qui cherchaient à m'anéantir, me rendit au contraire un service réel. Je conçus qu'elles ouvriraient sur moi les yeux les plus malins ; c'était un nouveau motif pour moi de veiller sur mes démarches. Je me déterminai donc à vivre d'une manière si retirée, que je ne pusse leur laisser le moindre prétexte d'attaquer ma conduite.

Vous me demanderez peut-être quels étaient mes desseins pour l'avenir, vous supposez avec fondement que je brûlais du désir de soulager ma mère, en contribuant de tout mon pouvoir à diminuer son excessive application au travail. C'était l'objet de mes plus ardents désirs, et je me

---

15 Changer de batterie : « Se servir de quelque nouveau moyen dans une affaire, le premier n'ayant pas réussi. » (*Dictionnaire de l'Académie française*, 7e édition, Paris, Firmin-Didot, 1878, t. 1, p. 164). La 4e édition de 1762 (Paris, Veuve Brunet, I, p. 160) donne une définition proche : « Se servir de quelque autre moyen ».

proposais un exercice, qui, bien loin de déroger à ma naissance, devait, selon mon idée, lui donner un nouveau lustre. C'était celui d'élever les jeunes personnes de mon sexe. Je ne pouvais comprendre comment des gens qui, dans toute autre occasion, paraissaient avoir du bon sens, en perdaient absolument l'usage quand il était question d'élever leurs filles. Elles croyaient avoir tout fait en les mettant une couple d'années dans un couvent[16]. N'allez pas croire au moins que je veuille en aucune manière attaquer la vertu, l'esprit, les talents, ou le zèle des religieuses, dans le siècle où nous sommes, l'incapacité des mères[17] a rendu leurs soins nécessaires, et si elles voulaient faire entrer dans le motif de leur vocation, celui d'élever les jeunes personnes, si en conséquence de ces vues, elles employaient plusieurs années à s'instruire de la manière de le faire comme il faut, peut-être pourrait-on tirer les plus grands avantages de cette méthode de mettre les filles au couvent. Il peut arriver que dans les autres parties de la France, on prenne dans les couvents les moyens d'êtres utiles à la jeunesse, mais ces moyens étaient encore ignorés dans le lieu où j'étais. Les filles sortaient de ces retraites, superstitieuses, sans piété, pleines d'amour pour le monde et pour les plaisirs, vaines, attachées à la bagatelle, et surtout d'une ignorance crasse en tout genre. Mon peu d'expérience me faisait croire que des parents éclairés saisiraient avec avidité l'occasion de leur donner une éducation plus relevée, et j'espérais à la première ouverture que je ferais de mon dessein, me voir encouragée par tout ce qu'il y aurait de personnes de mérite. Je me faisais la plus douce idée de cet emploi, plus encore par le bien que j'espérais faire, que par celui qui m'en devait revenir. Effectivement le peu de personnes à qui je m'ouvris de mon dessein, avouèrent de bonne foi que l'éducation qu'on donnait aux filles était détestable, que le plus grand bien résulterait d'une méthode toute opposée, et cependant elles m'assurèrent que j'échouerais dans mon projet. Elles se prêtèrent pourtant à tout ce qui dépendait d'elles pour le faire réussir, et ce fut sans succès.

---

16 L'auteure fait ici allusion à la pratique courante, sous l'Ancien Régime, de faire éduquer les jeunes filles dans les couvents, une éducation qui fait souvent l'objet de critiques dans la littérature : voir aussi Graffigny, *op. cit.*, lettre 19, p. 123-125.

17 L'incapacité des mères, en matière d'éducation, est un sujet abordé dans le *Magasin des adolescentes*, et notamment dès l'avertissement : « Voilà ce que la plus grande partie des gouvernantes sont incapables de faire. Les mères le sont-elles davantage, elles qui devraient sur cela donner le ton aux gouvernantes ? Il y en a un grand nombre qui sont aussi ignorantes que ces dernières, beaucoup plus dissipées, et qui ont moins de mœurs. ». (*Magasin des adolescentes*, *op. cit.*, t. 1, p. X).

Les mères se trouvaient très bien élevées, et loin de souhaiter quelque chose de mieux pour leurs filles, elles auraient craint de les voir moins ignorantes qu'elles. Les pères n'étaient pas tout à fait de leur avis, et de ce côté eussent prêté les mains à mes desseins, mais ils eurent la bonne foi de donner une raison invincible de leurs refus à cet égard. C'est que chargés d'une nombreuse famille, ils avaient besoin d'avoir des religieuses[18], et que leurs filles prendraient dans le couvent une vocation que je ne leur donnerais pas. Il fallut donc renoncer à cette entreprise, et j'attendis de la providence une ouverture à ce qu'elle voudrait faire de moi. Ces contradictions auraient dû naturellement me donner de l'humeur, cependant je n'en fus affligée que par l'intérêt que je prenais aux personnes de mon sexe, et à la santé de ma pauvre mère. Pour la soulager, autant qu'il était en moi, je me chargeai de tous les soins domestiques, et après m'être fait à cet égard des violences infinies, je vins à bout de triompher de la répugnance que j'avais pour cet emploi, et que je regardais comme invincible.

Un jour que je m'applaudissais avec ma mère d'avoir échappé aux chagrins que la jalousie et l'ineptie des gens de cette ville auraient pu m'occasionner, je lui dis en riant que je savais bon gré à la nature de m'avoir fait naître sans passions. Elle ne me répondit rien, et me regardant tristement, elle poussa un soupir, qui, en excitant ma curiosité, me causa l'inquiétude la plus vive. « Me serais-je trompée, ma mère ?, lui dis-je avec émotion. Voyez-vous dans mon cœur quelque passion cachée, capable d'avoir fait naître dans votre âme un sentiment douloureux que vous n'avez pu me déguiser ? » « Oui, ma chère Julie, me dit ma mère, en essuyant quelques larmes qu'elle s'efforçait en vain de retenir, ma tendresse pour vous m'a fait chercher à démêler vos penchants, et j'ai frémi en faisant cet examen. La raison vous fera mépriser les grandeurs que poursuit l'ambitieux, les richesses qui font l'idole de l'avare, mais qui vous défendra contre l'amour ? La nature vous a donné le cœur le plus tendre, présent funeste, qui répandra l'amertume sur les plus beaux jours de votre vie. Plus vous avez d'indifférence pour toutes les choses qui affectent ordinairement une jeune personne, plus vous ressentirez vivement le plaisir d'aimer et d'être aimée, c'est le seul qui soit à votre usage. Tous les sentiments que vous refusez à la haine, à l'ambition, au

18 Sous l'Ancien Régime, certains parents envoyaient leurs filles au couvent pour réduire la part d'héritage ou la dot leur revenant.

ressentiment et à la vengeance, se réuniront pour celui en faveur duquel votre cœur se déterminera. Et que deviendrez-vous si cette passion se trouvait malheureusement contraire au devoir ? » « Je la sacrifierai, lui répondis-je, ne m'avez-vous pas appris que les sacrifices que l'on fait au devoir sont amplement récompensés par la satisfaction que l'on éprouve, lorsqu'on n'a point à rougir de soi-même ? D'ailleurs l'amitié m'offre une ressource, ne peut-elle pas remplir mon cœur[19] ? Jusqu'à présent il n'a senti que le plaisir de répondre à vos bontés. Il est, ce me semble, si satisfait de la tendresse que vous avez pour moi, si plein de celle que j'ai pour vous, que je crois toute sa capacité remplie, sans qu'il me reste le plus petit sentiment à donner à l'amour. » J'ajoutais encore : « Je ne vois pas comment je pourrais me déterminer à faire un choix, vous craignez l'amour pour moi, ma chère mère, et j'ai grand peur de donner dans la misanthropie[20]. Je n'ai rien vu jusqu'à ce jour, même parmi ceux qu'on nomme estimables, aimables, qui n'ait eu besoin d'indulgence pour paraître supportable à mes yeux. Vous me connaissez trop, ce me semble, pour me soupçonner d'être sensible aux grâces extérieures, je n'ai encore vu que cela dans tous les hommes. Ce sont de jolies poupées, des pantins qui gesticulent assez bien, et c'est tout. Si cette disposition, ce penchant à l'amour que vous apercevez au fond de mon cœur, vous alarme, rassurez-vous, ma chère mère, par l'impossibilité de trouver dans les hommes d'aujourd'hui, les qualités propres à le faire naître. Voudriez-vous que la nature fît un phénomène exprès pour moi ? » « Tu me fais rire malgré moi, ma chère Julie, me dit ma mère, et tu ne me rassures pas. Il n'est pas besoin que la nature se mette en frais pour te faire perdre ta liberté, tu seras toi-même l'ouvrière de ce prodige dont tu crois avoir besoin pour devenir sensible. L'homme le plus désagréable, le moins vertueux, le plus dépourvu des qualités estimables, paraît un phénix lorsque le cœur s'intéresse pour lui, on lui suppose toutes les perfections imaginables, et rien ne peut détruire une illusion qui plaît ».

19 À l'époque des Lumières, l'amitié semble le modèle relationnel idéal qui relève de la sensibilité, voir Graffigny, *op. cit.*, p. 209 : « Venez, Déterville, venez apprendre de moi à économiser les ressources de notre âme, et les bienfaits de la nature. Renoncez aux sentiments tumultueux, destructeurs imperceptibles de notre être ; venez apprendre à connaître les plaisirs innocents et durables, venez en jouir avec moi, vous trouverez dans mon cœur, dans mon amitié, dans mes sentiments tout ce qui peut vous dédommager de l'amour. »

20 La misanthropie constitue un topos de la critique de la société française, au moins depuis *Le Misanthrope* (1666) de Molière.

« À la bonne heure quand elle est formée, répondis-je à ma mère, avouez pourtant qu'on est de sang-froid au moment qui précède l'amour, et qu'alors il est aisé de voir un objet tel qu'il est. Pour passer de cet état tranquille à celui d'illusion dont vous me parlez, il faut trouver des qualités propres à la produire. En un mot, il faut un père à l'amour, et j'ose vous jurer que ce père chez moi ne sera jamais que l'estime[21] ». « Voilà nos philosophes, répondit ma mère, d'un ton qui m'apprit que je ne l'avais pas persuadée, la seule expérience peut les convaincre de leur faiblesse. Non, ma chère, il n'est point question d'examen lorsque l'amour veut se mettre de la partie, cela n'arrive que lorsqu'il s'agit de l'amitié, alors on a tout le temps d'examiner à son aise. Croyez-moi, l'amant le plus parfait a besoin que les sentiments qu'il inspire soient précédés de l'illusion, ils perdent trop à être vus sans ce vernis, et si le plus parfait de tous les amants était réduit à sa juste valeur, il est peu de femmes qui voulussent sacrifier leur liberté à une si vile idole ».

Nous passâmes trois mois à Orléans avec beaucoup de tranquillité. Notre protectrice nous avait procuré la connaissance de toutes ses amies. On dédaignait tous les ouvrages qui n'étaient pas sortis des mains de ma mère, et on les payait au double de ce qu'on donnait aux autres. Je puis dire qu'en cet heureux temps je n'avais que le chagrin de ne pouvoir la soulager assez à mon gré. Elle avait trouvé dans cette ville une de ses anciennes amies, veuve d'un officier comme elle, mais qui, ayant des protecteurs, avait une pension de la Cour. Cette pension, malgré sa modicité, l'avait mise en état d'élever un fils unique que son mari lui avait laissé fort jeune. Cette dame était fort adroite. L'exemple de ma mère la guérit d'une mauvaise honte qui l'empêchait de faire valoir ses talents, et l'amour qu'elle portait à son fils l'engagea de chercher à en faire usage. Pour le faire plus aisément, elle s'associa avec ma mère, prit un logement dans notre maison, et bientôt nous devînmes inséparables. Cette femme, avec de l'esprit et de très bonnes qualités, avait pourtant un défaut qui me la rendait ennuyeuse, elle parlait trop souvent de

21 L'estime s'avère être un critère important en ce qui concerne l'amour comme le démontre déjà la Carte de tendre que Madeleine de Scudéry inséra dans son roman *Clélie* (1654-1660). Voir aussi *Magasin des adolescentes*, *op. cit.*, t. 2, III, p. 20 : « Mlle Bonne. [...] Je conseillerais à une fille de demander plutôt l'aumône, que d'épouser un homme pour lequel elle aurait de la haine et du dégoût ; mais si elle a pour lui une estime fondée sur la connaissance d'un bon caractère, cela est suffisant pour l'engager à lui donner la main, et l'expérience a prouvé qu'il y a beaucoup plus de ces mariages qui réussissent, que de ceux qui se font par inclination. »

son fils, et en parlait en mère passionnée. Si elle voyait un homme de mérite, elle ne manquait jamais de dire : voilà le portrait de mon fils. Si nous trouvions dans les histoires des sentiments de grandeur d'âme, de noblesse et d'équité, elle ajoutait tout de suite : voilà justement la façon de penser de mon fils. Il s'en fallait de beaucoup que j'ajoutasse foi aux éloges éternels de cette dame, ils me fatiguaient même, du moins je le croyais ainsi. Cependant ils firent naître chez moi une grande curiosité, et j'attendais avec une sorte d'impatience le moment où les vacances devaient le ramener à Orléans. Si j'eusse pu prévoir que ce mouvement curieux m'annonçait ma défaite, j'aurais fui. Mais j'étais devenue d'une sécurité qui avança ma perte. Quelques aimables avaient travaillé à me rendre sensible, et la facilité que j'avais trouvée à dédaigner leurs hommages, m'avait persuadée que ma mère s'était trompée, et que j'étais invulnérable. Pour la première fois de ma vie je me déterminai à ne point instruire ma mère de ce qui se passait dans mon cœur. Je lui fis un mystère de mon impatience, sous prétexte que cela n'aurait servi qu'à augmenter son inquiétude, du moins croyais-je n'agir que par ce motif. J'étais la dupe de mon propre cœur, j'aimais déjà. Je pensais souvent en moi-même, ou plutôt je disais : cette femme est insupportable avec son fils, et dans le moment j'entendais une voix dans le plus intime de mon âme qui m'insinuait : si pourtant il était tel qu'elle le dépeint, il serait bien digne d'être aimé. Hélas, ma chère ! J'éprouvai bientôt que le portrait que Madame des Essarts m'avait fait de son fils, n'était pas flatté. Le moment fatal où il devait s'offrir à mes yeux, vint enfin, et ce moment décida de mon sort. Ma mère n'avait point ignoré les mouvements secrets qui m'avaient agitée, elle savait interpréter mes regards par la longue habitude où elle était de les examiner, néanmoins la crainte de donner plus de force à ces sentiments involontaires, l'avait empêchée de me dévoiler mon propre cœur. Elle se flattait de trouver dans Des Essarts quelque défaut qui pût me fournir des armes. À peine l'eut-elle vu, qu'elle perdit tout espoir. Je ne sais, ma chère, quels changements le temps a pu opérer en lui, mais s'il est aujourd'hui tel qu'il était il y a dix-sept ans, vous avouerez qu'un cœur tel que le mien n'était pas en état de se défendre contre les imperfections que faisaient ses regards. Ce n'était point de la beauté, de l'esprit, des grâces qu'on découvrait en le regardant, c'était des vertus, de la noblesse, des sentiments. Et quelque grand que fût l'intérêt qu'avait ma mère à diminuer le mérite de ce jeune homme, elle ne put s'empêcher de convenir avec moi qu'il était presque impossible de ne lui pas supposer toutes les vertus que sa physionomie annonçait[22]. J'étais restée immobile à l'aspect de ce jeune homme. Il éprouva le même trouble, et aussi peu instruit que moi dans l'art de feindre, il ne pensa pas même à déguiser sa situation. J'étais si effrayée de la mienne que je pouvais à peine me soutenir, et je me retirai aussitôt que la bienséance put me le permettre, pour tâcher de démêler ce qui se passait en moi. Il n'y avait pas moyen de s'y méprendre, je vis en frémissant combien les craintes de ma mère avaient été fondées. J'étais devenue l'esclave d'une physionomie, d'un extérieur peut-être faux et trompeur. Je voulus appuyer sur cette dernière pensée qui me paraissait une ressource, mais mon cœur rejetait avec horreur tout ce qui pouvait dégrader l'objet de ma flamme naissante, et les combats que je me livrais à moi-même étaient si violents, que j'étais prête à tomber en faiblesse, lorsque ma mère entra dans ma chambre. Je me précipitai dans ses bras sans avoir la force de parler, et cachai ma tête dans son sein pour tâcher de me dérober à sa vue. Cette tendre mère, loin de chercher à augmenter ma confusion par des conseils qui n'auraient pas été de saison dans ce premier moment, mêla ses larmes avec les miennes, et parvint, à force de caresses, à me remettre dans une situation plus tranquille. Le premier usage que je fis de ma voix, fut de la prier de me permettre de m'éloigner à l'instant. « Je ne veux plus le revoir, disais-je. "Laissez-moi fuir, l'absence… Mais non", ajoutai-je, l'absence ne détruira jamais la passion qui vient de naître dans mon cœur, je sens qu'elle est nécessaire à mon existence. Mais pourquoi essayerai-je à la combattre ? Est-ce un crime d'aimer, lorsque l'objet qu'on aime n'a rien qui puisse faire rougir ? » Ma mère saisit ces dernières paroles. « Qui peut vous donner cette certitude, ma chère Julie, me dit-elle ? peut-être trouverons-nous le remède à cette passion dans celui qui l'a fait naître. J'avais plus compté sur votre raison, sur votre courage, laissez-moi le soin d'examiner Des Essarts. S'il est tel que sa physionomie l'annonce, je gémirai de votre penchant pour lui, mais je ne vous en ferai point un crime ». « Et pourquoi en gémir, lui dis-je avec vivacité, si vous

---

22 La suggestion d'une correspondance entre le beau et le bien, affirmée dès l'Antiquité avec Socrate puis Platon dans *Le Banquet*, a été remise au goût du jour au moment de la Contre-Réforme. Au XVIIIe siècle, la beauté physique est encore associée à l'idée d'une supériorité morale. Des Essarts confirme cette conviction ; elle est néanmoins renversée avec le personnage de la Bête dans le conte de Marie Leprince de Beaumont, *La Belle et la Bête*, inséré dans *Le Magasin des enfants*.

ne voulez pas le blâmer ? Pourriez-vous vous résoudre à me rendre misérable en le contraignant ? » Ce mot était échappé à ma mère, elle connut que je n'étais pas en état alors de comprendre les raisons qui le lui avaient dicté, et d'entrer dans ses vues. Ainsi au lieu de me répondre, elle chercha à me consoler, et me pria au nom de la tendresse qu'elle avait pour moi, de modérer mes mouvements. Je lui promis au moins de les renfermer au-dedans de moi, c'était en vérité tout l'effort dont je me sentais capable, et encore était-il bien pénible. Cependant quelques heures après, je me crus en état de lui tenir parole. Sans m'avoir promis de ne point s'opposer à mon penchant, si Des Essarts en était digne, son silence à cet égard me le faisait présumer, et encore plus sa tendresse pour moi. Mon cœur m'en assurait, et je crus ne rien risquer en m'en rapportant à elle. Elle ignorait le caprice, l'obstination, l'humeur, et j'étais bien éloignée de prévoir les raisons invincibles qu'elle avait à opposer à mon amour. Madame des Essarts nous avait prié de souper avec elle. Je me promis de paraître si dégagée, que j'effacerais de l'esprit de la mère et du fils les idées que notre première entrevue pourrait leur avoir fait prendre. Je me connaissais mal, et ce que j'avais entrepris était au-dessus de mes forces. Vous vous étonnerez sans doute qu'une passion si violente fût l'ouvrage de quelques instants, il faut pour me justifier à vos yeux, que je rappelle ce qui s'était passé en moi depuis que j'avais été capable de réfléchir.

Il est certain que j'ignorais jusqu'au nom de l'amour, et encore plus ses funestes effets. Je n'avais jamais lu un seul roman[23], je n'avais point eu de société avec les filles de mon âge, et ma mère avait eu soin

23 Il est vrai que le roman est condamné au XVIIIe siècle, jugé bas, vulgaire, inutile et dangereux pour la vertu, corrompant la morale par la représentation des passions. Dans la lignée des moralistes classiques incriminant le roman, tel que Boileau dans le *Dialogue des héros de roman* en 1664-1665, des auteurs comme les prêtres jésuites Guillaume-Hyacinthe Bougeant ou Charles Porée continuent de dénoncer le genre. Dans le *Magasin des adolescentes*, Mlle Bonne prévient en effet ses disciples contre les dangers du roman : Mlle Bonne à Miss Frivole : « Vous vous êtes rempli la tête de romans dangereux ; j'en ai souvent remarqué parmi vos livres. L'esprit farci d'aventures amoureuses, vous avez cru que tous les hommes devaient être épris de vos charmes. » (*Magasin des adolescentes*, *op. cit.*, t. 2, III, p. 25) et : « Il y avait dans la province de… un chevalier baronnet qui n'avait qu'une fille. […] Elle [la fille] excellait dans la musique, la danse, et avait cultivé son esprit par la lecture. Malheureusement on lui laissa le choix de ses livres, et elle prit un goût infini pour les romans. […] Elle était enchantée de lire les aventures de ces amants constants qui ne se trouvent que là, et qui sacrifient tout à leur amour. Elle avait la tête remplie de ces maximes des poètes : une cabane avec ce que l'on aime, est préférable à un palais. » (*Magasin des adolescentes*, *op. cit.*, t. 2, IV, p. 174 *sq.*).

d'écarter des conversations tout ce qui pouvait m'instruire à cet égard. Mais mon cœur pour cela n'était point demeuré oisif. Sans goût pour la vie religieuse, je ne voyais point d'autre état que celui du mariage[24]. Ma mère comptait un peu sur ma beauté pour espérer un établissement avantageux pour moi. C'était l'objet de ses désirs, et même de ses prières. Elle demandait à Dieu de me voir bien mariée avant que de mourir, et m'avait laissé entrevoir son espoir à cet égard. Elle avait été alarmée du prodigieux éloignement qu'elle me découvrait pour tous les hommes qui s'étaient offerts à mes yeux, parce que ce n'était point la piété ni le désir d'une vie plus parfaite qui m'inspirait ce dégoût, car alors elle eût respecté ces motifs. C'était une délicatesse qui devenait un excès blâmable dans une fille sans ressource, et qui devait sacrifier beaucoup pour se faire un sort. Dans cette vue elle me disait souvent que le mariage étant la vocation commune, ce serait me tirer de l'ordre de Dieu que d'y renoncer par des idées chimériques telles qu'étaient les miennes, et que je devais m'attendre à la voir se servir de son autorité, si la providence me faisait trouver un parti sortable pour une fille de qualité sans fortune[25]. J'étais donc convaincue qu'il faudrait tôt ou tard subir ce joug, et pour en adoucir l'idée, mon cœur d'abord s'amusa à souhaiter certaines qualités dans l'époux qui me serait destiné. Je m'en fis un tableau qui peu à peu prit de la consistance, je parai ce fantôme à mon gré, et je lui prêtai libéralement toutes les perfections imaginables. Semblable à Pygmalion[26], je fus éblouie de cet être de raison qui me devait son existence idéale. J'avoue que c'était une folie, mais, ma chère, je n'avais que quinze ans. Cet âge vous demande une indulgence que je

24 Sous l'Ancien Régime, deux options s'imposent inéluctablement aux jeunes filles lorsqu'elles sont en âge de rompre avec la tutelle de leur père : elles se consacrent à la vie religieuse, ou elles passent sous la tutelle d'un mari.

25 Selon l'auteure, le choix de l'époux est soumis à la Providence dont dépend également la position matérielle dans laquelle une jeune fille se retrouve ; voir *Magasin des adolescentes*, *op. cit.*, t. 2, III, p. 37 : Mlle Bonne à Lady Lucie : « La Providence, ma chère, vous a mise en situation de vous marier à votre gré. Vous êtes dans l'abondance, sous les yeux de parents qui vous aiment, et qui ne cherchent qu'à vous rendre heureuse. Rien ne vous oblige par conséquent à vous presser de vous marier : vous avez le temps de choisir à votre aise, et vous ferez fort bien de ne vous engager qu'au moment où vous trouverez réunies dans une seule personne les qualités estimables et aimables. La Providence semble vous donner cette permission, par la position où elle vous a mise. »

26 Julie fait référence ici à la légende, notamment racontée par Ovide dans *Les Métamorphoses*, du sculpteur Pygmalion, personnage révolté contre le mariage mais qui tombe amoureux de sa création, Galatée, une statue d'ivoire à qui Aphrodite va donner vie.

n'avais pas toujours pour moi-même, car en vérité il m'arrivait souvent de me moquer de moi, et de me dire qu'il n'était pas possible de rencontrer la copie de l'original que j'avais dans la tête, ou plutôt dans le cœur. Lorsque nous connûmes Madame des Essarts, je crus reconnaître dans ce qu'elle nous disait de son fils, quelque trait de mon tableau, et lorsque je vis ce jeune homme pour la première fois, je le trouvai si semblable à celui que mon cœur avait souhaité, que je ne pus m'empêcher de lui transporter tous les sentiments que j'avais voués à cette ressemblance. Vous voyez que cette passion subite n'avait rien d'extraordinaire, et qu'on pouvait même dire qu'elle avait commencé longtemps avant que j'eusse vu celui qui en devenait l'objet réel.

Je vous disais que je réussissais mal à jouer le dégagement, Des Essarts fut plus habile que moi. Sa mère avait vu avec plaisir l'impression mutuelle que nous nous étions faite. Elle avait depuis longtemps dessein de nous unir, et le manque de fortune lui paraissait compensé par l'analogie de mon caractère avec celui de l'époux qu'elle me destinait, car son amitié pour moi lui faisait illusion sur mes défauts. Elle savait que ma mère avait d'autres vues. Elle crut donc devoir garder de grands ménagements, et fit entendre à son fils qu'il importait au succès de son amour qu'il sût le déguiser. « Il faut, lui dit-elle, mériter l'estime de Julie, c'est le seul chemin qui puisse vous conduire à son cœur ». Elle lui apprit en même temps qu'il aurait de grands obstacles à surmonter du côté de ma mère, que sa tendresse pour moi m'éloignerait d'un mariage qui dans la vérité ne pourrait être regardé comme avantageux. « Si vous pouvez lui faire craindre que vous soyez touché des charmes de sa fille, ajouta-t-elle, je ne répondrais pas qu'elle ne trouvât le moyen de l'éloigner ». Une telle menace fit frémir Des Essarts, et lui inspira assez de force pour se contraindre. Je n'étais pas instruite de ses motifs, et je lui fis un crime du rôle qu'il jouait assez naturellement, parce que les difficultés qu'on lui faisait prévoir l'avaient jeté dans une profonde tristesse. Je sentis donc un violent dépit de sa froideur. Il ne dura pas longtemps. Quoiqu'il fût sur ses gardes, il lui échappa mille choses qui me firent comprendre la violence qu'il se faisait. Ma mère m'avoua en nous couchant, qu'elle n'avait rien remarqué en ce jeune homme qui ne fût à son avantage. Et malgré le désir qu'elle avait de lui trouver des défauts, elle conçut en peu de temps qu'il n'y avait rien à espérer de ce côté-là. Si elle n'eût consulté que l'estime que Des Essarts lui avait inspirée, elle n'eût pas balancé à presser notre union, mais la triste situation qu'elle avait éprouvée, la faisait frémir sur les suites d'un pareil mariage. Je vous avouerai, ma chère, que je ne partageais pas ses craintes. Je ne puis être heureuse que par le cœur, lui disais-je quelquefois, pourquoi renoncerais-je à la seule félicité à laquelle il m'était permis de prétendre ? Nous serons absolument dénués des commodités de la vie, mais elles sont inutiles à qui sait les mépriser. L'amour, dit-on, a transformé plusieurs personnes en peintres, il fera le même miracle en ma faveur, il me donnera pour le travail l'aptitude qui m'a manquée jusqu'à ce jour. « Et comptez-vous pour rien, me dit ma mère, le déchirement que vous éprouverez à la vue d'une famille qui peut-être deviendra nombreuse, et à laquelle vous ne pourrez procurer ces commodités que vous regardez comme des superfluités pour vous, et qui vous paraîtront pour elle des secours nécessaires ? Vous vous direz à vous-même : ces innocentes créatures sont les victimes de la passion qui leur a donné le jour, je suis moins leur mère que leur marâtre, je leur suis comptable d'une éducation, d'un établissement que je ne puis leur procurer. Croyez-en mon expérience, ma chère fille, mon penchant pour votre père me fit regarder sans effroi les suites de notre mariage, un désert me suffirait avec lui, me disais-je en moi-même. Hélas ! J'ignorais ce que c'est d'être mère ! À peine fus-je assurée de votre existence que j'éprouvai la situation cruelle que je crains pour vous. Je pressentis toute l'horreur de votre destinée, je me la reprochais sans cesse, et quoique je n'aie rien épargné pour l'adoucir, je ne suis pas sans remords, votre passion les augmente. Je vois avec frayeur que les malheurs que j'ai occasionnés en m'abandonnant à mon penchant, vont se perpétuer ». « Non, ma mère, lui répondis-je en me jetant à ses genoux, vous m'ouvrez les yeux sur l'inconsidération[27] de la démarche que je voulais faire, je m'abandonne à votre conduite, ne craignez point de déchirer mon cœur en m'arrachant à l'objet de ma tendresse. Quoi ! J'aggraverais les maux que je vous ai causés depuis ma naissance ? Plutôt mourir mille fois. Mais par pitié, éloignez-moi de Monsieur des Essarts, sa vue ne ferait qu'enfoncer le trait fatal, fasse le ciel qu'il ne partage pas mes tourments ». Hélas ! Ma chère, ce souhait que je faisais en faveur de mon amant, eût été le comble de

---

27 *Inconsidération* : « Manque de réflexion, de jugement. » (*Dictionnaire de l'Académie française*, 8e édition, Paris, Hachette, 1932-1935, <https://academie.atilf.fr/8/>, consulté le 22.11.18). Dans l'édition de 1762 : « Légère imprudence, ou dans le discours, ou dans la conduite » (p. 919).

mes maux, mais j'étais trop sûre de n'être pas exaucée, et j'aurais été au désespoir de l'être. Toute ma consolation était la certitude que j'avais de sa tendresse, quoiqu'il ne me l'eût jamais déclarée. J'étais sûre de régner dans son âme. Il est je crois des cœurs qui semblent faits l'un pour l'autre, ils s'entendent au moment qu'il se rencontrent[28]. J'avais encore un autre motif de consolation, c'est que ma mère partageait sincèrement ma douleur. Elle convenait de bonne foi que Des Essarts méritait ma tendresse, quoiqu'elle en blâmât l'excès. Elle m'avouait même qu'il était justifié en quelque manière par son mérite, et me faisait entrevoir qu'il pouvait arriver mille circonstances capables de changer notre sort. « Des Essarts est jeune, me disait-elle, il a des talents supérieurs, il ne lui manque que de la protection. Un mariage, en le fixant à cet âge, arrêterait sa fortune. Si Dieu vous a destinés l'un à l'autre, sa providence vous ménagera les occasions de vous unir. Vous pouvez compter sur sa constance, et je vous engage ma parole de ne jamais vous forcer à recevoir la main d'un autre, quelque avantage que je puisse espérer de tirer de la fortune, tant qu'il me restera un espoir raisonnable de pouvoir l'appeler un jour mon fils ». La conduite et les discours de ma mère en augmentant mon respect et mon amour pour elle, fortifièrent mon courage. Elle me parut mériter le sacrifice qu'elle exigeait, et je fis les plus grands efforts pour me mettre en situation de lui obéir quoi qu'il pût arriver. Cette tendre mère se disposait à parler à Madame des Essarts pour la faire entrer dans ses vues, lorsqu'elle reçut une lettre de Marseille qui lui apprenait qu'une de ses tantes l'avait faite son héritière en mourant. Cette tante n'était pas fort riche, mais sa fortune était suffisante pour nous arracher à la situation que ma mère craignait pour nous, et elle m'apprit avec transport que la providence se déclarant en faveur de notre mariage, il ne serait différé que jusqu'au temps où elle aurait mis ordre à cette succession qu'elle m'abandonnait toute entière. Je tombai à ses genoux, et mon silence et mes larmes furent les seuls interprètes de ma joie et de ma reconnaissance. Cependant je lui dis avec fermeté, que rien au monde n'étant capable de me séparer d'elle, je ne consentirais jamais à la voir se dépouiller d'un bien qui serait autant à nous dans ses mains que dans les nôtres. Elle ne m'écouta pas, elle partageait ma joie. Deux mois de connaissance lui

---

28 Le discours sur l'émotivité et les cœurs sensibles est courant au XVIIIe siècle. Il laisse davantage de place à la confession des sentiments intimes ou à la psychologie, comme on le voit par exemple dans *Julie ou la Nouvelle Héloïse* de Rousseau (1761).

avaient découvert les grandes qualités de mon amant, il lui était presque aussi cher qu'à moi, et elle se fit un plaisir de jouir de sa surprise et de ses transports. Ils n'eurent point de bornes, mais ils ne s'exprimèrent point autrement que les miens. La vivacité du sentiment réduit au silence par l'impossibilité de trouver des paroles qui répondent à ce que l'on sent

Ma mère envoya sa procuration à un négociant de Marseille. Mais malgré les soins qu'il se donna, six mois se passèrent sans pouvoir rien conclure, ce qui la détermina à partir elle-même pour cette ville. Des Essarts l'accompagna, et malgré l'espoir de revoir bientôt deux personnes qui m'étaient si chères, mon cœur sembla se fendre en les quittant. Il semblait prévoir l'affreuse catastrophe qui m'allait séparer de ma mère pour plusieurs années, et de mon amant pour jamais. La succession fut bientôt arrangée, et Des Essarts, en nous rendant compte de tout ce qu'ils avaient fait en cette ville, nous marqua qu'ils avaient pris jour pour leur départ, et qu'il aurait soin de nous en instruire. Tout à coup nous cessâmes de recevoir de ses nouvelles, le bruit public nous apprit que la peste était déclarée dans Marseille[29], et que toute communication était rompue avec ses habitants. Mon premier mouvement fut d'aller partager le danger de ma mère et de mon amant. Madame des Essarts, instruite de ma résolution, en avertit notre protectrice, qui craignant que je ne m'échappasse, me fit conduire dans un couvent. J'y éprouvai pendant six mois des tourments inexprimables, on craignit plusieurs fois la perte de ma raison, et je ne conçois pas comment il me fut possible de la conserver aussi bien que ma vie. Je me représentais ma pauvre mère et mon amant en proie à toutes les horreurs de cet horrible fléau. Inconnus dans cette ville, peut-être sans argent, car il n'était pas sûr qu'ils eussent touché celui de cette malheureuse succession. Au bout de six mois, dans le moment où sans doute je touchais à la fin de mes peines par les approches d'une mort que j'appelais sans cesse à mon secours, au bout de six mois, dis-je, ma bienfaitrice reçut une lettre par le canal de Monseigneur l'évêque de Marseille[30], qui eut la charité de s'en charger. Elle était écrite de la main de ma mère, et comme je l'ai conservée, je vais vous la transcrire.

29 Le récit fait ici référence à la grande peste de Marseille de 1720, qui fit entre 30 000 et 40 000 morts sur les 80 000 ou 90 000 habitants de la ville, avant de s'étendre dans toute la Provence. Pour la peste de Marseille, voir l'Introduction, p. 16-17.

30 Il s'agit de François-Xavier de Belsunce (1671-1755), évêque de la ville de Marseille durant la grande peste de 1720. Il fut loué pour son courage et son dévouement auprès des malades ; voir aussi l'Introduction, p. 17.

> Adorons les décrets de la divine providence, ma chère Julie, c'est elle qui de toute éternité avait déterminé notre voyage dans ces funestes circonstances, ses desseins nous sont inconnus, ils nous paraissent rigoureux, soumettons-nous, et croyons fermement qu'ils sont dictés par sa sagesse, sa bonté et sa miséricorde. Dieu nous a soutenus jusqu'à ce moment avec une vigilance paternelle qui nous fait espérer de vous revoir un jour. Encore une fois, ma chère fille, adorons ses décrets, et baisons la main qui nous frappe.

Je m'étais logée en arrivant à Marseille chez une couturière qui avait un grand nombre de robes de toile peinte à faire. Ces marchandises étaient entrées frauduleusement, et par conséquent n'avaient point fait de quarantaine, ce furent elles qui me communiquèrent le funeste venin dont elles étaient imprégnées. Il y avait déjà quelques jours qu'on en ressentait les effets, sans qu'on en soupçonnât la cause. Le chirurgien des galères[31], nommé Crouzet, fut un des premiers qui soupçonna la nature du mal, et qui avertit les magistrats qu'il avait visité plusieurs malades qui étaient morts avec des charbons pestilentiels[32]. Je ne sais si ces messieurs regardèrent sa frayeur comme mal fondée, ou s'ils ne voulurent qu'empêcher la terreur que produit cette horrible maladie. Ce qu'il y a de sûr, c'est qu'ils le firent mettre en prison, et les autres, intimidés par cet exemple, publièrent que ce mal avait sa source dans l'excès avec lequel les pauvres avaient mangé des fruits qui avaient été très abondants cette année. Nous trouvâmes cette opinion établie lorsque nous arrivâmes, et lorsque nous entendîmes parler de l'opinion du chirurgien major, nos affaires étant finies, nous ne remîmes notre voyage que jusqu'au lendemain matin, les passages étant encore ouverts. Sur les six heures du soir, comme j'étais occupée à faire notre malle, je me trouvai extrêmement mal. Toute la ville était en rumeur, et dans les premiers accès d'une crainte qui paraissait bien fondée, les gens chez qui nous étions nous signifièrent que nous pouvions chercher un logement, et ne voulurent jamais nous permettre de passer la nuit chez eux. Notre premier mouvement fut d'abandonner notre malle, et de sortir de la ville aussitôt que ma faiblesse serait passée. Un sentiment de justice m'arrêta. S'il était vrai que j'eusse vraiment la peste, devais-je exposer toute la province pour sauver ma vie ? Je me jetai donc entre les bras

31 Le récit fait ici référence au célèbre arsenal militaire fondé à Marseille dans la deuxième moitié du XVIIe siècle par Colbert, dans le cadre de la politique maritime de Louis XIV, et qui deviendra en 1748 une prison pour travaux forcés.

32 Les « charbons » font ici référence aux bubons pestilentiels, symptomatiques de la maladie.

de la providence, et je priai Des Essarts de me chercher un logement, et de pourvoir ensuite à sa sûreté en s'éloignant. Il rejeta cette proposition avec horreur, et me dit qu'il suivrait ma destinée. J'avais une grosse fièvre, et je pouvais à peine me soutenir. Il me conjura de me faire violence pour pouvoir me présenter dans une auberge d'un pas assuré, car si on m'eût soupçonnée d'être malade, on m'en aurait refusé l'entrée. Nous chargeâmes un homme de notre malle, ce qui nous donna l'air de gens qui ne faisaient que d'arriver, et favorisa notre réception. Il y avait déjà trois personnes attaquées dans la maison où l'on nous reçut, parmi lesquelles était l'hôte. Sa femme parut surprise de voir des gens qui venaient à Marseille dans de telles circonstances, et nous dit que si elle eût été en notre place, elle s'en retournerait sur-le-champ, puis elle commanda à une servante de nous conduire dans une chambre, et de nous préparer à souper et des lits. Des Essarts qui brûlait d'envie de se voir en liberté, lui dit que nous payerions notre souper, mais que j'étais si fatiguée, que je voulais me coucher sur-le-champ, et que pour lui il allait sortir pour terminer ses affaires, et repartir au plus vite. Ce n'était pas son intention, et quand même nous l'eussions voulu, la chose n'était plus en notre pouvoir. Dès le lendemain, toute communication fut rompue, et d'ailleurs je ne fus pas en état de le tenter. À peine fus-je au lit, que mon mal s'augmenta considérablement, et je ne doutai plus de sa nature. Je sentais des douleurs incroyables dans les aines et sous les aisselles, et déjà il y paraissait des tumeurs. Il fallut pourtant me résoudre à laisser sortir Des Essarts, qui voulait se pourvoir des choses qui nous étaient nécessaires. Il m'enferma, et fut plus de quatre heures absent. Vous le dirai-je, mon enfant, sa longue absence me fit craindre que l'horreur qu'inspire cette horrible maladie, n'eût produit son effet ordinaire, et qu'il ne m'eût abandonnée. Je me résignai à ce surcroît de peines, et remerciai le Seigneur de ce qu'il avait permis que je me fusse confessée le matin, et que j'eusse reçu la sainte communion pour me prémunir contre les dangers du voyage. J'avais une soif ardente, et je n'osais appeler du secours. Enfin, dans le moment où mes maux paraissaient à leur comble, Des Essarts rentra suivi d'un homme qui portait quelques sacs qu'il remit dans une chambre attenante à la mienne, après quoi votre amant ferma la porte, et sans s'amuser à me demander pardon de son retardement, travailla à me faire un remède qu'il avait entendu vanter en pareil cas. Il coupa de gros oignons par le milieu, y mit beaucoup de sel et de poivre, et je les appliquai aux endroits où je sentais de la douleur. Il me fit ensuite de la ptisane[33], et mit au feu un pot dont il s'était fourni pour faire du bouillon[34]. Le remède qu'il m'avait fait augmenta d'autant plus ma fièvre, qu'il m'avait fait prendre de la thériaque[35] dans du vin dans le même temps. J'eus une sueur abondante, et les charbons devinrent extrêmement gros en peu d'heures[36]. Alors il eut le courage de les ouvrir lui-même, et y appliqua une drogue dont je ne me rappelle pas le nom. Il eut la précaution de brûler ma chemise et mes draps lorsque ma sueur fut passée, et pour abréger, dès le cinquième jour, il me crut, et je fus effectivement hors de danger, par la grande suppuration qui s'était faite aux endroits ouverts. Ce fut alors qu'il m'apprit la raison de sa longue absence, et de son obstination à ne point appeler des secours étrangers.

Vous savez qu'il m'avait enfermée pour sortir, son dessein n'étant que de prendre de quoi faire le remède dont j'ai parlé, et il comptait n'être dehors que quelques minutes. En entrant dans la cuisine, il trouva l'hôtesse comme en furie, parce qu'on enlevait son mari et deux de ses enfants pour les conduire à l'hôpital[37]. Des Essarts apprit alors qu'il y avait un ordre pour y enfermer tous les malades. Frémissant de crainte qu'on ne m'arrachât à ses soins, il résolut de se passer plutôt de tout secours. Il courut donc toute la ville pour se pourvoir de toutes les choses qu'il me crut nécessaires, comme volailles, etc. et dit à l'hôtesse en entrant, que pour ne point exposer sa mère à la contagion, il garderait les deux chambres où nous étions, dont il ne permettrait l'entrée à personne, et qu'il viendrait prendre lui-même les choses qui lui seraient nécessaires. Ce ne fut que le cinquième jour d'après celui dont je parle, qu'il descendit dans l'auberge qu'il trouva fermée. La maîtresse avait été attaquée et avait péri, ainsi que le reste de sa famille. Les domestiques s'étaient sauvés, et dans leur trouble n'avaient pas même pensé à nous. Il eût pu dès l'instant appeler par une fenêtre pour faire ouvrir la porte, mais comme nous

---

33 Ancêtre du mot actuel « tisane », la « ptisane » désigne une soupe d'orge pilée.

34 Au XVIIIe siècle, on préconise les herbes aromatiques pour se protéger des « miasmes », c'est-à-dire de l'air nocif et contaminé par la maladie.

35 Contrepoison rapporté à Rome par Pompée.

36 On soigne notamment la peste avec des sudorifiques, la sueur étant considérée comme l'agent de la propagation du mal, ou encore des saignées ou des calmants.

37 Au début du XVIIIe siècle, l'hôpital assume plutôt les fonctions d'un hospice qui accueille les pauvres et les exclus, mais qui assure aussi des soins médicaux, notamment lors des grandes épidémies.

avions encore des vivres pour une semaine, il résolut de donner tout ce temps à ma convalescence qui se termina heureusement. Il sortit alors pour la première fois, et revint saisi d'horreur. Les rues, les devants des portes étaient couverts de malades qui, confondus avec les mourants, étaient abandonnés de tout le monde, les hôpitaux ne pouvant plus les contenir. On y rencontrait peu de monde, personne n'osant paraître dans les rues sans un besoin absolu. Des Essarts ne savait où se pourvoir de vivres, heureusement il rencontra l'évêque de Marseille, qui accompagné de quelques ecclésiastiques, portait des secours spirituels et corporels à tous les malades sans distinction de rang[38]. Ce digne prélat ne dédaigna point de me rendre une visite, et par ses soins je n'ai manqué de rien jusqu'à ce jour. Me trouvant parfaitement rétablie, et avec une vigueur qui me surprenait moi-même, je crus devoir me consacrer au service des malades. Je pouvais le faire sans un grand danger, puisque les médecins assurent qu'on n'a pas la peste deux fois. J'ai reconnu par l'expérience qu'ils se trompent, ou veulent tromper les autres. Il est vrai pourtant que les rechutes sont très rares. Dieu m'a préservée jusqu'à ce jour, aussi bien que Des Essarts. Il ne m'a pas été possible de le retenir dans sa chambre, il croit que la charité l'oblige à risquer sa vie pour secourir ses frères. Il s'est offert courageusement à l'évêque pour distribuer les vivres, et a sauvé plusieurs malades en suivant la méthode dont il s'est servi avec moi. Son zèle ne l'empêche point de prendre toutes les précautions que la prudence exige, mais elles ne vont pas jusqu'à étouffer en lui l'humanité. Nous avions reçu vingt-deux mille livres deux jours avant que je tombasse malade. Il a profité avec transport de la permission que je lui ai donnée de se servir de cette somme, dont il a déjà distribué neuf mille livres, s'abandonnant à la providence, s'il échappe au danger. Au milieu des horreurs de notre situation, vous êtes toujours présente à notre souvenir. Nous partageons nos inquiétudes, nous craignons votre désespoir, et nous regardons comme le plus grand bonheur la possibilité de vous donner de nos nouvelles. Nous pourrons recevoir des vôtres, si vous envoyez votre réponse à Monseigneur l'archevêque de Paris, pour Monseigneur l'évêque de Marseille. Méritez par votre soumission aux ordres du ciel, qu'il continue à nous couvrir de ses ailes. Souvenez-vous que les cheveux de notre tête sont comptés[39]. Rappelez-vous souvent ces

38 Voir note 30, p. 57.

39 Marie Leprince de Beaumont fait ici référence au verset de *Matthieu* 10, 30.

paroles de notre Maître, ma chère fille, ma chère amie. Pour nous, nous sommes ici comme les trois enfants dans la fournaise. Environnés de morts et de mourants, Dieu défend à la flamme de nous nuire, et nous sortirons de ce feu dévorant sans aucune lésion, si c'est la sainte volonté[40].

En nous recommandant au Seigneur, n'oubliez point notre saint évêque, qui jour et nuit expose une vie bien plus précieuse que la nôtre, et qui comme un autre Aaron se jette avec l'encensoir entre les morts et les mourants, pour arrêter l'épée de l'Ange exterminateur, et tâcher de fléchir la colère de Dieu sur ce pauvre peuple[41].

Figurez-vous, si vous le pouvez, ma joie, ma douleur, mes craintes, mes espérances, lorsque je reçus cette lettre. Je fus livrée successivement à tous ces sentiments sans pouvoir me fixer à aucun. Enfin la religion sembla prendre le dessus. Je dis qu'il me sembla, car il s'en fallut de beaucoup que ma résignation ne fût telle qu'il l'eût fallu pour être chrétienne. Aveugle que j'étais, je croyais faire un acte héroïque en remettant entre les mains de Dieu des vies où la mienne paraissait attachée, et cependant mes motifs étaient bien imparfaits. La crainte d'irriter le Seigneur par mes murmures, et d'éloigner son secours de ma mère et de mon amant, eut la force de les étouffer. J'avais peur que Dieu ne vengeât sur eux mes révoltes contre ses décrets, aussi ma soumission ne se soutint-elle qu'autant de temps que je conservai l'espérance, comme vous l'allez voir.

Je me crus donc résignée, et ce fantôme de vertu parut si grand à ces bonnes religieuses, qu'elles se persuadèrent que Dieu en me donnant ce courage héroïque, m'appelait aux plus grandes choses. Elles crurent en conséquence que l'acquisition d'un sujet tel que moi serait un bonheur pour leur maison. Une d'entre elles, en laquelle j'avais beaucoup de confiance, me dit qu'elle regardait le malheur qui m'était arrivé, et ceux dont j'étais menacée, comme une marque de vocation à la vie religieuse, que Dieu en m'ôtant ce qui m'était uniquement cher au monde, voulait

40 Le récit fait ici référence à un épisode biblique : *Daniel grec* 3, 50-90. Trois enfants sont jetés dans une fournaise ardente car ils ont refusé d'adorer une idole, et le Seigneur les préserve miraculeusement des flammes tandis qu'ils entonnent un cantique bénissant et glorifiant Dieu. Le Cantique des trois jeunes gens (ou des trois enfants selon les appellations), rédigé en grec, est un ajout à la première version du livre de *Daniel*, écrite en hébreu.

41 Il s'agit d'une nouvelle référence biblique : Aaron est un personnage de l'*Exode*, du *Lévitique* et du livre des *Nombres*. Frère de Moïse, c'est le premier grand prêtre d'Israël. Au prix de nombreux sacrifices, il prend part à tout ce que fait Moïse pour délivrer les Hébreux du joug des pharaons, et est désigné par Dieu pour exercer le sacerdoce.

me faire connaître que je ne devais m'attacher qu'à lui, et qu'ainsi je devais rester dans leur maison, si j'avais le malheur de perdre Monsieur Des Essarts. Mon cœur saisit cette pensée avec avidité. Je me jetai au col de cette religieuse, et je la priai de me conserver la bonne volonté qu'elle et ses compagnes avaient pour moi, l'assurant que je ne balancerais pas un moment à renoncer au monde, si je perdais l'espoir de m'unir avec Des Essarts. Depuis ce moment ma douleur devint plus tranquille. J'étais flattée de l'idée de m'immoler aux mânes de mon amant, supposé que je dusse le perdre, mais je ne connaissais pas mes motifs réels, et j'étais de très bonne foi la dupe de moi-même dans ma vocation comme dans ma résignation. J'avais fait réponse à ma mère, je la conjurais de se conserver pour moi, d'employer tout le pouvoir qu'elle avait sur Des Essarts pour l'empêcher de se livrer à son zèle. Je lui marquais mes doutes sur l'existence de ce cher amant : « Pourquoi ne m'a-t-il pas rassurée par un mot de sa main ?, lui disais-je, il n'est pas naturel qu'il ne m'ait point écrit, vous me cachez sa mort, vous craignez mon désespoir, mais l'incertitude dans laquelle je vis à cette occasion, est mille fois plus terrible que l'assurance de cette mort ». Je finissais en l'instruisant du dessein que j'avais de me faire religieuse, et de la facilité que je trouverais à l'exécuter, si le malheur que je craignais était sans ressource. Et je la conjurais dans ce cas, de ne pas différer à m'accorder son consentement pour consommer mon sacrifice. Je ne sais comment j'avais pu me faire illusion un seul moment sur la perte de Des Essarts, son silence eût dû m'instruire, mais dans les premiers mouvements que j'avais ressentis en lisant la lettre de ma mère, tout avait été si tumultueux, qu'ils ne m'avaient pas laissé assez de tranquillité pour réfléchir. Je payai bien chèrement pendant six mois le moment d'espérance qui m'avait déçue. Je fus tout ce temps sans recevoir aucune nouvelle, et ce silence m'ayant persuadée que je n'avais plus rien à espérer, je conjurai la religieuse mon amie, d'employer tout le crédit qu'elle avait dans la maison, pour accélérer la faveur qu'elle m'avait fait espérer. Elle reçut ma proposition avec joie. On tint chapitre sur ce sujet, et je fus reçue tout d'une voix, quoique je n'eusse pas un sol de dot. Mes talents m'en tenaient lieu dans une maison qui ne subsistait que par les pensionnaires, dont on avait le dessein de me donner la conduite dans quelques années. C'était là le seul motif de l'empressement qu'on m'avait marqué, et que je croyais ne devoir qu'à la compassion, à la charité et à l'amitié. On ne pouvait m'admettre dans cette maison sans la permission de l'évêque, je pensais n'en être point connue, et je ne m'attendais à aucune difficulté de sa part. Je fus donc fort surprise d'apprendre qu'il avait refusé aux religieuses la permission de me donner l'habit, et lui ayant écrit une lettre fort respectueuse pour en apprendre la raison, il se transporta au couvent, et après avoir inutilement essayé de me faire comprendre que je n'avais d'autre vocation que le désespoir, il fut obligé de m'avouer qu'il avait reçu des nouvelles de ma mère, qui le conjurait de ne pas me permettre de disposer de moi avant son retour. Je conçus tout d'un coup la raison qui avait empêché ma mère de m'écrire, et quoique je me fusse préparée à recevoir ce coup, je ne pus résister à la douleur que me causa la certitude de la mort du malheureux Des Essarts. Je tombai sans connaissance aux pieds de l'évêque, et fus plus de six heures en cet état, agitée de violentes convulsions qui firent craindre pour ma vie. Les religieuses qui ne pouvaient plus compter sur l'avantage qu'elles avaient espéré de ma réception, ne voulurent point s'exposer aux embarras que mon état leur allait causer, et déclarèrent à l'évêque avec beaucoup de dureté, qu'elles ne pouvaient point me garder. Ce digne prélat, indigné de leur inhumanité, me fit transporter chez Madame des Essarts dans l'état où j'étais. Il eut la générosité d'assurer cette dame qu'il ne m'abandonnerait pas, et ne me quitta qu'après m'avoir recommandée lui-même aux soins d'un médecin et d'une garde, qu'il chargea de ne me rien épargner pour me sauver. Je repris mes sens au bout de quelques heures, mais non pas ma raison, une fièvre violente m'en ôta l'usage pendant vingt-sept jours, et l'on n'espérait plus rien de ma vie, lorsqu'une crise heureuse me tira de danger. Je ne sentis rien les premiers jours de ma convalescence, la faiblesse de mes organes semblait avoir anéanti chez moi la faculté de penser. Je demandais ma mère et Des Essarts, et je me plaignais de leur lenteur à me secourir. Cependant je n'avais plus de fièvre, et sans l'assurance que donnait le médecin à Madame des Essarts, elle eût craint pour ma raison. Cette faiblesse s'étant un peu diminuée, on m'apprit que j'avais été sur le bord du tombeau, et je ne pus m'empêcher de frémir en pensant aux suites d'une telle mort par rapport à mon âme. Un saint ecclésiastique profita de ce rayon de lumière, et ma passion amortie par l'approche de l'éternité, me laissa assez de liberté pour l'écouter. Je convins que ne pouvant accuser que Dieu de mes pertes, je n'avais pu, sans une horrible impiété, me révolter contre ses adorables décrets. Ces bons mouvements augmentèrent avec mes forces, et les exhortations de mon guide achevèrent de me rendre telle que la religion et la raison l'exigeaient. Ne me demandez point un compte exact de ma situation, je la comprends, mais je ne puis la rendre. Ma volonté était soumise, mais mon cœur et mes sens étaient désolés, et j'avais à soutenir à chaque instant ce déchirement, il fallait sans cesse le sacrifier, me séparer de moi-même. Je ne crains point de le dire, cet état est pire que la mort, ou plutôt c'est une agonie perpétuelle. Je n'avais pas renoncé au dessein de me faire religieuse, et l'ecclésiastique dont j'ai parlé eut la prudence de ne point combattre ma résolution dans ces moments critiques. Au contraire, il flatta ma manie, et me promit de m'aider de tout son pouvoir à accomplir ce qu'il aurait sujet de croire être la volonté de Dieu sur moi. Il écrivit à une de ses sœurs qui était abbesse d'une maison de bénédictines[42], proche de Paris, et la pria de me recevoir. Avant de faire partir cette lettre qui remplissait le seul désir qui me restât au monde, il exigea de moi une promesse de ne point précipiter ma prise d'habit, et de vivre quelque temps en séculière dans cette maison. Je souscrivis volontiers à ce qu'il exigeait de moi, parce que je me croyais sûre de ma résolution, et sitôt que je pus me flatter de pouvoir un jour me séparer du monde, je sentis la tranquillité renaître dans mon cœur.

L'abbesse de … rassemblait en sa personne des qualités peu communes. Une piété sincère, un esprit inaccessible à toutes les petitesses, une prudence consommée dans un âge peu avancé, de la fermeté, de la douceur, et surtout une charité tendre, d'où naissait une grande condescendance pour les faiblesses involontaires de celles qu'elle gouvernait. Elle savait s'y prêter, et les supporter, sans les autoriser par une lâche approbation, qui prend le nom de bonté, et n'est qu'une vraie faiblesse. C'était son devoir qui mettait des bornes à cette condescendance, dont j'avais surtout un si grand besoin. Ajoutez à ce que je viens de dire, des lumières supérieures, et une grande simplicité de cœur, en un mot, c'était une personne accomplie. Elle me reçut, et me traita comme une malade qui avait besoin de beaucoup de ménagements. Elle convint de la grandeur de la perte que je venais de faire, et loin de condamner les larmes que je répandais nuit et jour, je la vis plusieurs fois sur le point d'y mêler les siennes, ce

42 Il s'agit probabalement des Bénédictines du Val-de-Grâce, abbaye fondée par Anne d'Autriche (1601-1666) en 1621.

qui est un moyen infaillible de soulager les infortunés. Nous aimons d'être plaints, et l'on se révolte pour l'ordinaire contre un consolateur dur, austère, et qui s'efforce de vous faire regarder la douleur comme une faiblesse. Je passai plusieurs mois dans cette maison sans entendre parler de mon directeur. Trop occupée d'abord de mes sentiments, je ne fis pas beaucoup d'attention à son silence, d'autant plus qu'il était exact à faire tenir Madame l'abbesse les lettres de ma mère, qui continuait de me mander qu'elle jouissait d'une santé parfaite dans le sein de la mort, pour ainsi dire. À la fin je fis réflexion qu'il n'accompagnait jamais ces lettres d'un seul mot de sa main pour moi. Un tel silence, après une charité si vive, me parut extraordinaire, et pour en découvrir le motif, je demandai à mon abbesse la permission de lui écrire pour le remercier de l'attention qu'il avait à me procurer le seul soulagement dont ma situation fût susceptible. Je lui marquais aussi combien j'étais reconnaissante de la bonté et de la patience qu'il avait eues à mon égard. Je l'assurais que je me confirmais chaque jour dans la résolution de me consacrer au Seigneur, que je soupirais après l'heureux moment où il me serait permis de le faire, et je le conjurais d'abréger le temps d'une épreuve inutile, puisqu'il était certain que rien au monde ne serait capable de me faire changer de résolution. Je le priais de remarquer qu'elle ne pouvait plus être regardée comme un effet de mon désespoir, puisque j'étais devenue tranquille, et j'en prenais à témoin Madame l'abbesse, qui pouvait lui rendre compte de la fermeté de ma vocation. Je reçus la réponse suivante.

*Lettre de M*** à Julie*

Ne soyez point surprise, Mademoiselle, d'avoir été si longtemps sans recevoir de mes nouvelles, mon silence n'avait point pour cause le refroidissement de mon zèle à votre égard, dans un temps où il vous devient plus nécessaire que jamais, mais j'ai cru qu'il fallait pour quelque temps vous abandonner à votre douleur. Elle avait pris un tour qui vous garantissait de l'excès, et votre respectable abbesse, à laquelle j'ai toujours écrit, a eu la bonté de me faire connaître les progrès que vous faisiez chaque jour dans la soumission que vous deviez avoir pour les ordres du Très-haut. Je vous crois actuellement en situation d'écouter avec docilité ce que je vais vous dire de la part de Dieu, et je le conjure de vous rendre docile. Je sais que je vais rouvrir vos plaies, et peut-être vous en faire de nouvelles, mais je ne pourrais vous ménager sans trahir mon ministère, et sans me rendre indigne de la confiance que vous m'avez accordée, elle exige que je fasse de nouveaux efforts pour vous rendre à vous-même, et à ce que Dieu demande de vous. Je vous ai dit en commençant cette lettre que votre douleur avait pris un tour qui vous garantissait de l'excès. Il faut vous expliquer ce terme qui n'est pas exact, car la résolution de vous faire religieuse était un excès réel. J'ai voulu dire seulement que j'en craignais peu les suites, parce que je comptais beaucoup sur le retour de votre raison avant le temps que j'avais fixé pour votre engagement, et que Madame l'abbesse m'avait promis de ne point vous admettre à prendre l'habit sans m'en avertir. L'idée de vous ensevelir avec votre amant, a amusé votre cœur. Plus vous aviez d'horreur pour ce sacrifice, plus vous aviez d'empressement à l'offrir à l'idole qui règne dans votre cœur. Le mot m'est échappé, Mademoiselle, malgré le dessein où j'étais de m'expliquer avec ménagement. Frémissez, Dieu était le prétexte de ce sacrifice impie que vous vouliez faire à la créature. Vous êtes vraiment idolâtre, et dans le temps que votre bouche prononcerait les vœux sacrilèges qui sembleraient vous consacrer au Seigneur, vous vous immoleriez à l'amour profane d'une vile créature. Notre Dieu est un Dieu jaloux[43]. Tout partage l'offense. Il rejette les cœurs souillés, et le vôtre n'est pas assez pur pour être accepté. Vous êtes, malgré votre soumission apparente, réellement révoltée contre l'ordre de la providence, cette soumission n'est qu'une grimace. Si votre vie vous eût été plus chère que votre liberté, vous l'eussiez immolée aux mânes de votre amant. Mais vous avez senti qu'une prompte mort aurait terminé vos peines, et vous vous faites un plaisir délicat de les perpétuer, en vous engageant dans un état pour lequel vous avouez que vous avez toujours eu la plus grande horreur. Vous n'avez sûrement point de vocation, j'ose vous en répondre, et la vocation seule peut rendre supportables les amertumes qui se rencontrent dans la vie religieuse, et qui disparaissent aux yeux de ceux que Dieu y appelle, ou du moins elles leur paraissent douces par les grâces qu'elles reçoivent. Au contraire, ces peines forment un enfer anticipé pour celles qui s'y introduisent d'elles-mêmes, et par des motifs profanes. Que si vous êtes insensible à ce que la religion exige de vous actuellement, écoutez la voix de la nature, voyez votre pauvre mère qui va se trouver sans secours, sans consolation, sans appui : quel

---

43 Il s'agit encore d'une allusion à la Bible : *Deutéronome* 6, 15.

prix de sa tendresse pour vous ! Je vous envoie une lettre qu'elle vient de m'écrire. Si votre cœur ne s'est pas entièrement dépravé, vous serez attendrie en vous peignant l'extrémité où votre résolution l'a réduite. Si vous tardez à la rassurer sur votre retraite, je suis persuadé que vous aurez bientôt sa mort à vous reprocher. Ce n'est pas qu'elle refusât de vous immoler au Seigneur, s'il exigeait ce sacrifice, elle proteste qu'alors elle vous conduirait à l'autel avec fermeté, et peut-être avec joie. Mais elle est convaincue comme moi, que Dieu ne vous appelle pas en religion. La peste est entièrement cessée. Elle se prépare à vous joindre aussitôt que les passages seront ouverts, et ils le seront en peu. Cependant sa résolution est conditionnelle. Elle m'assure que si vous avez la barbarie de l'abandonner, elle s'abandonnera elle-même, et finira à Marseille une vie qu'elle n'a ménagée que pour vous.

Cette lettre porta dans mon âme un rayon de lumière qui me fit évaluer au juste ma prétendue vocation. Je frémis du danger que j'avais couru en m'engageant dans un état où Dieu ne me voulait pas. Toutes les illusions que je m'étais faites disparurent, et je fis une ferme résolution de m'abandonner sans réserve à la conduite de celui qui m'avait ouvert les yeux. Je lui écrivis pour lui apprendre le changement qui s'était fait en moi, et pour le prier de me continuer ses conseils charitables. J'écrivis aussi à ma mère pour lui demander pardon des nouveaux chagrins que je lui avais causés, et je la conjurai de profiter du premier moment favorable pour hâter son départ. Depuis ce moment je sentis une paix profonde, qui m'assura que j'avais suivi les ordres du ciel. La mort de Monsieur des Essarts me parut un coup de miséricorde qui avait daigné m'arracher à une passion dont l'excès me rendait criminelle. Les circonstances de cette mort servirent encore à ma consolation. J'en ignorais le détail, je savais seulement qu'une action héroïque de charité avait terminé sa course, et avancé le terme de sa vie. C'était donc son bonheur qui avait causé mon désespoir. Il me semblait qu'il était irrité de mes larmes, et que du milieu de la gloire immense dont il jouissait, il me reprochait des sentiments indignes d'une chrétienne, et d'une femme qui n'avait aimé que parce qu'il l'avait crue vertueuse. En un mot, je me trouvai comme métamorphosée en un instant, et dans la situation de goûter l'espoir d'une vie tranquille, à laquelle j'avais renoncé. Je me promettais surtout un plaisir infini à embrasser ma tendre mère, à la servir, et à lui faire amende honorable de l'éclipse de ma tendresse pour elle. Madame l'abbesse mit le comble à ma satisfaction par l'éloge qu'elle donna à mes nouveaux sentiments, et ses bontés augmentant pour moi chaque jour, je reçus avec reconnaissance la prière qu'elle me fit de rester dans sa maison jusqu'à l'arrivée de ma mère. Je ne l'attendis pas longtemps, j'appris qu'elle était en chemin, et elle me marqua le jour précis de son arrivée. Madame l'abbesse qui craignait pour moi le premier mouvement, voulut que notre première entrevue se fit dans sa chambre. Elle fut bien triste, et rouvrit toutes mes plaies. Mais le Seigneur me fortifia, et ma mère qui n'avait pas espéré une guérison si avancée, se livra toute entière au plaisir de se retrouver dans mes bras. Ma nouvelle bienfaitrice lui demanda comme une grâce de vouloir passer quelque temps dans l'abbaye. Elle la regardait avec respect comme une femme qui n'avait pas manqué au martyre, mais à qui le martyre avait manqué. Il me restait à entendre des circonstances bien douloureuses. Ce ne fut qu'après s'être assurée par plusieurs épreuves que j'étais en état de soutenir cette dernière, qu'on permit à ma mère un récit que je brûlais d'entendre. C'est elle qui va parler dans ce qui va suivre, et qui se grava si fortement dans mon cœur, qu'il ne m'est pas échappé un seul mot de son discours.

Je ne vous répéterai point, Madame, ce que j'ai écrit à ma fille aussitôt que Monseigneur de Marseille eut consenti à se charger de ma lettre, mais je dois vous instruire du motif qui engagea Monsieur des Essarts à se priver du plaisir d'ajouter quelques lignes de sa main dans cette lettre. Il avait toujours eu un grand fond de religion, cependant elle ne l'avait conduit jusque-là qu'à un grand éloignement du mal, et à la pratique des vertus de son état, sans qu'il eût l'idée des vertus héroïques auxquelles il était destiné. Ce ne fut que dans le temps de ma maladie qu'il en eut les premières vues. Il lui parut que Dieu n'avait arrêté son voyage de toute éternité que pour lui procurer l'occasion du martyre de la charité. Il eut une ferme persuasion qu'il n'échapperait point à la peste, et qu'il devait faire servir à sa sanctification ce qui ne pouvait être regardé que comme un avantage aux yeux de la foi. Fidèle à cette première grâce, il en obtint une abondante qui lui donna la force de ne point excepter ma fille du sacrifice qu'il faisait au Seigneur. Il fit part de ses desseins à Monseigneur l'évêque, et ce saint prélat lui conseilla de se préparer au combat qu'il allait entreprendre par une confession générale. Il la fit entre ses mains, et véritablement il me parut un nouvel homme après l'avoir terminée. Il ne pensa plus qu'au ciel, et comme son amour aurait été le plus grand obstacle à la perfection qu'il voulait acquérir, il fut le premier sacrifice qu'il fit à Dieu. Ce n'est pas qu'il songeât à violer les promesses qu'il nous avait faites, il se regardait comme engagé irrévocablement dès l'instant où il avait donné sa parole, mais la mort rompt tous les liens, et regardant la sienne comme certaine, il croyait que chaque heure pouvait être celle où il cesserait de vivre, et voulait ne plus s'occuper que de Dieu dans ces derniers moments. La crainte de réveiller dans son cœur des sentiments qu'il avait une peine infinie à combattre, l'empêcha donc de vous écrire, et d'ailleurs il me laissait une ressource pour retarder à vous instruire de son passage à une meilleure vie, car je ne puis donner un autre nom à sa mort. Elle arriva quelques jours après, et je m'aperçus, lorsqu'il rentra au logis le soir, qu'il était extrêmement abattu. Il m'avoua qu'il se croyait attaqué, et effectivement lorsqu'il se fut mis au lit, le mal parut avec les symptômes les plus mortels. Il eut la même opinion que moi de la fin de sa maladie, et après m'avoir conjurée de me conserver pour Julie, il me pria de ne plus lui parler que de l'éternité et de Dieu. Il attendait le jour avec impatience, dans l'espérance de s'acquitter des derniers devoirs du chrétien, et de recevoir toutes les grâces que l'Église accorde aux mourants par le ministère de son saint évêque. Il ne demandait de vie que jusqu'à ce moment, il passa toute cette nuit dans les prières les plus ardentes, et quoiqu'il m'en coûtât beaucoup pour l'abandonner dans cet état, je ne voulus pas le priver de l'unique consolation qu'il attendait. Je courus à l'évêché qui était fort éloigné de notre demeure, et malgré la défense que ce saint prélat avait faite à ses domestiques de renvoyer aucun de ceux qui demanderaient à lui parler, comme il n'y avait qu'une heure qu'il s'était jeté tout habillé sur un matelas, je fus longtemps à leur persuader d'interrompre son repos. Lorsqu'il apprit l'extrémité où était Des Essarts, il se hâta de prendre dans sa chapelle ce qui lui était nécessaire pour lui administrer les sacrements, et me suivit. Jugez de notre frayeur, lorsque nous trouvâmes les portes de la maison ouvertes, et que nous découvrîmes qu'elles avaient été forcées. Nous montâmes en tremblant, et nous vîmes avec le plus vif déplaisir que Des Essarts n'était plus dans son lit. Il nous fut aisé de deviner notre malheur, lorsque nous trouvâmes mon armoire enfoncée, et mon argent disparu. Il y avait toute apparence que les galériens[44], qui étaient chargés d'enlever les morts, avaient abrégé les derniers moments du pauvre Des Essarts, pour pouvoir nous voler impunément. L'évêque, après m'avoir recommandé la soumission aux ordres de Dieu dans une circonstance si terrible, sortit pour faire les perquisitions nécessaires. Son amitié pour Des Essarts l'engagea à ne rien omettre pour découvrir la vérité. Tout fut inutile. Ces malheureux soutinrent que deux hommes qui étaient dans la maison qu'on leur indiquait, avaient descendu un corps mort qu'ils avaient jeté dans leur tombereau, mais ils nièrent constamment d'être entrés dans cette maison. Comme Marseille était remplie de voleurs qui commettaient chaque jour de pareils excès, on ne put les convaincre d'un crime que peut-être ils n'avaient pas commis. L'évêque revint au bout de deux heures m'annoncer que mes pertes étaient sans ressource, mais ce qu'il m'apprit alors servit à modérer ma douleur. « Prenez garde à la gloire de votre fils, me dit-il en m'abordant ». Nous pouvons le regarder comme un martyr de la charité. Un peu avant de rentrer hier en passant dans la rue du Paradis[45], il entendit les cris d'une femme qui était en travail d'enfant[46], et qui déplorait le malheur de son malheureux fruit qui serait privé du baptême. Cette pauvre femme s'était traînée à une fenêtre, et tâchait par ses cris d'exciter la compassion des passants. Des Essarts voyant la porte fermée demande une échelle. Étant monté par la fenêtre malgré les remontrances qu'on lui faisait, il tâcha de secourir cette moribonde. « Il n'est plus temps', lui dit-elle, je vais cesser de vivre, mais, Monsieur', ajouta-t-elle, ayez pitié de la pauvre créature que je porte dans mon sein, et aussitôt que j'aurai rendu le dernier soupir, ouvrez-moi le côté pour tâcher de lui donner le baptême, je sens qu'il vit encore, et je mourrai contente si je puis me flatter d'obtenir cette grâce ». À ces mots le zèle de Des Essarts s'est embrasé sans doute, puisque, malgré le danger de cette opération sur une femme pestiférée, il a promis de faire ce qu'elle exigeait de lui. À peine a-t-elle eu rendu l'âme, qu'il s'est servi d'un rasoir qu'il avait dans sa poche, et Dieu dirigeant sa main, il a tiré cet enfant vivant, l'a

44 Les forçats qui étaient condamnés aux galères. À partir du mois d'août 1720, quand la peste de Marseille arrive à son apogée, les galériens sont chargés d'enlever les cadavres.

45 La rue Paradis est la deuxième rue plus longue de Marseille qui traverse, aujourd'hui, les 1er, 6e et 8e arrondissements. Au XVIIIe siècle, elle allait de l'actuelle place Charles-de-Gaulle à la place Estrangin-Pastré.

46 Il s'agit d'une femme qui est en train d'accoucher.

baptisé, et se préparait à l'emporter lorsqu'il est mort après avoir vécu un quart d'heure. Le venin qui s'était exhalé du corps de cette femme a produit son effet, ou plutôt, la mesure des vertus de ce jeune homme, a été comblée par cette dernière. Dieu s'est hâté d'enlever à la terre un fruit qui était mûr pour le ciel. Monseigneur l'évêque me rassura ensuite sur la crainte d'une indigence absolue, à laquelle je me trouvais réduite par le vol qui m'avait été fait. Il me promit de pourvoir à ma subsistance, et il m'a tenu parole, non seulement pendant le temps où je suis restée à Marseille, mais ses bontés se sont étendues plus loin, puisqu'il m'a procuré le moyen de vous rejoindre, en me faisant présent d'une petite somme d'argent.

Le récit que fit ma mère, bien loin d'augmenter ou de renouveler ma douleur, me donna au contraire beaucoup de consolation. Il est vrai que je versai une grande abondance de larmes, mais elles étaient plutôt des larmes de joie que de douleur. Je convins que je n'étais pas digne d'un tel époux. Mon amour pour Des Essarts sembla se changer en vénération, en admiration, et je crus ne sentir plus pour lui qu'un souvenir respectueux et tendre, que je me promis de conserver toute ma vie. J'eus même la force de rassembler toutes les circonstances de sa perte à la prière de l'abbesse, et d'en faire le récit à la communauté assemblée. C'est cet écrit que je viens de copier, et je le relisais chaque jour pour affermir ma constance. Nous passâmes un mois dans cette maison, et nous avions fixé le jour de notre départ pour Orléans, lorsqu'une jeune novice pour laquelle j'avais beaucoup d'amitié, me pria de le retarder de quelques semaines, pour être présente à sa profession. Cette fille, en se faisant religieuse, sacrifiait les plus grandes espérances, puisqu'elle était héritière de Monsieur le Baron de Batteville, son oncle. C'était un homme de cinquante ans, qui n'avait jamais voulu se marier. Il avait élevé cette nièce, qu'il aimait comme sa fille, et à laquelle il voulait laisser vingt-cinq mille livres de rente dont il jouissait. Il lui destinait un parti considérable, et avait pris les arrangements nécessaires, lorsque la vocation de cette fille se déclara. Il l'éprouva longtemps, et ne se rendit qu'après s'être bien convaincu qu'elle suivait les ordres du ciel, en renonçant au monde dont elle pouvait faire l'ornement, car sa fortune était inférieure à son esprit et à sa beauté. Mademoiselle de Batteville ne me dit point les motifs qui l'engageaient à me faire cette prière, elle s'en était ouverte à Madame l'abbesse, et ils étaient dignes de son cœur. Comme elle savait que son oncle était généreux, elle espérait l'attendrir sur notre sort, et l'engager à nous faire une pension, pour exempter ma mère d'un travail pénible que sa santé ne pouvait plus soutenir. Elle réussit au-delà de ses espérances. Le Baron, sans nous avoir vues, fut touché du récit de nos malheurs, et consentit de bon cœur à nous secourir. Il poussa même sa générosité jusqu'à vouloir ménager notre délicatesse, en nous laissant ignorer le nom de notre bienfaiteur. Madame l'abbesse ayant fait appeler ma mère deux jours après la profession de Mademoiselle de Batteville, lui remit un contrat de six cents livres de rente sur l'hôtel de ville, et lui dit qu'une personne de qualité, sensible à nos malheurs, s'était crue obligée[47] de les réparer, en nous priant d'accepter cette bagatelle, et qu'elle n'exigeait d'autres preuves de notre reconnaissance que l'acceptation de ce léger bienfait, sans curiosité sur celle qui prenait la liberté de nous l'offrir. Quelque nécessaire que fût ce secours à ma mère dans l'état où elle était réduite, elle refusa absolument de l'accepter si on voulait gêner sa gratitude, et non seulement l'abbesse fut forcée de lui nommer le Baron, mais il fallut encore qu'il se prêtât à nos actions de grâces. Il vint à la grille avec un embarras qui donnait un grand prix à son bienfait qu'il traitait de bagatelle, et nous pria de si bonne grâce de modérer nos remerciements, qu'il fallut nous faire la contrainte de les supprimer. Nous le vîmes deux autres fois sans qu'il nous fût possible de placer un mot de notre gratitude, tant il était habile à nous couper la parole toutes les fois qu'il sentait que nous cherchions à lui en exprimer le sentiment. Cette conduite n'était propre qu'à l'augmenter. Je me trouvai malheureuse de ne pouvoir me livrer en sa présence à une reconnaissance qui n'a rien de pénible, lorsqu'elle n'est point exigée. Un jour que je me plaignais à l'abbesse du silence qu'il nous imposait : « Ne croyez pas qu'il renonce à votre gratitude, me dit-elle, il serait charmé de pouvoir augmenter ce sentiment dans votre cœur par des présents plus considérables, il n'excepte rien de ceux qu'il voudrait vous faire, sa fortune, sa personne même, s'il croyait que ce fût un don digne d'être offert à une fille de votre âge ». Je fus déconcertée de ce discours, que je prenais pourtant comme un badinage, et lorsque l'abbesse m'eut assurée qu'elle parlait sincèrement, je ne pus retenir mes larmes. « Ah ! Madame, dis-je à l'abbesse, en baisant une de ses mains qu'elle m'avait présentée, puis-je penser à effacer de mon cœur un amour aussi légitime

47 La forme correcte serait : « qui s'était cru obligée ».

que celui que je conserve pour Des Essarts ? Pourrais-je me résoudre même à le tenter ? Pourrais-je me flatter d'y réussir ? Il ne vit plus que dans ce cœur, ne serait-ce pas lui ôter la vie une seconde fois ? Je connais tout le mérite de Monsieur le Baron, ses bontés me pénètrent, je le regarde comme mon père, mais tout cela n'est pas de l'amour. Ne serais-je pas la plus ingrate de toutes les créatures, la plus fausse, si je lui en promettais, puisque je suis sûre de n'en avoir jamais pour personne, ce serait mal répondre à l'honneur qu'il me fait. Je m'en rapporte à lui, et je suis persuadée qu'il ne voudrait pas accepter la main d'une infortunée qui ne pourrait y joindre le don d'un cœur qu'il mériterait à tant de titres ». « Ne prenez point le Baron pour juge, me répondit l'abbesse, il sait qu'un homme de son âge ne peut espérer d'inspirer de l'amour à une jeune personne. C'est de l'estime, de la confiance, de l'amitié qu'il demande, et il se croit sûr de vous inspirer ces sentiments par tout ce qu'on lui a dit et ce qu'il a remarqué de la bonté de votre cœur. Il ne se défend point d'être amoureux, il soutient même qu'on ne peut vous voir sans le devenir. Il dit qu'il rougirait de s'être laissé surprendre à une passion si peu propre à son âge, s'il n'avait pas une excuse légitime auprès de tous ceux qui vous connaîtront. Enfin, il ajoute que s'il n'était qu'amoureux, il ne surmonterait pas la répugnance qu'il avait pour le mariage. Si vous n'aviez pas plus de vertus que de beauté, il regarderait son amour comme un malheur qu'il n'était pas en son pouvoir d'éviter, dont il serait innocent, parce qu'il ne dépendait pas de lui de vous trouver moins aimable. Ce serait la faute de vos charmes, pourquoi vous étiez-vous offerte à ses yeux ? Il supporterait sa passion avec courage pour un joli visage qui peut demain devenir laid par une maladie, un accident. Je vous répète ce discours qu'il m'a tenu ce matin, continua l'abbesse, et je n'ai pu m'empêcher de rire de la façon singulière dont il s'exprimait, ce qui ne m'a point ôté le désir de vous servir tous les deux, car je regarde l'amour du Baron comme une récompense que Dieu réservait au sacrifice que vous avez fait au devoir ». « Madame, dis-je à l'abbesse, sans répondre à tout ce qui lui était échappé de flatteur pour moi, oserais-je vous demander si ma mère est instruite de l'amour de Monsieur le Baron ? L'approuve-t-elle ? » « Oui, ma chère Julie, me répondit l'abbesse, mais elle refuse par délicatesse de vous rien ordonner à ce sujet. Sa mauvaise santé lui rend nécessaires les bienfaits du Baron, cependant elle croirait les acheter trop chers s'il fallait en jouir aux dépens du bonheur de vos jours. Elle connaît votre tendresse pour elle, et sûre que vous vous sacrifierez avec joie pour lui procurer le repos dont elle a besoin, elle a mieux aimé se priver de tout que de vous contraindre. Elle m'a prié de sonder vos dispositions sur ce mariage, et si vous y avez la plus légère répugnance, elle m'a conjurée de ne vous point presser, et de vous laisser ignorer qu'elle ait connaissance des desseins du Baron. Il est vrai que je lui aurais gardé le secret sans une circonstance qui me force à le violer, c'est qu'elle est résolue, si vous refusez votre main au Baron, de renoncer à ses bienfaits, et veut absolument que je lui remette le contrat qui fait toute sa ressource. Le Baron proteste qu'il regardera le refus de cette bagatelle comme une marque de votre haine, il se désespère dans la crainte que vous ne le méprisiez assez pour ne vouloir lui être redevable en rien. En un mot, ma chère Julie, ces deux personnes sont dans un état violent dont vous seule pouvez les tirer. Vous le devez à l'amitié que vous avez pour ma sœur de Batteville, elle se désespère d'être la cause d'un événement qui doit empoisonner tout le bonheur de son oncle. Vous les devez à la tendresse d'une mère qui s'est sacrifiée pour vous depuis que vous êtes au monde, et dont l'attachement n'a point d'exemple. Enfin vous le devez à la délicatesse du Baron qui m'a assuré qu'il serait au désespoir que le petit service qu'il a rendu pût vous forcer à vaincre votre répugnance, si vous en avez pour sa personne, mais comme j'exprimerais mal ses sentiments, jugez-en par vous-même, et lisez cette lettre qu'il m'a prié de vous remettre. En même temps elle m'en présenta une que je vais vous transcrire, car j'en conserve l'original ».

Lettre du Baron de Batteville à Mlle Julie

Mademoiselle,

Je ne sais d'où me vient la témérité de vous déclarer les sentiments que vous m'avez inspirés, ni sur quoi peut être fondé mon espoir. Je sais toutes les raisons qui doivent vous le faire regarder comme téméraire, et je me les suis répétées mille fois, sans qu'elles aient pu m'empêcher de faire une démarche que je regarde comme ridicule. Car enfin, vous êtes jeune, et je suis vieux, vous avez aimé le plus parfait de tous les hommes, et j'ai bien peu de ressemblance avec lui. Un autre que moi vous vanterait la violence de son amour, et j'en ai été tenté, mais ce n'est pas une merveille que je vous aie aimée à l'instant où je vous ai vue, tout autre que moi en aurait fait autant. D'ailleurs j'avoue de bonne foi que vous ne me devez nulle reconnaissance d'un sentiment involontaire. Si mon cœur m'eût consulté avant de se donner, je l'en eusse assurément empêché, mais la chose se trouva faite à mon insu, et quand je m'en aperçus, il n'y avait plus de remède. Je n'ai donc aucun motif qui puisse me faire espérer que vous accepterez le don modique que je vous offre, et si vous le refusez, je dirai que vous avez raison, et que si j'étais à votre place, j'en eusse fait tout autant. Attendez pourtant, si j'étais jeune, belle et vertueuse comme vous l'êtes, et que je connusse la droiture, la sincérité, l'attachement respectueux du cœur qui me serait offert, je crois que je ferais des réflexions qui pourraient devenir avantageuses au pauvre Vieillard. Je me dirais qu'avec un homme de son caractère je pourrais compter sur une félicité qui n'a rien de fort vif, mais qui serait à l'abri de toute vicissitude. Quand l'amour s'empare d'une tête blanche, il ne meurt qu'avec l'amant. Je me dirais que je serais maîtresse absolue d'un cœur qui me préférerait à toute la terre, qui connaîtrait tout ce que je vaux, qui ne respirerait que pour me rendre heureuse, et voler au-devant de tous mes désirs. Je me dirais enfin : les qualités brillantes qui lui manquent, peuvent être compensées par tous les sentiments de l'honneur, de la religion, par l'exception de tous les vices qu'on ne rencontre que trop souvent dans un jeune homme. Voilà, ce me semble, ce que je me dirais à votre place, et peut-être ces réflexions, jointes à la pitié des maux que j'aurais causés, m'engageraient-elles à passer par-dessus la disproportion de l'âge et du mérite. Voyez, Mademoiselle, si vous feriez pour moi ce que je ferais alors pour vous. Au reste, soit que vous pardonniez à ma témérité, soit qu'elle vous paraisse inexcusable, il n'en sera ni plus ni moins par rapport à mes sentiments, ils sont décidés pour le reste de ma vie. Tout ce que je puis vous promettre, c'est que vous n'en serez importunée qu'une fois. S'il en doit coûter quelque chose à votre cœur pour m'être favorable, dites un mot, et l'exil le plus prompt vous délivrera de la vue d'un homme qui n'accusera que son malheur, et qui vous aime tellement pour l'amour de vous-même, qu'il sacrifierait la moitié de son bien pour vous rendre l'amant que vous pleurez, ou pour vous procurer un époux digne de le remplacer.

Vous avez connu le Baron, ma chère, et vous savez qu'avec beaucoup d'esprit il avait un cœur simple, sans art, et tel enfin qu'il se peignait dans cette lettre. J'admirai la modestie qu'il avait par rapport à sa fortune, dont il ne disait pas un mot, non plus que de la situation fâcheuse à laquelle j'étais réduite, et je sentais que si mon cœur eût été libre, j'eusse aimé la franchise de cet honnête homme. Mais le moyen de l'épouser le cœur plein d'un autre objet qui, tout mort que je le croyais, régnait encore despotiquement dans mon âme ! Je vous assure que c'était la seule chose qui arrêtait mon consentement sur mes lèvres. Je l'avouai franchement à Madame l'Abbesse, en la priant de vouloir bien faire valoir à Monsieur de Batteville la raison qui me forçait à refuser l'honneur qu'il m'offrait. Je la priai en même temps de l'assurer que j'en conserverais toute ma vie une vive reconnaissance, et que je le priais de penser qu'après avoir refusé sa main, je dédaignerais celle d'un prince, si par impossible, il était en mon pouvoir de l'accepter. À peine eus-je fini ces mots, que l'abbesse sonna sa cloche, c'était le signal qu'elle avait donné à ma mère et au Baron, qui était actuellement dans le couvent, où il avait eu permission d'entrer pour dire le dernier adieu à sa nièce. Ils étaient apparemment bien proches de l'appartement, car la porte s'ouvrit dès les premiers coups de cloche. Je fus un peu décontenancée en les voyant sortir d'un lieu d'où ils avaient pu m'entendre, mais l'abbesse qui ne voulait pas me donner le temps de faire des réflexions, qui auraient pu balancer les bonnes dispositions où elle me voyait, félicita la Baron sur le consentement que j'accordais à notre mariage, et sur le bonheur qu'il devait se promettre avec une épouse telle que moi. Je crus presque que cette dame était devenue folle, de prendre pour un consentement le refus le plus décidé, et j'ouvrais la bouche pour lui dire qu'assurément je m'étais mal expliquée, lorsque ma mère transportée de joie se jeta à mon col, m'accabla de ses caresses, me proteste que mon refus aurait causé sa mort, et tout de suite elle m'apprend que le Baron, avant de savoir ma réponse, l'avait forcée d'accepter le don d'une terre, dont il avait fait passer une vente à son nom, et qui lui serait restée malgré elle, quand bien même j'eusse été assez injuste de refuser l'honneur qu'il me faisait. Une façon d'agir si noble me toucha. Je confirmai par quelques gestes tout ce que l'on supposait conclu, et le Baron s'abandonna à la joie avec si peu de ménagement, qu'il nous fit comprendre qu'il n'y avait point de sagesse qui tienne contre un amour violent. L'abbesse qui craignait quelque retour de ma part, eut soin de faire avertir un notaire. Le contrat fut dressé, et je signai sans savoir ce que je faisais, tant j'étais étourdie de tout ce qui venait de se passer. Le reste du jour je fus tellement obsédée de ma mère, de l'abbesse, du Baron et de la nouvelle religieuse, qu'il ne me fut pas possible de jouir un moment de moi-même. Après le dîner, on étala dans tous les endroits de la chambre les plus riches étoffes. Le Baron avait envoyé son valet de chambre à Paris, qui n'était qu'à une petite lieue, avec ordre d'amener dans son carrosse les marchands et les couturières. Il n'avait pas oublié les bijoux. Chacun montrait et louait sa marchandise, on me pressait de choisir, de commander, de désirer ; ma mère pleurait de joie, non qu'un vil intérêt fût capable de lui causer cette émotion, elle était au-dessus de ces misères, elle ne voyait dans les dons que me faisait mon futur époux, que des preuves de son amour pour moi, et un heureux présage du bonheur que j'allais goûter après tant de traverses. Pour moi, j'étais fort semblable à ces dieux des gentils[48] qui ont des yeux, une bouche et des oreilles, sans voir, sans parler et sans entendre. Il m'échappait des monosyllabes. En vérité cela est trop beau, je ne veux rien de si riche, je vous remercie. Si le Baron n'avait pas été hors de lui, il eût pu, sans juger témérairement, me prendre pour une imbécile, tant j'en avais l'allure. Heureusement sa joie l'enivrait, et je vis le moment où il allait retenir tout ce qu'on lui avait apporté, tant il trouvait de plaisir à me combler de ses dons. À la fin, Madame de Batteville voyant que nous ne finissions rien, se chargea de choisir, de faire les prix, et de payer, ce qui me tira d'un grand embarras. Il avait fallu me faire violence pour paraître sensible aux dons du Baron, non que je les dédaignasse, l'ardeur avec laquelle ils étaient offerts leur donnait du prix aux yeux d'une personne aussi sensible que moi, mais il se passait mille choses au fond de mon âme que je brûlais d'envie d'examiner, cela me laissait à peine la faculté de donner un quart de mon attention à ce qui se passait dans cette chambre. Il était pourtant décidé que le Baron trouverait le moyen de me tirer de cette léthargie, le dernier de ses dons était de nature à me transporter de joie.

Le notaire était passé dans le cabinet de l'abbesse pour nous écrire une copie du contrat, dont il devait emporter la minute. Le Baron y était entré avec lui, sans que je fusse curieuse de savoir à quel dessein. Il en ressortit un parchemin à la main, sur lequel il me pria de jeter les yeux. À peine en eus-je lu la moitié, que cédant aux transports de mon cœur, et sans réfléchir au grand nombre de ceux qui étaient dans la chambre,

48 Terme biblique désignant les païens.

je me jetai à son col, et l'embrassai avec transport. Vous auriez peine à deviner ce qui me causa un mouvement si extraordinaire. Non, il n'y avait que l'amant le plus délicat à qui un tel don pût venir dans l'esprit. C'était une assurance de six cents livres de rente pour Madame des Essarts. Vous avouerez, ma chère, qu'une telle attention à chercher ce qui pouvait me plaire davantage, devait exciter en moi une grande reconnaissance. Ce sentiment eut la force de subjuguer tous les autres pendant quelques moments, puis je retombai dans cette situation indéfinissable qui me paraissait un supplice. Il me semblait que j'étais transportée dans une région inconnue, où je marchais à l'aventure, sans savoir où je portais mes pas, et quel en devait être le terme. Chaque parole, chaque geste me paraissait un engagement redoutable. Mais, me direz-vous, n'étiez-vous pas décidée à épouser Monsieur de Batteville ? Vous aviez signé le contrat, accepté les présents. J'avais fait tout cela machinalement, et lorsque rendue à moi-même, j'eus assez de tranquillité pour examiner ce qui s'était passé, je me trouvai extrêmement coupable à l'égard du Baron. L'abbesse l'avait trompé, et par mon silence je m'étais rendue complice de son mensonge. Cet honnête homme comptait sur un cœur que je ne pouvais pas lui donner. J'allais me parjurer en prononçant le vœu de l'aimer. Je passai toute la nuit dans ces réflexions, et le lendemain de grand matin, sans dire un mot ni à l'abbesse ni à ma mère, je courus au parloir, et fis appeler le Baron, qui avait couché chez l'aumônier hors de la clôture. À peine l'eus-je aperçu, que je me jetai à genoux, en lui demandant pardon de m'être prêtée au déguisement dont on avait usé à son égard. Dans l'instant une pâleur mortelle s'empara de lui, ses jambes devinrent tremblantes, et il fut contraint de s'asseoir, sans me répondre, et même sans faire attention à la posture dans laquelle j'étais restée. Son trouble ne dura que quelques minutes, qu'il passa les yeux fixés au ciel, après quoi s'apercevant que j'étais à genoux : « Levez-vous donc, Mademoiselle, me dit-il avec vivacité, j'avoue que je vais payer cher l'heureux songe que j'éprouvai hier, cependant il doit être moins question de mon bonheur que du vôtre. Vous me haïssez sans doute, et je dois ne rien négliger au moins pour mériter d'être estimé de vous, et d'être plaint, vous êtes trop généreuse pour me refuser ces deux sentiments. Je vous rends votre parole, Mademoiselle, et je vous délivrerai dès aujourd'hui de la persécution que vous avez soufferte à mon égard ».

« Oh le plus généreux de tous les hommes ! m'écriai-je, ne me condamnez pas sans m'entendre, moi vous haïr, je déchirerais mon cœur si je le croyais capable d'une telle injustice. Vous êtes celui de tous les mortels que je choisirais le moins, parce que vous êtes celui que j'estime le plus, et que je craindrais davantage de rendre malheureux. Ne le feriez-vous pas si je vous donnais ma main sans pouvoir vous donner toutes mes affections ? J'ai passé la nuit à sonder mon cœur, il vous chérit comme le meilleur des pères, il vous respecte comme le plus tendre des amis, il consentirait à acheter votre bonheur de tout ce qu'il y a dans le monde. Ce sont ces sentiments que j'exprimai hier à Madame l'abbesse, et qu'elle prit pour un consentement, quoique je ne lui eusse point dissimulé que j'aime Des Essarts malgré moi, et que je l'aimerai toute ma vie, et que de penser à détruire un attachement que la mort même a respecté, est un ouvrage au-dessus de mes forces. Que penseriez-vous d'une fille qui oserait se donner à vous avec de telles dispositions ? Ne seriez-vous pas autorisé à la regarder comme une personne indigne de votre tendresse, puisqu'elle ne pourrait la payer que par l'estime et l'amitié ? » « Ah ! Charmante Julie, me dit le Baron, je suis le plus heureux de tous les hommes, puisque ce n'est point la haine qui vous empêche d'accepter ma main, et que votre refus a sa cause dans votre délicatesse. Moi je chercherai à vous faire oublier Des Essarts, c'est une injustice dont je ne puis devenir coupable, loin de chercher à effacer de votre cœur le souvenir d'un amant qui le méritait si bien, j'y respecterai son image. Vous êtes en état de m'accorder votre estime, votre amitié, votre confiance. Ces sentiments suffisent pour mon bonheur, ma conduite les augmentera chaque jour… ». Dans l'instant où le Baron s'efforçait de m'exprimer ses sentiments, la porte du parloir s'ouvrit, et nous vîmes paraître Madame l'abbesse et ma mère. Nous étions tous deux à genoux, car le Baron s'y était jeté dans le transport de sa joie, et ne pouvant l'engager à se relever, j'avais pris la même posture. En vérité, dit l'abbesse, il ne nous manque plus qu'un prêtre. Auriez-vous voulu par hasard faire les serments sans lui, et nous souffler la noce ? Elle prit ce ton de plaisanterie parce qu'elle se doutait de ce que j'avais pu dire au Baron, et que nous voyant tous deux répandre des larmes, elle tremblait d'apprendre que tout était rompu. Le Baron la rassura, en élevant jusqu'aux cieux la bonne foi avec laquelle je lui avais découvert mes dispositions. Sa nièce et deux autres religieuses vinrent nous avertir qu'on avait servi le déjeuner dans le parloir de Madame, et nous y passâmes aussitôt. Je m'efforçai d'y paraître gaie, et du moins j'aurais dû être tranquille après l'exposé de mes dispositions ; cependant je ne l'étais pas. Le caractère respectable du Baron prenait trop, ce me semble, sur mon cœur, et ces sentiments me paraissaient une infidélité, un outrage à la mémoire de Des Essarts. Je lui en demandais pardon, j'essayais à diminuer les impressions avantageuses que chaque démarche de Monsieur de Batteville me laissait malgré moi. Cette étrange peine fit des progrès, et la veille du jour où je devais m'engager irrévocablement, j'eus à soutenir un combat bien pénible. L'étendue des devoirs que j'allais m'imposer m'effraya. Le Baron m'avait répété plusieurs fois qu'il respecterait dans mon cœur l'image de mon amant, mais pouvais-je l'y laisser sans crime après avoir disposé de moi à la face des autels ? Je ne sais si cette terrible pensée m'eut permis de tenir mes promesses. Heureusement le ciel m'envoya un secours dont j'avais grand besoin, et auquel je ne m'attendais pas.

Monsieur de Batteville n'ignorait pas les obligations que j'avais à l'ecclésiastique qui m'avait placée dans cette maison, et ne doutant pas du plaisir que j'aurais à le voir, il lui avait envoyé un exprès pour l'inviter à venir bénir notre mariage. On l'avait prié de me ménager le plaisir de la surprise, ainsi je ne compris rien à plusieurs choses que l'on me dit le matin de ce jour, et qui semblaient m'annoncer une grande satisfaction. Sur le midi on me pria de passer dans le parloir de Madame où j'étais attendue par quelqu'un qui souhaitait beaucoup de me voir. Je ne connaissais personne à Paris, et en allant recevoir cette visite, je cherchais dans mon esprit qui pouvait me la rendre. Je fis un cri de joie en l'apercevant, et dans les pensées dont j'étais agitée, je regardai sa venue comme une faveur du ciel. Je lui ouvris mon âme, et je le chargeai des suites que pourrait avoir mon mariage, s'il me conseillait de l'achever. Cet honnête homme avait tellement la clé de mon cœur, qu'il me mit dans la disposition de faire mes efforts pour me rendre digne de l'époux que le ciel m'avait destiné. Il ne fallait pour cela que laisser la liberté à mes sentiments. Pour m'y engager, mon guide me fit comprendre l'indécence de ceux que je voulais conserver pour un objet qui n'exigeait plus que du respect et de la vénération. Il me commanda de la part de Dieu et de Des Essarts, de donner à son souvenir le caractère que doit avoir celui que la charité nous inspire pour les habitants du ciel, puisque tout autre les déshonore, et ne peut leur être agréable. J'avais conservé précieusement les lettres de Des Essarts, il en exigea le sacrifice, et se chargea de les remettre à sa mère, mais le Baron l'ayant appris, les conserva à mon insu, et me les remit quelques années après. Rassurée sur mes sentiments, je fus à l'autel d'un pas ferme, j'écartai tous les souvenirs que je ne me croyais plus permis, et mon cœur ne démentit pas le don de ma main. Vous croyez peut-être que j'avais cessé d'aimer Des Essarts, non, ma chère ; concevez cela, si vous le pouvez, j'avais deux cœurs, ce me semble, l'un des deux soumis à la raison et au devoir, consentait à tout ce qu'il me dictait. L'autre faisait un bruit[49] épouvantable, se révoltait sans que je daignasse faire attention à ses cris, et pendant un an que dura cette contradiction, je n'eus pas un seul moment de faiblesse à me reprocher, je priais beaucoup, je me remettais sans cesse devant les yeux les bonnes qualités de mon époux, je ne me permettais pas une seule réflexion sur ce que j'avais perdu. J'évitais l'oisiveté, et ce qui vous paraîtra singulier, c'est que je m'étais imposé la loi de rendre compte au Baron de toutes mes pensées à cet égard, et de lui laisser lire les progrès qu'il faisait dans mon âme. Chaque jour ma passion diminuait, et je parvins enfin à bannir tout ce que le souvenir de mon amant avait laissé de tumultueux dans mon âme. À mesure qu'elle se vidait de l'image de Des Essarts, mon attachement pour mon époux devenait plus vif, et comment ne l'aurais-je pas aimé ? Il ne respirait que pour me rendre heureuse, il avait exigé que ma mère vécût avec nous, ses attentions pour elle ne se démentirent jamais, et l'ayant perdue par une maladie de langueur, il eut auprès d'elle l'assiduité d'une garde, et les soins d'un fils tendre et respectueux. La naissance de ma fille resserra les liens qui m'attachaient à lui, je voulus la nourrir moi-même[50], et ma tendresse pour elle acheva de remplir le vide qui était resté dans mon cœur, depuis que j'en avais banni Des Essarts. Je n'avais jamais aimé le monde, et je ne m'étais prêtée aux amusements la première année de mon mariage, que par complaisance pour le Baron, qui eût voulu rassembler tous les plaisirs pour me les procurer. Je fus charmée d'avoir un prétexte pour me retirer de la dissipation. J'engageai mon

49 Faire un bruit : « Murmure », « sédition. » *(Dictionnaire de l'Académie française*, 4e édition, Paris, Veuve Brunet, 1762, p. 222).

50 Au XVIIIe siècle, il était d'usage de faire allaiter les nouveaux-nés par une nourrice. Rousseau, dans son roman d'éducation *Émile* (1762), relance le débat au sujet de l'allaitement maternel.

époux à quitter Paris, et à retourner dans ses terres qui étaient proches de Reims. Nous y passions l'été, et l'hiver nous demeurions dans cette ville, qui, comme vous le savez, n'est pas féconde en divertissements. Je m'étais fait une affaire unique de l'éducation de ma fille, et je comptais beaucoup sur ma mère pour m'aider à remplir ce soin important. Sa mort me privant de ce secours, m'imposait la loi d'une vigilance sans distraction, et j'en pris droit d'éloigner de ma maison tous ceux dont le caractère eût pu lui nuire par la suite. Je ne vous ai rien dit de ma douleur lorsque cette digne mère me fut ravie. Vous connaissez mon attachement pour elle, il était sans bornes, et fut la mesure de mes regrets. Il est vrai que les sublimes vertus qu'elle exerça pendant sa longue maladie, nous parurent des assurances certaines de son bonheur éternel, et que les larmes qu'elle nous fit répandre n'avaient leur source que dans la privation du plaisir de la voir, car nous étions parfaitement convaincus qu'elle avait changé une vie périssable contre l'immortalité. Cette mort me mit en état d'exécuter un projet que je méditais depuis que j'étais mariée. Le père du Baron vivait encore, mais je ne l'avais jamais vu, parce qu'il était brouillé avec son fils. L'humeur de ce vieillard était insupportable, à ce que me dit mon époux. Ses infirmités le retenaient au lit depuis plusieurs années, nul de ses parents ne voulait le voir, parce qu'il avait épousé depuis dix ans une sorte de gouvernante qui était depuis longtemps dans sa maison. Ce mariage ne me parut point une raison suffisante pour excuser l'abandon dans lequel mon époux laissait son père, et son aversion pour sa belle-mère me paraissait une disposition contraire à l'esprit du christianisme. Je lui représentai tout ce que la nature, l'humanité et la religion exigeaient de lui à cet égard, et après m'avoir résisté longtemps, il consentit par complaisance à me laisser faire toutes les avances d'une réconciliation qu'il regardait comme impossible. Je commençai par recommander cette affaire au Seigneur, et lui demandai de m'indiquer lui-même les voies les plus convenables. Voici ce qu'il m'inspira : le vieux Baron demeurait dans un château qui lui appartenait, à quinze lieues de Reims. Je me fis conduire sur un grand chemin qui n'étais pas éloigné de ce château, n'ayant avec moi qu'une femme de chambre et ma fille. Je descendis alors de ma chaise de poste, et commandai à mon cocher d'en casser la roue. C'était sur les sept heures du soir, au commencement de la nuit, et j'envoyai ma femme de chambre au château pour demander permission d'y entrer, jusqu'à ce qu'on eût été au village voisin chercher une autre roue. Vous pensez bien qu'elle m'avait annoncée sous un nom étranger, et qu'elle n'avait pas manqué de dire que j'étais une femme de qualité. Je m'étais avancée pendant ce temps-là avec le cocher qui portait ma fille, bien résolue d'entrer, de crainte que cette femme qu'on m'avait représentée sans éducation, ne s'avisât de me refuser le couvert. Je pensais qu'au moins elle n'aurait pas le front de me faire mettre dehors. Ma précaution était inutile, elle ne m'eut pas plutôt aperçue dans la cour, qu'elle vint au-devant de moi, et me reçut avec politesse. C'était une femme de quarante-cinq ans, qui avait été belle, et qui était encore aimable. Elle ne manquait pas d'esprit, et je remarquai d'abord qu'elle était flatteuse et insinuante. Elle m'avait fait entrer dans une salle où l'on m'apporta des rafraîchissements. Je demandai si on ne pourrait pas trouver des chevaux dans le voisinage, parce que j'appréhendais que la roue que mon domestique allait chercher, ne vînt trop tard. Elle me répondit qu'on aurait soin de m'en faire avoir si les affaires pour lesquelles j'étais en route, ne pouvaient souffrir de retardement, mais si je n'étais pas fort pressée, elle était persuadée que Monsieur le Baron son époux m'offrirait un lit dans le château, où je serais plus convenablement que dans un méchant cabanon, qui était l'unique du village, où je voulais passer la nuit. Elle ajouta que son époux aurait eu l'honneur de me faire la révérence, si un grand âge, et ses infirmités ne l'eussent retenu dans son lit. Je répondis par une inclination à l'offre qu'elle me faisait d'un lit, et lui dis que je serais charmée de saluer Monsieur le Baron. Elle me conduisit dans sa chambre, et je lui demandai pardon de la liberté que j'avais prise d'entrer chez lui, par la crainte d'exposer ma fille au froid, qui était assez vif. Le vieillard ayant regardé son épouse comme pour régler sa réponse sur l'air de son visage, connut apparemment qu'elle me voyait avec plaisir, et renouvela les offres qu'elle m'avait déjà faites en son nom. Je fis peu de difficultés, et n'insistai que sur la crainte où j'étais de leur être incommode. Pendant ce temps mon cocher vint m'avertir qu'il avait appris dans le château que je ne trouverais ni logis ni roues dans le village où je voulais aller, mais qu'il passerait la nuit à raccommoder celle qui était cassée, et la mettre en état de pouvoir rouler jusqu'à un gros bourg qui était à quatre lieues, et où je pourrais en changer. Ce fut un motif pour accepter les offres du Baron, auquel je demandai permission de donner à téter à ma fille que j'avais tenue fort enveloppée. La Baronne se récria sur sa beauté, et après l'avoir fort caressée la porta sur le lit de son époux qui sentit, à ce qu'il m'a dit depuis, ses entrailles émues, et l'accabla de caresses. En attendant le souper, je parus surprise de le trouver dans un lieu si peu propre à lui procurer les secours dont il aurait besoin dans une situation comme la sienne, et j'ajoutai que nous avions d'excellents médecins dans la ville de Reims, où je faisais ma demeure, et où je souhaiterais qu'il voulût chercher du remède à ses maux, ne fût-ce que pour avoir occasion de reconnaître sa politesse, en lui offrant un appartement chez moi. J'ajoutai qu'une dame aussi aimable que son épouse y serait chérie d'un grand nombre d'honnêtes gens, qui se feraient un plaisir de leur procurer une société agréable. Je me retirerais plutôt aux antipodes, répondit le Baron, je connais cette ville, et je l'ai quittée pour m'éloigner d'une famille que je déteste, et surtout d'un coquin de fils, dont je ne pourrais supporter la vue. Et tout de suite il me fit l'histoire de son mariage, à laquelle il ajouta l'éloge le plus magnifique de son épouse. « Mon fils, ajouta-t-il, prétendait sans doute que je prisse son avis pour me marier, et traitait d'extravagance l'action la plus sage que j'aie faite en ma vie. Ce qu'il y a de plus singulier, c'est que ce beau censeur des actions d'un père qu'il eût dû respecter, a fait lui-même ce qu'il trouvait de répréhensible en moi, et même bien pire ». « Jugez-en, Madame, me dit le Baron, en se levant sur son séant, j'ai fait un mariage de raison et de devoir, la reconnaissance des soins que Madame la Baronne a eu de moi pendant quinze ans, m'imposait la loi de tout faire pour elle, elle m'avait sacrifié sa jeunesse, et plusieurs établissements très avantageux, l'honneur voulait que je la dédommageasse de ces sacrifices, ainsi tous les honnêtes gens ont dû applaudir à mon mariage. Mon fils qui se piquait de philosophie, s'est marié par amour, à près de cinquante ans, à une aventurière qu'on ne connaît point, et qui n'avait pas le sol, et ce qu'il y a de plus fâcheux, c'est que pour assurer tous ses biens à cette créature qui n'avait d'autre mérite que sa beauté, il a forcé ma petite-fille à se faire religieuse ». Je vous avoue, ma chère, que mon amour-propre ne fut pas à son aise pendant cette conversation, et si mon beau-père m'avait regardée avec attention, je crois qu'il aurait connu par les mouvements de mon visage, que cette conversation m'intéressait beaucoup. Comme il s'était nommé pendant son discours, je lui dis que j'avais connu une Dame de Batteville dans l'abbaye de *** et je lui demandai si elle avait l'honneur de lui appartenir. « C'est elle dont je vous parlais tout à l'heure, me dit-il, la pauvre enfant a été la victime de la folle passion de son oncle, mais elle est assez glorieuse pour dissimuler ses chagrins, et dit à tout le monde qu'elle est contente, comme si on pouvait l'être dans un cloître à vingt ans, surtout quand on pouvait espérer un grand établissement dans le monde ». « Monsieur, répondis-je au Baron, j'étais à l'abbaye de *** lorsque Mademoiselle votre petite-fille y fit profession, je puis vous assurer que loin d'avoir été sacrifiée, comme on vous l'a fait entendre, au mariage de Monsieur son oncle, ce fut elle qui l'engagea à le conclure avec une de ses amies, qui, comme vous le dites, n'avait aucune fortune, mais dont la noblesse était très ancienne, et que le Baron ne connaissait pas cette demoiselle quinze jours avant ». « À ce que je vois, me dit le Baron, vous connaissez ma belle-fille, puisqu'elle était aussi dans cette Maison. Dites-moi, je vous prie, ce que vous pensez d'elle. Pour moi j'ai mauvaise opinion de son caractère, s'il avait été bon, elle aurait employé le pouvoir qu'elle a sur l'esprit de son mari, pour l'engager à rentrer dans son devoir à mon égard, et si elle l'eût entrepris, il est sûr qu'elle y aurait réussi, car on dit que le pauvre nigaud est son esclave, et qu'elle le mène par le nez ». « On vous a encore trompé sur cet article, Monsieur, lui dis-je, Madame de Batteville conserve pour son époux toute la soumission et le respect qu'une honnête femme a pour un époux qu'elle aime et qu'elle respecte. Il est vrai qu'il a pour elle des bontés et une complaisance qui ne se sont jamais démenties, mais loin d'en abuser, elle ne se sert que du désir qu'il a de l'obliger, que pour le porter à vous rendre tout ce qu'il vous doit. La démarche qu'elle fait aujourd'hui en est la preuve, elle vient elle-même vous assurer de tout le respect et l'attachement qu'elle vous doit aussi bien qu'à votre épouse. Elle vient vous demander le retour de votre amitié pour un fils qui gémit bien sincèrement du malheur qu'il a eu d'encourir votre indignation. Elle vous demande un cœur de père pour cet enfant que vous tenez dans vos bras, et en faveur de laquelle la nature vous a déjà parlé ». Je m'étais jetée à genoux devant le lit du Baron, en commençant ce discours, j'arrosais de mes larmes une de ses mains que j'avais saisie, je vis couler les siennes, il s'efforçait de m'embrasser, et pendant quelques instants il oublia son épouse, qui faisait tout ce qu'elle pouvait pour cacher le dépit que lui causait cette scène, et qui ne put m'en imposer malgré ses efforts. Elle ne fut pourtant interdite que les premiers moments, et composant son visage comme une personne consommée dans l'art de feindre, elle vint me relever, en me disant qu'elle était charmée de mon action, et de s'apercevoir que j'avais eu plus de succès qu'elle à réveiller la tendresse paternelle dans le cœur de son époux. « Mais, ajouta-t-elle malignement, il n'est pas en état de supporter de telles émotions, je crains pour lui les suites de cet attendrissement, permettez-moi de vous prier de passer pour un quart d'heure dans la salle prochaine, pour lui laisser le moyen de reprendre ses sens ». Il était aisé de comprendre qu'elle ne cherchait à m'éloigner que pour empoisonner ma démarche, et détruire chez son faible époux les impressions favorables qu'il commençait à prendre pour moi. Heureusement le Baron se crut assez fort pour soutenir ma vue sans danger. « Non, ma chère, lui dit-il, je suis enchanté de ma belle-fille, je veux qu'elle reste et qu'elle m'embrasse, si elle sait conserver le respect qu'elle te doit, et l'inspirer à son époux, je suis persuadé que le plaisir de les avoir auprès de moi me fera vivre dix ans plus vieux ». « Voyez combien cette pauvre femme a d'attachement pour moi, me dit-il en montrant la Baronne, elle pleure dans la crainte que tout ceci ne me rende plus malade que je ne le suis. Oh ! C'est un bon cœur, et je serais bien ingrat si je ne mettais tous mes soins à la rendre heureuse ». Je n'étais pas la dupe de ses larmes que le seul dépit faisait couler, ce qui ne m'empêcha pas de répondre. « Si nos attentions pour Madame peuvent contribuer à son bonheur, j'ose vous assurer qu'elle n'aura rien à désirer, je réponds pour mon époux, nous lui devons beaucoup de reconnaissance pour les soins qu'elle a eus de vous, et le titre de votre épouse lui donne droit à notre amitié et à nos respects ». En prononçant ses paroles, je voulus lui baiser la main, ce que cette habile comédienne ne voulut pas permettre. Elle m'embrassa, et m'assura de son amitié dans les termes les plus propres à en imposer. Je feignis de la croire sincère, on a toujours un grand avantage sur les fourbes, quand on feint d'être leur dupe. Il m'importait de connaître cette créature, et je m'en ménageais les moyens, en éloignant les soupçons qu'une trop grande pénétration aurait pu lui faire concevoir. Il était huit heures du soir, cependant je demandai permission de faire partir un exprès[51] pour le Marquis qui était dans une de ses terres à six lieues de là. La Baronne fit de grandes difficultés sur ce danger de voyager la nuit, elle voulait à quelque prix que ce fût empêcher mon époux de paraître aux

51 Il s'agit d'une lettre exprès.

yeux de son père, elle s'était flattée d'en trouver les moyens pendant la nuit. Ma diligence rompait toutes les mesures, aussi assura-t-elle qu'il n'y aurait pas un seul domestique dans le château, qui voulût s'exposer à partir à une heure si indue, et qu'il fallait attendre au lendemain. « Je me reprocherai toute ma vie, lui dis-je, d'avoir différé à mon époux le bonheur d'embrasser son père. Mon cocher partira de bon cœur, et prendra un de mes chevaux ». Le Baron, dont le faible était de vouloir être aimé, fut sensible à mon empressement. Le cocher partit, et mon époux arriva au château sur les dix heures du matin. Je n'avais pas encore pu obtenir d'être admise dans l'appartement de mon beau-père. Madame, qui n'en était pas sortie, m'avait fait dire qu'il avait un peu de fièvre, et qu'il fallait le laisser reposer. Elle voulut employer cette excuse, lorsque mon mari fut arrivé, mais le Baron pour cette fois manqua de complaisance, et un domestique l'ayant annoncé, il commanda qu'on le fît entrer, il le reçut avec de grands témoignages de tendresse. Nous passâmes huit jours avec mon beau-père, et quoique j'eusse les plus grands égards pour son épouse, et qu'elle semblât y répondre, il y eut vingt occasions où il fut aisé de voir que ma présence lui était à charge. Ce qui augmentait son chagrin, c'est que le goût qu'il avait pris pour moi, et sa tendresse pour ma fille, prenaient chaque jour de nouveaux accroissements. Elle craignait surtout que nous n'eussions quelques entretiens secrets avec lui, et l'obsédait de manière qu'il ne nous fût jamais possible de lui parler en particulier, quoique le malade parût en avoir envie. Mais il s'était accoutumé à obéir à son tyran, et n'osait s'affranchir de ce joug. J'ai dit le malade, parce qu'il ne quittait pas son lit, quoique ses infirmités fussent de nature à avoir besoin d'exercice. Assurément cette misérable cherchait à abréger ses jours par l'étrange régime auquel elle l'avait assujetti. Ce pauvre homme voyait approcher avec autant de douleur le terme de notre séjour, que son épouse le souhaitait. Tout d'un coup elle sembla le craindre, et joignit de fort bonne grâce ses prières à celles de mon beau-père pour nous engager à passer avec eux le reste du printemps. Nous y consentîmes, et comme nous cherchions à deviner le motif d'un pareil changement, et que nous en parlions en nous couchant, le valet de chambre de mon mari nous dit qu'il avait la clé de cette énigme. Ce garçon qui n'avait que vingt-cinq ans, et qui était très bien fait, avait touché le cœur de notre digne belle-mère. Elle craignait de le perdre, et se faisait la violence de nous souffrir jusqu'à ce qu'elle l'eût déterminé à nous quitter. Comme mon époux était sûr de l'attachement de ce garçon qui s'appelait Lainé, il lui ordonna de se servir du goût que cette femme avait pour lui, pour découvrir l'état où son père avait mis ses affaires, car il était plus que probable que cette malheureuse avait employé le prodigieux ascendant qu'elle avait sur lui, pour l'engager à nous déshériter. Il lui recommanda encore de l'amuser assez pour nous procurer l'occasion de parler à mon beau-père. Lainé s'acquitta de son rôle à merveille. Il se radoucit par degrés, et pendant qu'il s'entretenait avec cette mégère, nous essayâmes à engager mon beau-père à se débarrasser d'un secret qui paraissait lui peser. Vingt fois il vint sur le bord de ses lèvres, et vingt fois la crainte de violer les serments qu'il avait faits à sa femme, le retint. Le soir Lainé étant venu déshabiller mon époux, s'assura avec beaucoup de soin qu'il ne pouvait être entendu, et me dit ensuite : « Ah ! Madame, le ciel vous a inspiré ce voyage pour sauver la vie à Monsieur votre père, l'arrêt de mort est prononcé, mais vous n'avez rien à craindre, puisque c'est par moi que ce crime doit s'exécuter ». Vous concevez combien un tel début devait me surprendre, je demeurai pâle, tremblante, ainsi que mon époux, qui avait peine à modérer son impatience et sa frayeur. Nous demandâmes avec empressement à Lainé les circonstances de l'horrible complot qu'il venait de nous découvrir, et voici ce que cet honnête garçon nous apprit.

Nous ne nous étions pas trompés, lorsque nous avions cru que mon beau-père était surchargé d'un secret qu'il aurait souhaité pouvoir nous révéler, sans en avoir la force. Il avait déshérité son fils, comme je l'avais soupçonné, et donné tout son bien à son épouse par un acte qui était postérieur à son mariage. L'attachement qu'il commençait à prendre pour ma fille, lui faisait sentir de vifs remords de cette injustice, et il eût souhaité la réparer. Il avait pris sur lui d'en parler à son épouse, et lui avait proposé de faire un nouveau testament, par lequel en lui laissant la jouissance de tout son bien pendant sa vie, il en assurerait la propriété à cet enfant après sa mort. Cette malheureuse qui avait toujours appréhendé ce coup depuis notre arrivée, s'y était préparée, et loin de paraître irritée de ce changement, y avait applaudi, et n'avait exigé de lui qu'une condition, c'est qu'il nous laisserait ignorer l'existence du premier testament, et ferait le second sans nous en avertir. Elle voulait, disait-elle, nous surprendre agréablement en nous présentant cette pièce qui la justifierait des mauvaises intentions qu'on lui avait supposées à notre égard, et lui ménagerait notre amitié, si elle avait le malheur de la perdre. Dès lors elle résolut de parer ce coup en avançant la mort du Baron, et n'était indécise que sur la manière de le faire périr pour se mettre à couvert des soupçons. La folle passion qu'elle avait pour Lainé l'enhardit encore à commettre ce crime. Il est étonnant qu'elle eût pu se résoudre à découvrir ce noir complot à son amant, aussi le lui eût-elle caché, si elle eût espéré pouvoir le faire réussir sans lui, mais elle se défiait de ses forces. Son premier dessein avait été d'employer le poison, cependant elle sentait que ce genre de mort pouvait laisser sur le cadavre des preuves de son crime, qui l'auraient exposée à nos soupçons et à notre vengeance. Elle crut qu'il serait plus sûr de l'étouffer, et c'était de Lainé qu'elle attendait du secours pour exécuter ce crime, le vieux Baron qui était extrêmement vigoureux pour son âge, pouvant fort bien trouver dans son désespoir des forces suffisantes pour lui résister. « Je sais, dit-elle à ce garçon, que vous pouvez me trahir, mais vous le feriez sans me nuire, parce que vous seriez sans preuve, et qu'il me serait facile de persuader le Baron que vous êtes d'accord avec les maîtres pour me perdre dans son esprit. Cela produirait tout l'effet que je désire, il les prendrait en horreur, et laisserait subsister les premières dispositions dont je profiterais seule. Si au contraire vous savez vous élever au-dessus d'un vain scrupule, quinze mille livres de rente, et ma main seront votre récompense, et vous mettront pour le reste de votre vie dans une situation tranquille ».

Lainé nous assura qu'il avait eu beaucoup de peine à cacher l'horreur que cette abominable femme lui avait inspiré. Notre intérêt, et la sûreté de mon beau-père eut[52] la force de contraindre ce sentiment. Il était convenu de tout avec elle, mais il lui avait déclaré franchement qu'il voulait s'assurer d'elle avant de devenir son complice, pour ne pas s'exposer à perdre le fruit de son crime. Elle s'était beaucoup récriée contre sa défiance, cependant comme elle l'avait trouvé ferme dans ses soupçons, elle lui avait dit d'imaginer ce qu'il y aurait de plus capable de le rassurer, et lui avait promis de lui donner toutes les sûretés possibles, pourvu qu'elles ne fussent pas de nature à pouvoir lui nuire. « Votre défiance, lui dit-elle, autorise la mienne, et jusqu'au moment où vous serez devenu mon complice, je ne ferai rien qui puisse

52 Aujourd'hui la forme correcte serait : « *eurent* ».

vous fournir des armes contre moi, si vous n'étiez pas de bonne foi à mon égard ».

Ce récit nous jeta dans la plus grande perplexité. Nous avions trop d'intérêt à prouver ce crime, pour être reçus comme témoins, quand bien même nous fussions parvenus à nous en assurer par les discours de cette mégère. Un domestique à nous eût été récusé par la même raison. D'ailleurs quand nous aurions eu toutes les preuves possibles, mon époux était bien éloigné de vouloir publier la noirceur de cette malheureuse. L'honneur de mon beau-père dont elle portait le nom, aussi bien que le nôtre, nous imposait la loi du secret le plus profond. Nous passâmes toute la nuit à chercher les moyens d'éviter les malheurs que nous craignions, et le jour nous trouva dans la même irrésolution. Tous les partis qui se présentaient à notre esprit avaient des inconvénients qu'il était impossible de parer. Enfin, la sûreté de mon beau-père l'emporta. Mon époux résolut de risquer à perdre son bien en l'indisposant, et son dessein était de chercher à surprendre cette femme avec son valet de chambre, de lui annoncer qu'il savait ses horribles desseins, de la menacer d'une mort infâme si on pouvait découvrir, après la mort de son père, les moindres vestiges d'une mort violente. Il devait l'avertir en même temps que s'il était forcé de quitter le château, il s'établirait dans une des chaumières du village, pour être à portée de veiller à la sûreté de son père. Ce parti nous aurait absolument brouillés avec mon beau-père, et eût servi aux desseins de cette malheureuse, cependant, c'était le seul qu'on pût employer avec succès. La providence nous en fournit un autre que nous ne pouvions ni espérer ni prévoir.

Cette femme avait choisi pour ses entretiens avec Lainé une salle qui, étant au fond du jardin, lui avait paru plus sûre qu'aucun des appartements de la maison. Cette salle était accompagnée de quatre cabinets de charmille, qui étaient aux quatre coins, et où l'on ne pouvait entrer sans passer dans la salle. Le jour que ma belle-mère avait choisi pour découvrir ses desseins à Lainé, était celui où une servante de la maison avait donné rendez-vous, dans un de ces cabinets, à un jeune paysan dont elle était amoureuse. Il y avait à peine quelques minutes qu'ils y étaient, lorsqu'ils virent ma belle-mère au bout de l'allée qui conduisait au salon, et la crainte d'être chassés de la maison, engagea ces jeunes gens à se cacher dans des chèvrefeuilles très touffus qui bordaient une des fenêtres. Quoiqu'ils ne comprissent pas toute la conversation, ils en entendirent assez pour comprendre qu'il était question de la mort de leur seigneur, et le paysan ne fut pas plus tôt libre, qu'il courut avertir le curé de ce qui venait de lui arriver. Cet ecclésiastique était allé dans un village voisin, dont il ne revint que fort tard, ce qui l'empêcha de se rendre au château sur-le-champ, de crainte de faire soupçonner du mystère à la visite. Il crut même devoir chercher un prétexte pour y venir de grand matin, et comme il avait apporté du gibier la veille, il en chargea un valet, et dit chez lui qu'il voulait nous en faire présent. Il trouva le moyen de me donner un billet sans être aperçu, par lequel il m'avertissait qu'il avait à parler en particulier à mon beau-père, et qu'il me priait d'écarter son épouse. J'étais fort embarrassée à trouver un expédient pour cela, lorsque l'émotion dans laquelle j'avais passé la nuit, jointe à celle que me donna le billet du curé, me causa une faiblesse qui véritablement n'était pas grand-chose, mais que j'exagérai pour forcer la Baronne de rester auprès de moi. Le curé profita de ce temps pour voir mon beau-père, et lui rapporter le discours du paysan. Ce pauvre homme demeura immobile lorsqu'il apprit que cette femme qu'il aimait, et dont il croyait être aimé uniquement, en voulait à sa vie. Ensuite il essaya de la justifier, et fit entendre au curé, que ce jeune homme pouvait fort bien être un fourbe aposté par son fils, pour essayer de ruiner la Baronne dans son esprit. Cet ecclésiastique lui rappela les sentiments d'honneur qu'on avait toujours remarqués dans mon époux, et qui devaient l'empêcher de le soupçonner d'une calomnie si odieuse. Il pesa sur les circonstances des serments que cette femme avait exigés de lui pour nous cacher le dessein dans lequel il était de révoquer son testament, et s'il ne le convainquit pas absolument, il lui fit concevoir assez de défiance pour obtenir de lui la permission de révéler à mon époux ce qu'il avait appris. Le Baron fils remercia le ciel qui lui procurait des témoins non suspects, et comme le curé lui annonçait son valet de chambre comme complice du crime qui se méditait, mon époux se hâta de justifier ce garçon, et d'apprendre au curé qu'il avait été instruit par lui de ce mystère d'iniquité. Ce curé, qui était un homme de bon sens, fit remarquer à mon époux que toutes les difficultés n'étaient pas levées, et ne lui dissimula point les soupçons que son père avait jetés sur lui. « Sa faiblesse pour cette femme est telle, ajouta-t-il, qu'il ne pourra lui cacher l'accusation que je viens de former contre elle, ni résister à ses larmes.

Un seul mot de sa bouche suffira pour la justifier dans son esprit, et pour faire retomber sur nous tout l'odieux de cette affaire. J'avoue que la déposition de nos deux témoins, soutenue du témoignage de votre valet de chambre, suffirait en justice pour démasquer cette femme. Mais l'honneur de votre famille vous défend de prendre cette voie, d'ailleurs, on ne punit point en France une volonté criminelle, quand il n'y a point eu un commencement d'action[53], et tous ceux qui n'ont pas l'honneur de vous connaître, pourraient juger désavantageusement de vos motifs, en faisant un scandale qui ne remédierait à rien ». Mon époux convint de la solidité de ce raisonnement, et conclut qu'il n'y avait d'autre moyen d'ouvrir les yeux de son père, qu'en lui fournissant un témoin dont il ne pût récuser le témoignage. Le curé s'offrit à nous dans tout ce qui dépendrait de lui, et mon époux lui proposa de se cacher sous une table qui était dans le salon, et qui était couverte d'un grand tapis. Il y consentit, et pendant qu'il rendait compte à mon beau-père de cette résolution, j'eus soin de feindre la continuation de mon mal pour empêcher la Baronne de me quitter. Mon époux ayant placé le curé dans le lieu dont on était convenu, rentra dans ma chambre, et me dit que mon père étant seul, je devais surmonter mon mal pour lui tenir compagnie. « Cela serait d'autant plus à propos, dit ma belle-mère, que j'ai des ordres à donner pour des affaires de quelque conséquence, que j'ai retardées à cause de l'indisposition de Madame ». Nous savions parfaitement l'affaire qu'elle avait envie de conclure, Lainé nous ayant averti qu'elle lui avait donné rendez-vous dans cette salle sur les dix heures. Nous la laissâmes libre, et fûmes trouver mon beau-père, dont la colère contre son épouse commençait à s'affaiblir. Il se reprochait sa crédulité, et allait même jusqu'à soupçonner la probité du curé. Nous passâmes un quart d'heure à lui prouver l'injustice de ses soupçons, et nous le quittâmes ensuite pour aller au jardin. Ma belle-mère parut déconcertée en nous voyant, et le Baron ayant demandé à son valet de chambre quelle affaire importante il avait à traiter avec Madame, ce garçon se jeta à ses pieds, comme nous en étions convenus,

53 Au XVIIIe siècle en effet, l'on recherche une vérité judiciaire, et les juges se basent le plus possible sur des preuves rationnelles, en lien avec le cartésianisme du siècle, à l'inverse du fonctionnement de la justice durant le haut Moyen Âge par exemple. En effet, à cette période, se tenaient des duels judiciaires sous le regard de Dieu, qui étaient censés déterminer la victime et le coupable.

et nous avoua que l'espoir de faire sa fortune l'avait engagé à écouter des propositions dont il avait horreur, mais qu'enfin pressé de ses remords, il n'avait accepté ce dernier rendez-vous, que pour déclarer à cette femme qu'elle pouvait jeter les yeux sur quelqu'un d'autre, pour en faire le ministre de ses fureurs. « Ayez pitié de moi, Monsieur, ajouta Lainé, Madame vient de jurer que si je n'étais son complice, je serais sa victime, et qu'elle emploierait contre moi le poison qu'elle avait d'abord destiné à votre père ». Nous étions persuadés que cette femme allait se jeter à nos pieds, et nous demander miséricorde. Quelle fut notre surprise, lorsque nous la vîmes lever les yeux au ciel, et prendre Dieu à témoin de son innocence ! C'était ce valet de chambre, qui lui avait demandé cet entretien, pour l'instruire du projet que nous avions fait nous-mêmes d'empoisonner son époux. Il lui avait même remis le poison dont nous l'avions chargé. L'assurance avec laquelle elle nous accusait, m'effraya à un tel point, que je tremblais de toutes mes forces, et je suis persuadée qu'un témoin de cette scène, n'eût pas balancé, sur mon trouble, à me croire coupable. Mon époux était à peu près dans la même situation que moi, mais son silence venait d'un autre principe. Sa colère contre cette femme était parvenue à son dernier période, et dix fois il fut sur le point d'en délivrer la terre. Elle profita de notre silence pour nous accabler de reproches, mais la présence du curé, qui, perdant patience, sortit tout à coup de dessous la table, la pétrifia, et lui fit garder à son tour quelques moments de silence. « Perfide, dit-elle à Lainé, tu m'as trahie, mais tremble, tu n'es pas encore où tu prétends, et je sais les moyens de t'envelopper dans ma perte ». En même temps, elle sortit la main qu'elle avait dans son manchon, et en tira un pistolet qu'elle déchargea sur ce pauvre garçon, qui ne l'évita que par un miracle. Elle voulut sortir dans le même moment, mais mon époux et Lainé l'arrêtèrent. Le premier m'ayant priée de me retirer, je suivis le curé qui fut retrouver mon beau-père pour lui rendre compte de tout ce qui s'était passé. Je n'aurais jamais pu croire jusqu'où allait la faiblesse de ce pauvre homme pour cette misérable, si je n'en avais été convaincue par tout ce que je vis alors. Il connaissait trop bien la probité de cet ecclésiastique, pour oser récuser son témoignage. Cependant il lui demanda vingt fois s'il avait bien entendu, et si la préoccupation ne lui avait point fait une illusion involontaire. Il se rendit enfin, sans pouvoir nous déguiser combien il lui en coûtait pour renoncer à l'espoir de justifier cette méchante créature. Il demandait à lui parler pour l'accabler de reproches, à ce qu'il disait, mais il était aisé de voir qu'il se flattait encore de pouvoir trouver dans ses réponses, ou des preuves de son innocence, ou du moins des raisons de diminuer l'atrocité des crimes dont elle était accusée. Il consentit pourtant qu'elle fût enfermée dans un appartement écarté, mais il nous pria les larmes aux yeux de ne la point maltraiter et de la laisser libre. On le lui promit pour le tranquilliser. Cependant, comme on avait lieu de craindre qu'elle ne cherchât à attenter sur sa vie, on se crut dispensé de l'obligation de lui tenir parole, et on la lia de façon à l'empêcher de tourner sa fureur contre elle-même. Nous nous rassemblâmes ensuite, pour consulter ensemble sur les mesures qu'il convenait de prendre dans une affaire si terrible. Quelques claires que fussent nos preuves, elles ne l'étaient pas assez pour ce faible vieillard qui paraissait comme ensorcelé. Cependant, dans la résolution où était mon époux, d'employer l'autorité pour faire enfermer cette misérable, il était convenable d'être autorisé par le Baron dans les démarches qu'il faudrait faire à cet égard. Le ciel eut pitié de notre embarras, tout à coup, mon beau-père parut se réveiller comme d'un profond sommeil, et nous pria d'aller demander à sa femme la clé d'un bureau qui était dans sa chambre. Il s'était rappelé avec quel soin elle gardait cette clé, et se persuada qu'il trouverait dans ce bureau, des preuves de son innocence ou de son crime. Il fut aisé de comprendre qu'on trouverait beaucoup plus qu'on n'avait espéré, par la fureur où tomba cette créature, lorsqu'on lui demanda cette clé. Elle ne l'avait pas sur elle, et protesta qu'on lui arracherait la vie plutôt que le secret du lieu où elle était. On fut donc réduit à forcer la serrure, et elle aurait dû le prévoir. Mon beau-père chargea le curé de ce soin, et nous pria en même temps de nous tenir auprès de son lit, et lorsqu'on lui apporta un tiroir rempli de papiers, il eut la précaution de nous envoyer à l'autre bout de la chambre. Il nous a avoué depuis, qu'il craignait que notre haine pour sa femme, nous engageât à y jeter quelques papiers à son désavantage. Il se vit bientôt réduit à nous demander pardon de ses soupçons. Il trouva plus de soixante lettres qui constataient différentes intrigues de cette femme, devant et après son mariage, et connut que sa mort et sa fortune avaient toujours été l'appât dont elle s'était servie pour faire tomber dans ses filets plusieurs des domestiques de la maison, ou des étrangers. Il tomba alors dans une extrémité opposée, il voulait qu'on l'amenât dans sa chambre pour assouvir lui-même sa vengeance, il demandait ses habits, assurant qu'une juste colère lui donnerait la force d'aller la percer de mille coups. Il demandait au moins qu'on la remît entre les mains de la justice. Hélas ! Elle tombait entre les mains de la justice de Dieu ! Lainé qu'on avait laissé auprès d'elle, vint nous avertir qu'elle était dans d'horribles convulsions. Nous y courûmes, mais il n'était plus temps de la secourir, elle était expirante, et le curé qui lui criait de demander miséricorde au Seigneur, n'en put jamais tirer un signe de repentir, au contraire, elle le repoussait avec horreur. Cette mort nous fit craindre de nouveaux embarras, mais on parvint à faire croire aux domestiques qu'elle était naturelle[54]. On ferma la bouche à la servante et au jeune paysan qui avaient averti le curé, en leur donnant une somme pour se marier, et jamais personne n'eut aucun soupçon des causes et des circonstances de cette mort. Mon beau-père, guéri de la passion dont il avait été si longtemps esclave, ne savait comment nous exprimer sa reconnaissance. Il nous pria de le tirer d'un lieu qu'il ne pouvait plus voir sans horreur, et nous y consentîmes avec joie. Il fut transporté à Reims où il vécut encore six années. Je me livrai toute entière aux soins qu'exigeaient son état et l'éducation de ma fille. C'était auprès du lit du vieillard que je lui donnais ses leçons, et je ne sortais que pour aller à l'église dans le temps du devoir. Mon beau-père, dans les commencements, craignit que mon assiduité auprès de lui ne fût qu'un effet d'une complaisance qu'il supposait devoir me coûter beaucoup. Il m'exhortait à me dissiper, à recevoir et à rendre des visites, mais sa situation était telle, que je n'aurais pu sans cruauté l'abandonner à d'autres soins que les miens. Je mis toute mon application à réveiller en lui les sentiments de religion, de soumission aux ordres de la divine providence. Dieu bénit mes bonnes intentions, et les horribles souffrances dont il fut accablé les dernières années de sa vie, lui donnèrent un moyen d'expier ses fautes, dont il profita. Sa reconnaissance pour moi fut si vive, qu'il voulait m'instituer son héritière. Ce ne fut qu'à force de sollicitations, que je parvins à l'engager à faire son fils héritier, comme la nature

54 Au XVIIIe siècle, le suicide est considéré comme un crime, devant la loi comme pour l'Église. Voir Godineau, Dominique, *S'abréger les jours. Le suicide en France au XVIIIe siècle*, Paris, Armand Colin, 2012.

l'exigeait, et encore il n'y consentit qu'à condition que ces biens me seraient substitués avec un plein pouvoir d'en disposer, si je survivais à mon époux et à ma fille. La mort de mon beau-père apporta peu de changement au genre de vie que je menais depuis six ans, excepté que je me livrai un peu plus à l'exercice. Mon estime et mon amitié pour le Baron, ma tendresse pour ma fille, occupaient toute la capacité de mon cœur, et j'aurais beaucoup souffert, si j'avais été forcée par ce que l'on nomme divertissements et même bienséances, à me séparer deux heures de suite de ma petite Julie. Elle répondait à ma tendresse et à mes soins, sa raison avait devancé la raison ordinaire, et elle était, dès huit ans, une amie, une société pour moi. Trois dames d'un mérite distingué nous faisaient une compagnie charmante, nous nous rassemblions toutes les après-dînées[55], on travaillait, on lisait, on raisonnait sur ses lectures. Les matinées étaient partagées entre la prière, les affaires domestiques et les exercices de charité. Nous trouvions du temps pour tout, parce que nous n'en perdions point. Nous nous levions été et hiver à cinq heures et demie, en sorte qu'à huit heures, temps où le plus grand nombre de femmes sont encore au lit, nous avions fait nos prières, le déjeuner, et donné nos ordres aux domestiques. Dès sept ans Julie était chargée de tenir registre de la dépense. Je faisais passer par sa bouche les ordres, les répréhensions même que j'avais à faire aux domestiques, je l'avais accoutumée à ne leur parler jamais sans demander le Saint-Esprit, à faire souvent des actes de foi sur l'avantage de leur condition à la nôtre, lorsqu'on la regardait par les yeux de la foi. Ces leçons me semblaient essentielles à un enfant qui joindrait à une beauté parfaite cinquante mille livres de rente. Je voulais lui faire regarder ces frivoles avantages comme des dangers réels, et je parvins à lui en faire prendre cette juste idée. Elle aimait ma société, mes exercices, et cette vie nous paraissait préférable à celle qu'on mène dans le grand monde, et dont j'avais été excédée pendant le court espace que j'avais vécu à Paris. Nous ignorions jusqu'au nom de l'ennui, et ma fille était très surprise, lorsqu'elle entendait dire à certaines personnes que nous voyions très rarement, qu'elles s'ennuyaient, et me demandait tout étonnée, comment on pouvait trouver la journée longue,

---

55 Dîner : « Prendre un repas vers le milieu du jour. » (*Dictionnaire de l'Académie françoise*, 5e édition, Paris, J. J. Smits, 1798, t. 1, p. 425) – il s'ensuit que l'*après-dînée* ou *après-dîner* désigne ce que nous appelons l'*après-midi*.

pendant qu'elle aurait eu besoin d'y ajouter trois ou quatre heures, pour quantité de choses qu'elle souhaitait et qu'elle n'avait pas le temps de faire. Le public ne pouvait, ni concevoir l'agrément de notre vie, ni nous la pardonner. J'étais une misanthrope, qui élevais en bourgeoise une fille de condition qui aurait un million de bien. Cet enfant était la victime de ma bizarrerie, et le Baron n'avait pas le sens commun de pousser la complaisance jusqu'à m'abandonner son éducation. Ces discours parvinrent jusqu'à lui, il me demanda comme une faveur de contraindre mon goût, pour me conformer aux usages, je crus lui devoir cette complaisance. Ma porte fut ouverte aux visites, et je me rendis assidue aux assemblées. Ma pauvre Julie comprit bientôt à quoi il fallait attribuer cet ennui qu'elle ne pouvait comprendre auparavant. Elle se trouvait excédée au sortir d'une conversation frivole, et ses bâillements involontaires la trahissaient malgré elle. Enfin, elle assura si positivement son père, que ce nouveau genre de vie la rendait misérable, qu'il nous laissa la liberté de suivre notre goût. Ce n'est pas que je voulusse soustraire ma fille au grand monde, je savais qu'elle était destinée par son rang et sa fortune à y tenir sa place, mais j'étais charmée que son propre goût me donnât le temps de la former à ma fantaisie. Je voulais établir sa vertu sur des fondements solides, la prémunir contre les fausses maximes, dans un âge où les impressions sont si aisées à prendre pour le bien ou pour le mal, et où elles font des traces si profondes dans le cerveau, qu'elles sont presque ineffaçables. Convaincue que le bonheur ou le malheur de la vie dépend des premières années, je ne voulais perdre aucun instant de celles de ma fille. Elle aimait l'étude, les conversations solides, la pratique du bien, mais ces goûts, elle les eût bientôt perdus dans la dissipation, si on eût continué à l'y livrer. Je le fis comprendre au Baron, et comme je viens de vous le dire, il prit sur lui de mépriser les discours publics, et me laissa la maîtresse. C'était pour suivre le plan que je m'étais formé à cet égard, que nous restions à Reims. J'étais résolue de partager mon temps entre cette ville et Paris, lorsque l'âme de ma chère petite aurait acquis assez de consistance pour l'exposer sans danger au tumulte et à la séduction. De nouveaux événements dérangèrent mes projets, je touche au moment où toutes mes plaies se rouvrirent, au moment où je vis disparaître la douce tranquillité dont je jouissais depuis dix ans, au moment enfin qui devait décider du reste de ma vie si Dieu n'eût fait un miracle en ma faveur, en m'accordant de si grandes grâces, qu'elles me rendirent victorieuse dans les combats les plus dangereux et les plus pénibles.

Le Baron avait pris goût à la petite société que je rassemblais chez lui, et passait avec nous une partie du jour. Dans les moments qui étaient employés aux affaires domestiques, dont il m'avait absolument abandonné le soin, il allait jouer une partie de piquet[56] dans un café[57] où se rassemblaient tous les honnêtes gens de la ville. Il y vit un étranger dont la figure était si intéressante, qu'il chercha l'occasion de l'entretenir. Il nous en fit l'éloge en rentrant au logis, et chaque jour il revenait plus charmé de la solidité de son esprit et de la bonté de son caractère. L'intérêt qu'il prenait à cet étranger, qui se faisait nommer le Chevalier d'Aumont, augmenta la reconnaissance que cet inconnu marqua des attentions de mon époux. Cet aimable jeune homme paraissait plongé dans une mélancolie dont rien ne pouvait le distraire, il se tenait dans un endroit écarté de la salle, le coude appuyé sur une table, et cachant son visage dans sa main. Au moment que mon époux entrait, il quittait cette posture, son visage s'animait, il paraissait faire trêve avec son chagrin, et recherchait la conversation avec autant de soin qu'il fuyait celle des autres. À peine mon époux était-il sorti, que le Chevalier s'éloignait, et ne paraissait plus jusqu'à l'heure où il pouvait espérer de retrouver le Baron. La conduite de cet homme intriguait tout le monde. On s'informait, on questionnait en vain, et il mit en défaut la curiosité des plus clairvoyants. On ne put même parvenir à découvrir de quel pays il était, car il parlait également bien toutes les langues de l'Europe, à ce qu'assuraient des Anglais et des Allemands, auxquels par politesse il avait bien voulu servir d'interprète. On faisait mille raisonnements, tous plus ridicules les uns que les autres, par rapport à cet homme. Les uns disaient que c'était un espion, d'autres soupçonnaient d'être un adepte[58],

56 Le piquet est un jeu de carte ancien, dont il est déjà fait mention en 1532 par Rabelais, dans *Gargantua*, sous son ancienne appellation de « Cent ». Ce jeu est resté assez populaire jusqu'au début du XXe siècle.

57 Les cafés sont apparus dans la seconde moitié du XVIIe siècle, l'un des premiers étant le *Procope*, ouvert en 1686 à Paris, toujours en activité par ailleurs. Bien souvent parisiens, fréquentés par Diderot ou encore Voltaire, ces lieux moins mondains que les salons deviennent l'endroit où échanger des idées tout en se divertissant : on y joue à des jeux, on y lit la presse, tout en buvant un café, boisson en vogue depuis son arrivée en France au XVIIe siècle.

58 Adepte : « Celui qui est initié dans les mystères d'une secte ou dans les secrets d'une science. » (*Dictionnaire de l'Académie française* (1878), *op. cit.*, p. 25). Ici il s'agit probabalement

il y en eut qui pensèrent que quelques mauvaises affaires l'avaient obligé de fuir de son pays, et que la crainte d'être reconnu l'obligeait à vivre retiré. Enfin, on fut jusqu'à penser que c'était une fille qui déguisait son sexe[59], et malgré les soixante ans du Baron, on lui attribua cette amoureuse métamorphose. Mon époux entraîné par une douce sympathie, attendait avec impatience le moment où il pouvait rejoindre cet inconnu. Il partageait sa tristesse, et la simplicité de ses habits n'indiquant pas l'opulence, il pensa que sa tristesse pouvait être occasionnée par sa mauvaise fortune. Comme il me faisait part de son goût pour le Chevalier et de ses soupçons, je l'encourageai à tâcher de s'attirer sa confiance pour mettre fin à ses malheurs, supposé qu'ils n'eussent d'autre cause que l'indigence. Ce dessein s'accordait parfaitement avec la générosité du Baron, et il se reprocha de n'avoir pas cherché plutôt à devenir utile à ce galant homme. Il lui proposa donc une promenade, et avec tous les ménagements dont une âme délicate peut être capable en pareil cas, il lui laissa entrevoir ses soupçons, et lui offrit son crédit, sa bourse et sa maison. Enfin, il lui dit que de quelque nature que fussent ses chagrins, il pouvait compter sur un ami réel qui n'aurait point de plus grande satisfaction que de pouvoir lui être utile. L'étranger le remercia avec l'expression de la plus vive reconnaissance, mais il ajouta en soupirant, que ses malheurs étaient de nature à n'attendre de remède que la mort. « Il faut avouer pourtant, ajouta-t-il, que mes infortunes ont trouvé quelque adoucissement en cette ville, l'honneur de votre amitié, le plaisir de vous voir quelquefois, font diversion aux cruels tourments auxquels je suis condamné. Conservez-moi vos bontés, Monsieur, c'est le seul bien qui puisse m'être sensible, et qui suspende mes maux. Ils sont d'une nature bien étrange, puisqu'il ne m'est pas permis de les répandre dans votre sein ». Mon époux attendri des larmes que l'étranger ne pouvait retenir, l'embrassa sans avoir la force de parler, et mêla ses larmes avec les siennes. Il n'osa insister sur une confidence qu'on lui refusait, mais il pressa l'étranger de ne point regarder ses maux, de quelque nature

de l'appartenance à une loge maçonnique.

59 Le travestissement de jeune femme en homme est un thème que l'on retrouve souvent au théâtre, mais aussi dans les contes de fées à la fin du XVIIe siècle et au XVIIIe siècle. C'est le cas par exemple dans *Marmoisan ou l'Innocente tromperie*, publié en 1695 par Marie-Jeanne L'Héritier de Villandon, ou bien dans *La Princesse Couleur de rose, et le prince Céladon*, publié en 1743 par Marguerite de Lubert.

qu'ils fussent, comme sans remède. « C'est la solitude dans laquelle vous vivez, qui entretient votre mélancolie, lui dit-il, prêtez-vous à la société, je puis vous en procurer une dont j'ose espérer que vous serez content, c'est celle de mon épouse, son esprit et son caractère ont tant de rapport avec le vôtre, que l'amitié la plus solide vous unira bientôt, et ce sentiment est bien capable de suspendre les noirs chagrins dont vous me paraissez dévoré ». « C'est encore un effet de mon malheur, lui répondit l'étranger, de ne pouvoir accepter l'avantage que vous m'offrez. La justice que le public rend à votre épouse, m'a fait connaître son mérite, mais j'ai renoncé pour jamais à la société des personnes du sexe. Soyez persuadé, Monsieur, que des raisons que vous approuveriez, si je pouvais vous les communiquer, m'engagent à ne point m'écarter des résolutions que j'ai prises à cet égard. Conservez-moi votre amitié, je vous le répète, elle me tient lieu de tout ».

Le Baron me rapporta le soir la conversation qu'il avait eue avec cet aimable infortuné, et je vous avoue que je commençai à trouver de la vraisemblance dans les discours de ceux qui croyaient que le prétendu Chevalier était une fille amoureuse du Baron, d'autant plus qu'on m'avait parlé avec admiration de la beauté de cet inconnu, qui l'emportait, disait-on, sur les plus aimables femmes de la ville. Le Baron convint de la perfection de ses traits, mais il se moqua de l'idée qu'on avait sur ce déguisement, et encore plus des motifs auxquels on l'attribuait. Un homme de mon âge, disait-il, ne pourrait avoir excité une passion si extraordinaire, et puis, quel eût été le but d'une telle conduite ? N'avait-il pas donné occasion à cet inconnu de lui ouvrir son cœur ? Si c'eût été ce que l'on supposait, elle eût rompu un silence qui ne pouvait la conduire à rien. Quoique le Baron n'ajoutât aucune foi aux discours qui se tenaient, il eut cependant la délicatesse de m'offrir le sacrifice du plaisir qu'il goûtait dans la conversation de l'inconnu. Je n'eus garde d'y consentir, quoique je fusse moins incrédule que lui. Mais mes soupçons se changèrent bientôt en certitude, quand j'appris que le prétendu Chevalier avait loué un appartement qui avait une vue sur notre jardin. Il y avait fait mettre une jalousie qui lui permettait de nous voir sans être vu, et un garçon qui le servait nous assura qu'il passait ses jours à cette fenêtre. Le Baron instruit de cette circonstance, me dit en riant : « Ne cherchons plus la cause d'une si étrange conduite, elle se dévoile d'elle-même, c'est de vous sans doute, ma chère, que cet homme est amoureux, sa vertu lui fait craindre les charmes de votre conversation. Je lui sais bon gré de sa prudence, elle était nécessaire à mon repos ». « Quoi ?, dis-je en riant à mon époux, prétendez-vous de me donner le change, et jouer la jalousie pour m'empêcher de me livrer aux fureurs qu'elle inspire ? Je ne connais point votre Chevalier, qui, selon toutes les apparences, ne m'a jamais vue, et ne me verra jamais, du moins si cela dépend de moi. Après l'idée que vous venez de me faire apercevoir, je serais bien fâchée qu'il eût accepté vos offres ». Quoique j'eusse affecté ce petit mouvement de dépit par un pur badinage, le Baron en parut embarrassé. Mais voyant que je ne pouvais m'empêcher de rire de tout mon cœur du sérieux dont il avait pris mon badinage, il continua sur le même ton, et me dit : « Je ne saurai jamais m'offenser de vous voir aimée, ma chère, c'est un sentiment si naturel lorsqu'on vous a vue, qu'il y aurait de l'injustice à en faire un crime. Je le pardonnerais au Chevalier plus qu'à tout autre, ayant un discernement exquis, la tentation serait trop vive pour espérer qu'il y résistât. Tout ce que je pourrais exiger de l'amitié que nous nous sommes jurée, c'est qu'il ne cherchât point à vous inspirer une reconnaissance trop vive, il est fait de manière à fléchir les plus cruelles, et quelque grande que soit votre vertu, ce serait l'exposer du moins à une rude fatigue, que de lui mettre en tête un ennemi si redoutable ». Nous passâmes le reste du jour à nous entretenir de l'inconnu, et mon époux en était tellement occupé, que cette conversation revenait à tous les moments du jour. Ma fille ne se contentait pas de l'écouter, elle souhaitait beaucoup voir cet homme que son père aimait tant, et ses questions sur son air, ses traits et ses actions ne tarissaient point. Le hasard lui procura ce qu'elle désirait avec tant d'ardeur. Un jour de fête qu'un accès de fièvre me retenait au lit, ma fille suivit son père à l'église. Mon époux ayant aperçu le Chevalier, il l'appela en sortant, et lui dit que ce serait pousser l'éloignement du sexe trop loin, que de refuser de saluer sa fille. Je lui souhaiterais quelques années de plus, ajouta-t-il, sa vue nous vengerait peut-être du refus que vous avez fait de connaître sa mère. Le Chevalier parut interdit de ce reproche, il regarda tristement ma fille, ses yeux se remplirent de larmes, et ayant pris sa main, qu'il baisa respectueusement, il jeta un profond soupir. Ma petite sentant que cet homme lui avait mouillé la main, le regarda fixement à son tour, et l'impression de la tristesse qui était peinte sur son visage, passant dans le cœur de cet enfant, elle se mit à pleurer amèrement, et lui demanda en sanglotant, pourquoi il s'affligeait de la voir. Le Chevalier avait le cœur si serré, qu'il ne lui fut pas possible de prononcer un seul mot, et faisant une profonde révérence, il se retira, laissant mon époux et ma fille dans un étonnement facile à comprendre. Ma fille continua de pleurer de bon cœur, et en rentrant dans ma chambre elle se jeta dans mes bras en me disant : « Ah ! Ma chère mère, j'ai vu le Chevalier, qu'il est aimable ! Quel dommage qu'il soit si triste ! Voyez ma main, me dit-elle, elle est encore mouillée de ses larmes, je n'ai pas voulu l'essuyer pour vous la montrer ». En même temps elle la frotta de son mouchoir, et me dit : « Je veux garder ce mouchoir, mon papa dit que ce Chevalier est le plus honnête homme du monde, ses larmes sont précieuses, mais pourquoi les ai-je fait couler ? » En même temps elle porta ce mouchoir à la bouche, et baisant l'endroit qui était mouillé, elle me pénétra de frayeur. Elle n'avait pas douze ans, mais elle ne ressemblait que trop à sa mère du côté du cœur, et je vis d'un coup d'œil tout ce que j'aurais à craindre du Chevalier si ma fille pouvait le revoir. Son père qui n'avait garde de penser qu'à son âge on pût prendre une passion sérieuse, n'attribua cette action qu'à son bon cœur, et se faisant un plaisir de l'embarras qu'il allait lui causer, il lui dit : « Ne soyez pas surprise, ma chère Julie, des larmes que le Chevalier a répandues en vous voyant, j'en connais le motif, il vous aime, et comme il craint que je ne veuille pas lui donner la permission de vous épouser, cela cause sa tristesse. Effectivement, je serais fâché qu'il devînt votre mari. Cependant si véritablement vous aviez de l'amitié pour lui, cela pourrait m'engager à surmonter ma répugnance. Parlez-moi avec sincérité, seriez-vous bien aise d'avoir un tel mari ? » La petite personne, quoiqu'elle ignorât l'art de feindre, esquiva fort adroitement une réponse positive, et dit à son père : « Mon papa, pourquoi auriez-vous de la répugnance à me laisser épouser cet homme que vous aimez tant ? » « C'est qu'il n'est pas riche ». « Bon, répondit Julie avec vivacité, il est bien nécessaire d'être riche, ne m'avez-vous pas dit mille fois, que ce n'était pas l'argent qui rendait heureux, et qu'il n'y avait que la vertu ? Ainsi, si le Chevalier m'aimait, et que je fusse une grande fille, vous ne le laisseriez pas mourir de chagrin faute de m'épouser, puisque vous assurez qu'il est le plus honnête homme du monde, et vous aimeriez mieux cela que de grands biens ». « Je conviens que le Chevalier a beaucoup de vertus, lui dit le Baron, que je l'aime comme mon fils, et cependant j'aurais une bonne raison pour lui refuser mon consentement, dans la crainte que vous ne fussiez fâchée de ne pas devenir la femme d'un grand Seigneur». «Il faudrait que je fusse bien sotte, répondit Julie, Dieu merci je ne suis ni ambitieuse ni intéressée, et si vous me donnez jamais la permission de choisir un mari, j'en prendrai un qui soit doux, complaisant, aimable, en un mot, qui ressemble au Chevalier, car je suis sûre qu'il est tout cela, il y a longtemps que le croyais, parce que vous me l'aviez dit, et à présent je le crois, parce que j'ai connu tout cela sur son visage. Mais je pense que je suis un enfant dont vous vous moquez, votre Chevalier ne m'aime point, il était triste avant de m'avoir vue, et je suis une sotte de vous parler sérieusement sur une pareille matière». Cette tirade, qui divertit mon époux, me fit faire de sérieuses réflexions sur le caractère de ma fille. Je fis comprendre à son père que de tels badinages n'étaient plus de saison, et comme il insistait sur son âge, je le priai de remarquer qu'elle était fille d'une mère dont le cœur avait été précoce. Les jours suivants, le Baron, contre son ordinaire, ne dit pas un mot du Chevalier. La petite, qui accourait ordinairement à lui lorsqu'il parlait, et qui avait coutume de lui en demander des nouvelles, se tint à l'écart d'un air rêveur, et ne pouvait s'empêcher de laisser échapper des soupirs qui m'intriguaient beaucoup. J'étais résolue de l'obliger par mes caresses à m'ouvrir son cœur. De nouveaux incidents l'autorisèrent à en manifester le penchant, et en lui rendant sa tranquillité et sa joie, vinrent troubler bien cruellement la mienne, comme je vous l'ai déjà annoncé.

Un dérangement occasionné par la mort d'un fermier, obligea mon époux d'aller pour quelque temps dans une de nos terres, qui n'était qu'à trois lieues de Reims[60]. Je passai tout le jour de son départ dans une agitation bien extraordinaire. La conduite que je devais garder avec ma fille en était le prétexte, et la conduite du Chevalier un motif réel. J'avais sur son sujet une inquiétude ridicule, puisqu'elle avait pour objet un homme que je ne connaissais pas. Je fus longtemps couchée sans pouvoir me débarrasser de ces idées confuses, et je ne pus parvenir à fermer l'œil qu'à minuit sonné. J'étais dans mon premier sommeil lorsque j'entendis frapper à ma porte à grands coups redoublés, ou plutôt je m'aperçus qu'on l'enfonçait. Des voix confuses criaient au feu de tous les côtés, et

60 Environ 14,5 kilomètres. La lieue terrestre représente la distance qu'un homme peut parcourir à pied en une heure, et constituait l'une des unités de mesure utilisées sous l'Ancien Régime.

je ne doutais point qu'il ne fût dans ma maison. L'épaisse fumée dont j'étais presque suffoquée, me donna une entière certitude de ce malheur. Plus occupée du sort de ma pauvre fille que de mon propre danger, je me jetai toute nue sur le plancher pour voler à son secours. La frayeur apparemment avait troublé mes sens, puisqu'il me fut impossible de trouver ma porte. J'entendais plusieurs personnes dans l'escalier, je leur criai de toutes mes forces de ne point penser à moi, et de ne songer qu'à sauver ma fille. Au moment la porte de ma chambre fut enfoncée, et l'horreur du spectacle qui s'offrit à mes yeux ne s'effacera jamais de ma mémoire. Une antichambre qui était commune à mon appartement et à celui de ma fille, était embrasée. Je vis la femme de chambre de ma chère Julie s'élancer au travers des flammes, et comme elle passa sur un endroit du parquet qui était déjà brûlé, elle tomba et disparut à mes yeux. Cet exemple ne put m'arrêter. Déterminée à la sauver, ou du moins à périr avec elle, je m'efforçais d'échapper à deux hommes qui me retenaient lorsque l'ombre de Des Essarts, à ce que je croyais, se présenta à ma vue. Il me saisit d'une main puissante, me remet entre les mains de quelques inconnus, en leur ordonnant d'un ton qui me parut plus qu'humain de veiller à ma sûreté, et à mes yeux se jette au milieu de l'embrasement pour pénétrer dans la chambre de Julie. Je ne vis plus rien alors, je perdis connaissance, et quand je repris mes sens, après avoir été cinq heures dans cet état, les premiers objets qui frappèrent ma vue furent ma fille et mon époux qui se désespéraient de ma situation. Je les regardai d'un œil stupide et égaré, j'avais peine à me persuader que tout ce qui s'était passé cette nuit ne fut pas un songe, et j'étais occupée à en constater la réalité plus que de ce qui était présent devant mes yeux. Cependant par un mouvement machinal, je serrai ma fille dans mes bras, je la touchai comme pour m'assurer de son existence. Après quelques moments, je voulus parler, ma langue se refusa à mes désirs, et il me fut impossible d'articuler un seul mot. Tout d'un coup je me sentis suffoquer, et je crus n'avoir plus que quelques instants à vivre. Un chirurgien qui ne m'avait point abandonnée depuis le moment où l'on m'avait portée dans cette maison, se hâta de me donner un coup de lancette au pied, sans même attendre l'eau chaude qu'il avait commandée[61]. Le sang ne

61 La saignée, ou phlébotomie, était un remède prépondérant au XVIIIe dans le cadre de la théorie humorale de la médecine. On plaçait des coupelles chauffées sur le malade afin d'en recueillir le sang, ce qui devait permettre de laisser s'écouler les humeurs négatives

sortit d'abord que goutte à goutte, mais à peine mon pied fut-il dans l'eau qu'il sortit à grands flots. Je suis persuadée que je dois la vie à ce prompt secours. Mon oppression diminua, et au bout d'une demi-heure je fus hors de danger. Mon époux transporté de joie de l'assurance que lui donnait mon esculape[62] qu'il n'y avait plus rien à craindre pour ma vie, le Baron, dis-je, me demanda permission de sortir un moment pour me présenter le Chevalier mon libérateur : « Le Chevalier », lui dis-je avec surprise en me levant sur mon séant avec une vivacité qu'on n'attendait pas d'une personne épuisée par la frayeur et l'abondance du sang qu'elle avait perdu. « Non, ce n'est point au Chevalier que je dois mon salut et celui de ma fille, le Ciel a fait un miracle pour notre conservation, un de ses habitants nous a sauvées, j'ai reconnu sa voix, ses traits, quel autre aurait pu réussir à tirer ma chère Julie du milieu des flammes ? » Mon époux en m'entendant parler ainsi crut fermement que la frayeur avait dérangé mon cerveau, et le médecin qui le crut aussi, lui jeta un coup d'œil et me dit : « Nous le croyons comme vous, Madame, mais il n'est pas temps d'admirer ce prodige, vous avez besoin de repos, et j'espère que vous voudrez bien remettre les éclaircissements sur ce sujet à un temps où nous serons tous plus tranquilles ». Ce soin du médecin fut un coup de providence pour moi, puisqu'il me laissa le temps de réfléchir, sans quoi j'aurais découvert au Baron un mystère qu'il devait ignorer éternellement pour son repos. Je restai donc tranquille en apparence, et je prêtais une oreille attentive à tout ce que l'on disait autour de moi. J'entendais ma fille qui disait à plusieurs personnes qui entraient dans la chambre, que les cheveux et les habits de ce pauvre Chevalier étaient brûlés, aussi bien que ses sourcils. Il l'avait trouvée occupée à faire de vains efforts pour enfoncer une porte qui donnait sur un escalier dérobé, et qui avait été condamnée. Selon toutes apparences elle eût échoué dans un projet au-dessus de ses forces, si le Ciel n'eût veillé à sa sûreté. Le Chevalier eut bientôt arraché les clous qui la fermaient, et porta cette pauvre enfant jusque dans la maison où l'on m'avait mise par son ordre, et ayant appris que j'étais secourue par des amis, et par un chirurgien

---

tout en désemplissant les vaisseaux et en fluidifiant la circulation sanguine. La Baronne se fait ici l'écho de la profonde croyance du corps médical envers cette méthode, et ce malgré les critiques très vives dont elles pouvaient faire l'objet – pensons au célèbre *Malade imaginaire* de Molière (1673).

62 Il s'agit d'un médecin.

et un médecin qu'on avait appelés, il fit prendre un cheval à son valet, et le chargea de partir sur-le-champ pour faire venir mon époux. Il avait ordonné qu'on l'avertît à tous les quarts d'heure de ma situation, et après avoir pris toutes ces mesures, il était retourné chez moi pour veiller sur les travaux de ceux qui étaient occupés à éteindre l'incendie, et empêcher la distraction de nos effets. Ses soins et les promesses qu'il fit au nom du Baron, inspirèrent tant d'ardeur à ceux qui étaient accourus à notre secours, que mon époux trouva le feu éteint en arrivant, et n'eut plus d'autre inquiétude que celle que lui donnait mon évanouissement. Julie avait fait ce récit pendant le temps où son père s'était absenté pour forcer le Chevalier à venir recevoir mes actions de grâces. Je le vis bientôt rentrer fort triste, et sans m'adresser la parole, parce que je feignais d'être assoupie pour ne rien perdre de ce qui se disait, il dit à quelques amis : vous me voyez au désespoir, le Chevalier notre libérateur se dérobe à ma reconnaissance, il avait chargé un domestique de l'avertir lorsqu'on croirait mon épouse hors de danger, et l'ayant appris, il s'est fait amener un cheval qui était tout prêt, et a disparu sans qu'on puisse soupçonner de quel côté il a porté ses pas. Il est aisé de comprendre dans quel embarras me jetaient ces discours, qui loin d'éclaircir mes idées, ne servaient qu'à les embrouiller davantage. Je ne pouvais me dissuader de la pensée que c'était à Des Essarts que nous devions notre salut. Il me semblait le voir encore, le son de sa voix était encore présent à mes oreilles, et je penchais toujours à croire que c'était son âme bienheureuse à laquelle Dieu avait permis de reprendre l'apparence d'un corps pour notre salut. Cependant mon époux et ma fille s'obstinaient à dire que c'était le Chevalier qui l'avait tirée du milieu des flammes. Comment accorder ces idées avec celles que j'avais de la mort de mon amant ? La conduite du Chevalier depuis le temps qu'il était à Reims, le portrait que m'en avait fait mon époux, mais plus que tout cela, sa fuite et son obstination à ne point paraître à mes yeux semblaient ne pouvoir convenir qu'à Des Essarts, tout m'annonçait que le Chevalier et lui n'étaient qu'une même personne. Je me rappelai en ce moment les circonstances de sa perte. Ma mère ne l'avait pas vu expirer, elle n'avait point trouvé son corps, rien n'empêchait de penser qu'il avait pu être sauvé par un heureux hasard. J'eusse adopté cette idée, si le silence qu'il avait gardé depuis ce moment n'eût balancé dans mon esprit l'espoir flatteur de son existence. Comment se persuader qu'il eût pu nous la laisser ignorer ? Deux ans s'étaient écoulés avant mon engagement avec le Baron. Avait-il pu passer un temps si considérable sans s'offrir à mes yeux, sans écrire à sa mère ou à la mienne ? Supposé que ce fût lui qui vivait dans la même ville que moi, s'il m'aimait encore, sa tristesse, son attachement pour mon époux, les larmes qu'il avait répandues en voyant ma fille, tout m'annonçait la continuation d'une passion sans espoir. Comment avait-il pu la contraindre dans le temps où elle n'était point criminelle ? Au milieu de ces différentes pensées, je sentais qu'il s'opérait en moi un changement qui me faisait frémir d'horreur. Tout l'amour que je lui avais porté autrefois venait de renaître de sa cendre, ou plutôt je sentais qu'il n'avait jamais cessé de remplir mon cœur, qu'il s'y était nourri, conservé sous le nom de vénération et d'amitié ; si tant est qu'on en puisse ressentir pour ceux qui n'existent plus. Dans le même temps où la délicatesse de sa conduite arrachait mon admiration, mon lâche cœur ne pouvait approuver ses ménagements, je le trouvais cruel d'avoir vécu si longtemps proche de moi sans me laisser savoir au moins qu'il vivait encore. Je traitais de barbarie la force qu'il avait eu de s'éloigner de moi dans un temps où il m'avait donné de si fortes preuves de son respect et de sa tendresse. Ces injustes pensées ne subsistèrent pas longtemps. Je rougis d'avoir pu les écouter un moment, je me trouvais indigne des sentiments que le plus vertueux des hommes avait conservés pour moi, je rougis de répondre si mal à l'attachement d'un époux que j'outrageais, et je vous assure que je fus longtemps sans oser le regarder en face, tant j'avais honte de mon infidélité, quoiqu'elle fût absolument involontaire. Je détestais mon propre cœur, je remerciais le Ciel de lui avoir inspiré un courage supérieur au mien, et à force d'efforts je parvins à former un désir sincère de l'oublier absolument. En vérité ma faible vertu ne put aller plus loin, et je demeurai la proie des sentiments les plus cruels et les plus opposés. Malgré le pénible d'une telle situation, je craignais de m'en distraire, et c'était, ce me semble, une consolation pour moi de ne perdre aucun des déchirements que j'éprouvais. À la fin pourtant j'ouvris les yeux, et je m'efforçais de prendre une contenance. J'y réussis mal, et si l'on n'eût attribué mon état à la crainte que j'avais éprouvée, il eût été aisé de s'apercevoir qu'il y avait quelque chose d'extraordinaire dans mon âme. Je passai plusieurs jours dans cette situation, insensible pour tout ce qui m'environnait, je ne m'apercevais pas des inquiétudes que je causais à mon époux et à ma fille. L'un et l'autre ne quittaient point le chevet de mon lit, et mon époux avait déjà passé deux nuits dans ma chambre, lorsque les pleurs de ma fille, qui le pressait en vain de prendre quelque repos, me tirèrent de cette espèce de léthargie. J'invitai mon époux à s'aller coucher, l'assurant que j'étais beaucoup mieux, et que ma tête commençait à se remettre. Ces paroles, les premières qui lui parurent raisonnables depuis mon accident, lui causèrent une joie si vive, que je fus tentée de me lever pour me jeter à ses pieds, et lui avouer que je ne méritais pas le tendre intérêt qu'il prenait à ma vie. Si je surmontai ce mouvement, ce ne fut point la crainte de me dégrader dans son esprit qui m'y engagea, mais la considération de son repos, qu'un tel aveu aurait absolument ruiné. L'assiduité du Baron auprès de moi n'avait point empêché les recherches qu'il faisait faire de mon libérateur. Il avait envoyé sur toutes les routes pour tâcher de retrouver ses traces, et n'avait rien appris qui pût lui donner aucune lumière sur le lieu de sa retraite. Le matin du troisième jour il reçut une lettre d'un caractère inconnu pour lui, mais dont l'auteur était trop présent à mon cœur pour que je pusse méconnaître son écriture, et elle me causa une si grande émotion, qu'il fallut me la relire une seconde fois, tant je fus hors de moi à la première lecture. Elle était conçue en ces termes :

Lettre du Chevalier d'Aumont
au Baron de Batteville

Je ne me plains plus de mon mauvais sort, Monsieur, puisqu'il m'a procuré l'inestimable bien de sauver Madame votre épouse et Mademoiselle votre fille, et m'a donné en cela l'occasion de vous prouver combien mon attachement pour vous était sincère. C'est la première faveur que j'aie reçue de la fortune. Des malheurs sans exemples m'ont forcé à m'expatrier dans ma jeunesse et me poursuivent avec une opiniâtreté que rien n'égale. J'ai perdu tout ce qui pouvait m'attacher à la vie, et je suis encore forcé de m'arracher aux douceurs que je goûtais dans votre commerce. Rien n'existe plus pour moi dans le monde, et je n'existe plus pour personne. Ceux qui pourraient prendre quelque intérêt dans ma fortune, me croient au nombre des morts. Adieu, Monsieur, adieu pour jamais. Que je vive au moins dans votre souvenir. Si le ciel terminait mes peines en finissant ma vie, vous seriez informé de mon nom et de mes infortunes. Je suis sûr qu'alors vous approuveriez les raisons d'une conduite qui a dû vous paraître bien extraordinaire. Mon attachement pour vous a son principe dans la reconnaissance. Des personnes qui me sont extrêmement chères, vous ont dû leur bonheur, et je ne saurais payer avec tout mon sang les obligations que je vous ai.

Le Chevalier d'Aumont.

Cette lettre fut une nouvelle énigme pour le Baron. Si le commencement était capable de lui donner quelques soupçons de vérité, la fin dérangea toutes ses idées. Il ne pouvait comprendre sur quels bienfaits le Chevalier fondait la reconnaissance dont il lui parlait, ayant entièrement perdu l'idée de la pension qu'il avait faite à Madame des Essarts tant qu'elle avait vécu. Mais sa gratitude pour cet inconnu était bien vive. Il en parlait sans cesse, il faisait répéter à Julie l'état terrible où était le Chevalier lorsqu'il était entré dans sa chambre, et à chaque fois il regrettait de ne pouvoir être en état de reconnaître une amitié si rare. Ma fille lui disait quelquefois avec ingénuité : Si ce pauvre Chevalier n'eût pas été tout brûlé, j'aurais cru comme ma chère mère, que c'était un ange, car il n'y a pas deux hommes dans le monde qui eussent voulu s'exposer ainsi pour sauver une personne qu'ils n'auraient vue qu'une fois. J'écoutais avec ravissement ces conversations sans être en état d'y prendre part, je craignais de trahir un secret si important pour notre repos commun, et je bénissais le ciel qui fermait les yeux au Baron sur une aventure qui me paraissait si claire. Je vous ai dit qu'il faisait faire d'exactes perquisitions du Chevalier, et qu'elles avaient été inutiles. C'était encore un effet de la protection du ciel. Dans les transports de reconnaissance qui agitaient le Baron, il eût peut-être forcé ce fidèle amant de se démasquer pour se soustraire à ses instances. La main de ma fille était le prix qu'il lui destinait, elle appartenait de droit, disait-il, à celui qui avait exposé sa vie pour conserver la sienne. Il s'expliquait hautement de ce dessein, et en avait prévenu sa famille qui, pour le coup, ne pouvait m'accuser de le lui avoir inspiré, car tout le monde savait que je ne connaissais point le Chevalier. Les parents qui avaient compté sur une alliance illustre, furent alarmés de ce projet, et croyant qu'il serait facile de me faire entrer dans leurs vues, parce qu'il paraissait que je n'avais pas été consultée, deux des premiers parents me vinrent faire des représentations à ce sujet, et tâchèrent de piquer ma vanité, car je passais toujours pour gouverner mon époux, et c'était, disait-on, la première fois qu'il avait osé décider par lui-même. On m'insinua donc qu'il était inouï que le Baron voulût marier sa fille sans mon aveu, qu'on avait trop bonne opinion de ma sagesse, pour croire qu'on eût osé me parler d'un tel mariage, par rapport à un inconnu, un homme sans doute sans naissance, puisqu'il prenait tant de soin de la cacher, enfin à un misanthrope, pour ne rien dire de plus, car on supposait qu'il n'avait cherché à s'insinuer dans l'esprit du Baron, que pour l'amener à ce mariage. On en vint même à dire que le feu avait été mis dans la maison par ordre de cet aventurier, qui sans doute avait suborné quelques domestiques pour cela, afin de se rendre nécessaire. Toute ma patience ne put suffire en écoutant une si horrible calomnie. « Le Chevalier capable d'une telle noirceur, m'écriais-je ! Quoi ! La vertu la plus pure n'aura pu le mettre à l'abri d'une si horrible calomnie ! Quoi ! Ce martyr de la charité, de la constance ! » Je m'arrêtais et rougis d'en avoir trop dit. « Messieurs, ajoutais-je, je ne connais le Chevalier que sur le témoignage que mon époux m'a rendu de lui. Il ne m'a point consultée sur le dessein dans lequel il paraît de lui donner sa fille. Cependant l'estime que j'ai pour Monsieur de Batteville, ne me permettra jamais de penser qu'un homme qu'il honore de son amitié, puisse être coupable des forfaits que vous lui attribuez. Il est inconnu pour nous, peut-être ne l'est-il pas au Baron. Quoi qu'il en soit, on ne me trouvera jamais, je ne dis pas rebelle à ses volontés, mais même mécontente de tout ce qui lui plaira d'ordonner du sort de sa fille. S'il juge à propos d'en disposer en faveur de son libérateur, j'applaudirai à ses motifs, sans même souhaiter d'en être instruite, et je ne m'écarterai jamais de l'obéissance respectueuse que je lui dois. Au reste, il me semble que vous vous alarmez trop légèrement. La fuite du Chevalier n'annonce point le désir de profiter de la bonne volonté de mon époux, et la seule reconnaissance qu'il exige pour le service qu'il nous a rendu, est de mettre fin aux recherches qu'on a faites pour découvrir le lieu de sa retraite. Je ne vous cacherai point le dessein où je suis, d'engager Monsieur le Baron à respecter ses volontés à cet égard. C'est, ce me semble, une sorte de témérité que de vouloir forcer cet honnête homme à recevoir nos bienfaits, après la manière dont il s'est exprimé dans une lettre qu'il écrivit à mon époux trois jours après son départ. C'est sur cette lettre que je vous prie de juger du caractère de cet homme généreux, et non sur des bruits que la malignité la plus noire a pu inventer ».

En finissant ces mots, je leur remis la lettre de Des Essarts, et j'eus la douce satisfaction de les voir s'attendrir sur le sort d'un homme qui exprimait ses malheurs d'une manière si noble et si forte. Je leur appris aussi que le Baron avait offert plusieurs fois à ce généreux inconnu, sa maison, sa bourse, son crédit, et qu'il avait été inébranlable dans ses refus. J'ajoutai (ce qui était vrai) que longtemps avant l'incident du feu, mon époux avait conçu une si haute idée du Chevalier, qu'il m'avait dit plusieurs fois, qu'il croirait avoir fixé le bonheur de sa fille, s'il pouvait la voir unie à un homme si estimable, et qu'il n'était point étonnant qu'après lui être redevable de la conservation de ce qu'il avait de plus cher, ce qui n'était en lui qu'une velléité, ou plutôt un souhait, se fût changé en une ferme résolution.

Lorsque ces deux hommes m'eurent quittée, je réfléchis sur l'espèce d'approbation que je venais de donner au dessein du Baron. Mon amour pour ma fille était tel, que je ne sentais nulle répugnance pour un mariage qui aurait assuré son bonheur. Elle aimait Des Essarts, je n'en pouvais douter, et je n'en étais point surprise. Il était décidé que tout ce qui m'appartenait devait partager mes sentiments pour lui. Je craignais avec raison que trop semblable à sa malheureuse mère, la constance de cette chère enfant ne fût pour elle une source féconde de tous les maux que j'avais éprouvés. J'eusse donc consenti avec joie à ce qu'elle devînt l'épouse de Des Essarts, et, pourtant je ne pouvais me promettre de voir une telle union sans mourir. Les combats journaliers que j'avais à soutenir par la contrariété de ces sentiments, me jetèrent dans une langueur qui me fit espérer que la fin de ma vie s'approchait, et les pressentiments que j'avais à cet égard, eussent peut-être été vérifiés, si l'auteur de ma situation ne m'en eût fourni le remède.

Il y avait six mois que je menais cette vie languissante, lorsque le valet de chambre du Baron, dont je vous ai déjà parlé, fut obligé de faire un voyage à Paris. Il rencontra Des Essarts au Luxembourg[63], et fit un cri de joie en le voyant. « Ah ! Monsieur le Chevalier, lui dit-il,

63 Le jardin du Luxembourg est un jardin public, situé dans le 6e arrondissement de Paris. Il a été créé en 1621 à la demande de Marie de Médicis. Au XVIIIe siècle, on y pratique la promenade de sociabilité, voir Montandon, Alain, *Sociopoétique de la promenade*, Clermont-Ferrand, Presses de l'Université Blaise Pascal, 2000.

que mon maître aurait de joie s'il avait le plaisir de vous revoir. Si vous saviez combien il s'est donné de mouvement pour découvrir votre retraite, combien il a été mortifié de ne pouvoir vous retrouver, vous n'auriez pas le courage de lui laisser ignorer plus longtemps le lieu où vous êtes. Il vous destine Mademoiselle sa fille que vous avez sauvée, et c'est un bruit public qu'elle restera fille, si on ne peut réussir à vous la faire accepter ». « Mon ami, lui dit le Chevalier, je suis parfaitement reconnaissant des bontés de Monsieur le Baron, mais il ne m'est pas possible d'en profiter, pour des raisons qu'il approuverait s'il pouvait les connaître ». Il s'informa ensuite de la santé de toute la famille, n'osant lui demander de mes nouvelles en particulier. Ce garçon lui apprit que je n'étais pas encore bien remise de l'accident dont il avait été le témoin, que j'avais conservé une mélancolie dont rien ne pouvait me distraire, ce qui chagrine extrêmement mon maître et la jeune Demoiselle. « Je suis persuadé, ajouta-t-il, que vous ramèneriez la joie dans la maison, et vous devriez bien me donner permission d'avertir Monsieur le Baron que vous êtes à Paris ». « Vous le pouvez, lui répondit Des Essarts, mais si vous ne me donnez pas votre parole d'honneur de ne lui point parler de ma rencontre, je ne resterai pas vingt-quatre heures dans cette ville ». Lainé comprit au ton ferme dont ces paroles furent prononcées, que la résolution où était le Chevalier de s'éloigner de nous, était inébranlable, et ne voulant pas le forcer à fuir une seconde fois, il lui promit de garder le silence et lui tint parole.

Ce que Des Essarts venait d'apprendre, le força à rompre le silence qu'il avait gardé jusqu'alors avec moi. Il s'était intéressé si particulièrement à tout ce qui avait rapport à moi pendant son séjour à Reims, qu'il connaissait toutes mes liaisons. Ma principale amie était une dame d'une éminente vertu, et sur laquelle il crut pouvoir compter pour me faire tenir sa lettre. Il priait cette dame de me la remettre en secret, parce qu'elle traitait d'une affaire qui ne regardait que moi et ma famille, et qu'il était de la dernière conséquence qu'elle ne fût connue de personne. Cette dame qui me connaissait trop, pour craindre de se compromettre en prêtant son secours pour une intrigue, ne fit point de difficulté de me rendre le service qu'on exigeait d'elle. Je reçus cette lettre avec un saisissement qui lui ouvrit les yeux, elle ne me cacha point ses soupçons, et je faisais trop de cas de son estime, pour ne pas tout sacrifier au désir de la conserver. D'ailleurs, mon cœur était oppressé et succombait sous le poids de ses peines, je sentais que j'avais besoin des conseils d'une amie vertueuse, je crus donc que la providence me ménageait cette occasion pour fortifier ma faiblesse, et je lui ouvris sincèrement mon âme. Cette dame qui avait une piété solide, loin de me faire des reproches, s'attacha à me consoler et à me plaindre. Elle avoua que ma situation était pénible, mais elle me releva de l'abattement où m'avait jeté la crainte de manquer à mes devoirs par la continuation d'un amour que je détestais. « Pourquoi craignez-vous, femme de peu de foi ?, me dit-elle, des sentiments involontaires ne peuvent nous rendre coupables aux yeux d'un Dieu qui connaît le limon dont il nous a formés. Tant que vous combattrez votre penchant, il sera le moyen et la matière des plus grandes victoires. Je ne veux pas dire que vous n'ayez pas de fautes à vous reprocher dans cette occasion, votre abattement en est une, et une grande ingratitude envers le Seigneur qui vous a miraculeusement soutenue dans une telle tentation. Confiez-vous en lui, et reconnaissez votre faiblesse. Croyez que vous pouvez avec sa grâce recouvrer une parfaite tranquillité, j'ose vous la promettre en son nom ».

Il est certain que ma mélancolie avait sa principale cause dans la crainte d'être infidèle à mon époux par les mouvements involontaires de mon cœur, comme je vous l'ai déjà dit. Rassurée par mon amie, il me sembla qu'on m'avait ôté un poids énorme. J'évaluai sans préoccupation les dispositions de mon âme, et j'eus la joie de ne rien trouver en moi qui pût faire naître le remords. Je remis à mon amie la lettre de Des Essarts sans vouloir l'ouvrir, et je la priai d'en faire elle-même la lecture, et de la supprimer en tout ou en partie, selon qu'elle le jugerait à propos. Elle y consentit, et après l'avoir lue, elle la trouva tellement propre à fortifier mon âme, qu'elle me conseilla de la lire toute entière. Voici ce qu'elle contenait :

Lettre de Des Essarts à Madame de Batteville

Madame,

Que ne pouvez-vous être témoin des remords que votre situation excite dans mon âme. J'avais cru n'avoir plus de malheur à appréhender, parce que j'étais parvenu au dernier période de l'infortune. Hélas ! Les plus cruels me restaient à essuyer. Je n'étais que malheureux depuis le jour où je perdis l'espoir de vous appartenir, je suis devenu criminel.

J'ai cédé lâchement au désir de me rapprocher de vous, de m'en entretenir, de m'assurer par moi-même que vous étiez heureuse. Mon cœur se soulageait et trouvait une félicité, ou du moins une trêve à ses peines dans le commerce d'un homme qui m'était cher, parce qu'il avait été l'instrument de votre bonheur, parce qu'il avait celui de vous appartenir. Vous êtes devenue la victime du seul soulagement que je me sois permis pendant l'espace de treize ans. La profonde tristesse dans laquelle vous vivez depuis l'instant fatal qui m'offrit à votre vue, me fait craindre avec sujet d'avoir réveillé dans votre cœur une tendresse qui ne nous est plus permise. Ce sentiment, qui ferait le bonheur de ma vie s'il pouvait exister sans crime, me rend actuellement le plus malheureux de tous les hommes, parce que je suis devenu le plus coupable. N'ajoutez point à ma douleur, Madame : celle que m'a causé votre perte eût suffi pour m'ôter la vie, si la providence ne me l'eût conservée malgré moi. Ô temps heureux où maître de moi-même je vous fis céder dans mon âme à celui qui seul doit l'occuper toute entière, qu'êtes-vous devenu ? Que je paye cher une faiblesse que je regardais comme innocente ! Je ne voulais que vous respecter, vous chérir comme une sœur. Un feu mal éteint s'est rallumé de sa cendre, à peine eus-je commencé à respirer le même air que vous, qu'il devint contagieux à ma faible vertu. Loin de m'effrayer du retour de mes premiers sentiments, je n'y vis que de l'innocence, nul engagement ne m'ôtait la liberté de disposer de mes vœux, je crus ne rien faire de contraire au devoir en consacrant le reste de ma vie à n'en former que pour vous. Je me rassurai sur la pureté de ma flamme. Jamais elle n'a produit en moi une seule pensée, dont la plus austère sagesse eût pu s'effrayer. Misérable que j'étais ! Pouvais-je oublier que vous deveniez mon idole ? Et l'oubli de Dieu dans lequel j'ai vécu pendant le temps où j'ai resté[64] à Reims, ne devait-il pas me faire sentir combien ma passion était contraire à ce que je lui devais ? Enfin sa miséricorde a jeté sur moi un regard favorable, mes yeux se sont ouverts en apprenant le triste état où je vous ai réduite. Vous le dirai-je, Madame ? Et pourquoi craindrais-je de vous faire un aveu qui ne peut manquer de plaire à votre vertu ? Le mouvement d'horreur dont je me suis trouvé saisi en mesurant la profondeur de l'abîme dans

64 Rester : « Ce verbe, qui se conjugue d'ordinaire avec l'auxiliaire être, prend l'auxiliaire avoir quand on veut exprimer que le sujet n'est plus au lieu dont on parle, qu'il n'y était plus, ou qu'il n'y sera plus à l'époque dont il s'agit [...]. » (Littré, Émile, *Dictionnaire de la langue française*, Paris, Hachette, 1874, t. 4, p. 1678).

lequel j'étais tombé, cette horreur, dis-je, a chassé pour jamais de mon cœur une passion incompatible avec ma vertu. Mon âme a recouvré la tranquillité de mes premières années. Nous n'étions point nés l'un pour l'autre, et la sage providence en nous séparant par des voies si extraordinaires, a sans doute prévenu notre perte qui était infaillible si nous nous fussions unis contre ses décrets. Voilà ce que je comprends à présent de la manière la plus claire. J'aurais consenti à mourir mille fois plutôt que de faire un tel aveu il n'y a que deux jours, et, actuellement, je le fais sans peine. Je me flatte même que vous partagerez ce sentiment, qui seul peut vous rendre votre première tranquillité. Votre cœur est vertueux, il n'est point fait pour l'ingratitude. Ce que vous devez au Baron vous doit forcer à m'oublier. Il faut même que vous vous serviez du pouvoir que vous avez sur son esprit, pour l'engager à respecter mon secret, c'est l'unique moyen de me retenir en Europe. J'irais me cacher au fond de l'Amérique plutôt que d'exposer de nouveau ma faible vertu. Je ne renonce pourtant pas au bien de conserver pour vous une amitié qui doit être éternelle. Encore quelques années, et, réunis dans le séjour de la charité, nous pourrons nous aimer sans crime. Adieu, Madame, prouvez-moi que je vous fus cher en m'oubliant, et vous compléterez la félicité dont je commence à jouir depuis que je vous ai sacrifiée au devoir.

Mon amie ne s'était point trompée lorsqu'elle avait cru que cette lettre était propre à m'affermir dans mes bonnes résolutions. Je pris celle de rendre la joie à mon époux que ma tristesse faisait sécher sur pied. Ma chère Julie dépérissait à vue d'œil, et j'allais bientôt avoir à me reprocher sa mort et celle du Baron. Cette affreuse pensée augmenta mon courage, Dieu exauça les vœux de Des Essarts, le calme se rétablit dans mon âme, mais je fus longtemps obligée de combattre contre des ressouvenirs trop chers encore. Cette situation, quelque pénible qu'elle fût, n'était pas sans consolation. Il est si doux d'être content de soi, de n'avoir rien à se reprocher. Cet heureux état dédommage de tout ce qu'on a fait de plus difficile, et voilà ce que je vous mandais dans cette lettre qui a excité votre curiosité. Je suis heureuse, parce que je suis sans remords, je renouvelle mon sacrifice à tous les instants, et Dieu, dont la bonté est infinie, paye les efforts que je fais pour lui obéir, par un calme et une paix que la sainte Écriture nous exprime en l'appelant un banquet délicieux et perpétuel. Cette réflexion du Chevalier, que nous

nous serions perdus en nous unissant, me fit souvenir de ce que ma vertueuse mère me dit lorsqu'elle entreprit de me faire modérer une passion qui ne faisait que de naître, et qui avait déjà toute sa force : « Si Dieu vous a destinés l'un à l'autre, il saura bien lever les obstacles qui s'opposent à votre mariage ». Ces difficultés s'étaient multipliées au lieu de disparaître, et avaient formé de l'amas des circonstances les plus extraordinaires, une impossibilité morale à une union qui faisait l'objet de nos vœux. N'était-ce pas nous marquer d'une manière bien sensible qu'il les désapprouvait ? Et en fallait-il d'autres preuves à des personnes convaincues que rien n'arrive par hasard, et que ce qu'un vulgaire insensé appelle événement fortuit, devient un ordre pour ceux qui regardent les causes secondes comme les exécutrices de cette volonté divine, qui fait tout servir à notre bien ? Ce fut à cette vue que je dus le retour de ma raison, et le changement qui se fit en moi, rappela la joie et le bonheur que j'avais bannis de l'âme de mon époux et de ma fille. Je pensai alors au seul remède qui pouvait me guérir radicalement, c'était le mariage de ma fille avec Des Essarts. Je ne l'avais pas imaginé, c'était le Baron qui l'avait déterminé sans mon aveu, et dans mes principes cette disposition me paraissait un ordre de providence. Mais comment y résoudre le Chevalier ? Comment accorder ce dessein avec la ferme résolution où il était de s'éloigner de nous ? Je ne voyais dans ce projet qu'une chimère agréable que rien ne pouvait réaliser, j'abandonnai à Dieu le soin de la faire réussir, si elle était selon sa volonté sainte, et en attendant je fis sentir au Baron que c'était mal reconnaître les obligations que nous avions au Chevalier, que de vouloir l'en récompenser à notre mode : « Il sait vos intentions, ajoutai-je, et comme il ne paraît pas disposé à entrer dans vos vues, il faut le servir à son gré, et lui laisser garder l'*incognito* qu'il chérit ». J'avais prévu la curiosité que j'allais exciter chez mon époux, il me demanda avec empressement par quelle voie j'avais découvert qu'il était instruit du dessein de lui donner sa fille, je lui avouai que le Chevalier s'en était expliqué avec notre amie, et l'avait priée de nous demander comme une grâce de le laisser tranquille dans la retraite qu'il s'était choisie. Mon époux soupira de douleur en recevant cette prière, et ma fille y fut beaucoup plus sensible qu'il ne convenait à son repos. Vous vous souvenez du changement prodigieux qui se fit en elle. Sa gaieté l'abandonna, on ne la vit plus que rêveuse, et pendant une année entière, toute l'amitié qu'elle avait pour nous ne put l'engager ni à se vaincre, ni à m'ouvrir son cœur. Elle convenait du changement qui s'était fait en elle, et en niait la cause, ne l'attribuant qu'au dérangement de sa santé, qui à la vérité n'était pas bonne. Les médecins qui furent consultés appuyèrent cette opinion, et me conseillèrent de lui faire prendre les eaux de Forges[65]. Mon époux disposa tout pour ce voyage, dans lequel la dame qui avait été ma confidente devait nous accompagner. Trois jours avant celui que nous avions fixé pour notre départ, le Baron fut pris d'une attaque de goutte, il était sujet à cette maladie, ainsi je n'en fus point effrayée, et comme il s'affligeait du délai que cet accident mettait à un voyage qu'il croyait nécessaire à la santé de Julie, je lui proposai de la confier à mon amie, ne pouvant me résoudre à le quitter dans la situation douloureuse où il était, et où mes soins lui étaient nécessaires. Il approuva ce dessein, et ma fille partit. Pendant les six semaines qu'elle passa à Forges, j'eus sujet de croire que sa maladie, soit qu'elle vînt du corps ou du cœur, commençait à se dissiper. Ses lettres avaient le ton d'une personne gaie, et parfaitement libre. Elle n'avait plus que quinze jours à y demeurer lorsque mon époux se trouva dans le plus grand danger, sa goutte remontait, et les médecins m'assurèrent que si les efforts qu'ils faisaient pour la rappeler aux extrémités ne réussissaient pas, rien ne pouvait le sauver. Je n'eus point la cruauté de lui cacher ces funestes nouvelles, et il apprit son état avec cette tranquillité que donne l'espoir d'une éternité bienheureuse à un mourant, dont la vie a été innocente, et remplie de bonnes œuvres. Comme il souhaitait de revoir sa fille encore une fois, je fis partir Lainé avec une femme de chambre pour la ramener en diligence. Je savais que mon amie avait des affaires indispensables à Paris, où elle devait rester huit jours, et je n'aurais pas voulu que sa complaisance pour moi l'eût engagée à les négliger. Ma diligence fut inutile, Julie n'arriva que quelques heures après la mort de son père. Vous fûtes témoin de ma douleur et de la sienne, et votre sensibilité pour la perte d'un homme, qui avait été votre ami, justifia l'excès de la nôtre, qui ne put être adoucie que par les circonstances d'une mort qui semblait être les gages de son salut. Il avait reçu les sacrements avec une piété dont toute la ville fut édifiée, il me fit appeler ensuite en présence de son curé, qui était son confesseur, et auquel il remit son testament. Il me demanda pardon de

65 Il s'agit d'une station thermale en Normandie. Parmi les visiteurs figure Louis XIII qui s'y rendit en 1633, suivi par Anne d'Autriche et Richelieu.

toutes les fautes qu'il pouvait avoir commises à mon égard et m'assura qu'elles avaient été involontaires. Il ajouta : « J'emporte au tombeau la douleur de n'avoir pu m'acquitter envers le Chevalier, chargez-vous de ma reconnaissance, et si vous aviez le bonheur de le découvrir, engagez ma fille à le recevoir pour époux, quel que soit l'état de sa fortune, vous y serez autorisée par mon testament, et j'atteste le Ciel, qu'indépendamment du service qu'il nous a rendu, la connaissance que j'avais de ses bonnes qualités m'eût engagé à faire ce choix par le seul désir de la rendre heureuse ». Ce furent les dernières paroles de mon époux qui expira dans mes bras. Ma fille me trouva dans les premiers transports de ma douleur, et la nécessité de modérer la sienne fut pour moi un puissant motif de rappeler à mon esprit ces paroles de l'apôtre qui nous avertit qu'il n'appartient qu'aux païens de pleurer leurs morts. On assembla la famille pour faire l'ouverture du testament du Baron, et prendre les arrangements convenables aux affaires de ma famille. Cette précaution devint inutile. Mon époux m'ayant faite héritière, et s'en rapportant uniquement à moi du sort de sa fille. Vous savez les discours désavantageux que cette disposition a fait tenir sur mon compte, les parents en avaient donné l'exemple, et sans avoir égard à la vive affliction dans laquelle j'étais plongée, me firent des reproches sanglants, comme si j'eusse dicté ce testament, dont il est vrai que j'ignorais absolument la teneur, l'ignorance où j'étais à cet égard me causa quelque surprise au moment de la lecture. On m'accusa de jouer la comédie, en un mot, on en vint jusqu'à me menacer de faire casser ce testament, et de prouver qu'il était l'ouvrage de la séduction, et on me conseillait d'y renoncer pour éviter un éclat qui me couvrirait de honte, en démasquant mes artifices. Pendant qu'on se répandait ainsi contre moi en invectives sanglantes, Dieu me fit la grâce de posséder mon âme. Je puis même vous assurer, que regardant cet emportement des parents de ma fille, comme une preuve de l'amitié qu'ils lui portaient, je n'eus pas le moindre ressentiment contre eux, et j'aurais consenti volontiers à ce qu'ils exigeaient de moi, si je n'avais appréhendé qu'on n'attribuât cette démarche à la crainte ou aux remords. Ma fille ne fut pas si modérée. Elle parla à ses parents avec force, et leur fit honte des grossièretés dont ils venaient de m'accabler, et, avec une fermeté qu'on ne devait pas attendre d'une fille de quatorze ans, assura la famille qu'elle ne souffrirait point qu'on attaquât le testament de son père : « Si vous l'entreprenez, leur dit-elle, je m'échapperai de ses mains, car on mettrait sur son compte les efforts que je ferais pour éclairer les juges. J'irai me jeter à leurs pieds, je leur ferai connaître les vertus d'une femme que vous traitez si indignement, je leur prouverai la sagesse des dernières dispositions de mon père. Je les approuve bien sincèrement, il a rendu justice à ma mère en faisant dépendre mon sort de ses volontés, je suis tranquille sur ma fortune, tant qu'elle dépendra d'elle, et quelque respect que j'aie pour le reste de ma famille, on me pardonnera, si je dis que mes intérêts sont mieux entre ses mains que dans toutes autres ». Elle rappela ensuite à ses parents le refus que j'avais fait de la succession de mon beau-père, et parvint à les faire rougir de leur emportement, sans pourtant calmer leurs craintes. J'étais dans un âge à pouvoir penser à un second mariage, et c'était ce qui les faisait trembler pour ma fille, car ils étaient d'ailleurs fort honnêtes gens, comme vous le savez. Vous n'ignorez pas non plus les éloges qu'on donna à la conduite de ma chère Julie, qui fut proposée pour modèle à toutes les filles. Il ne me resterait plus que des événements domestiques à vous raconter, et vous m'en ferez grâce. Je dois pourtant vous faire part d'une chose pour laquelle j'ai besoin de votre pénétration. Quelques jours après celui où vous partîtes pour la campagne, ma Julie vint me trouver dans mon cabinet pour me rendre compte de certains arrangements que je lui avais confiés, et qui regardaient des legs pieux qu'avait faits son père. « La plus importante de ses volontés reste à exécuter, lui dis-je, vous savez à quel époux il vous a destinée, je me persuade qu'il ne serait pas impossible de trouver les traces du Chevalier, et je me prépare à faire les perquisitions nécessaires à ce sujet ». « Épargnez-vous ce soin, ma chère mère, me dit ma fille, il ne sera jamais mon époux. C'est avec douleur que je me montre rebelle aux dernières volontés de mon respectable père, mais lorsqu'il souhaita cette union, il crut faire mon bonheur, et ne prévoyait pas l'horrible répugnance que j'aurais pour ce mariage. Elle est telle, ma chère mère, que si je ne comptais pas assez sur vos bontés pour croire que vous n'userez point de votre autorité pour me forcer à ce mariage, je ne balancerais pas à me faire religieuse pour l'éviter ». Julie s'était jetée à mes pieds pour me faire cette étrange déclaration, qui dérangea tellement les idées que je m'étais faites sur elle, que je ne savais que lui répondre. J'avais remarqué en elle tous les symptômes d'une violente passion pour le Chevalier. Elle n'avait point cherché à contraindre des sentiments que son père approuvait. J'avais craint à la vérité de sonder son cœur, dans l'appréhension où j'étais de laisser pénétrer les sentiments du mien. Je pensai donc que le silence que j'avais gardé avec elle, lui avait fait craindre que la seule complaisance que j'avais pour son père, m'avait fait consentir à ses desseins, et qu'elle ne feignait cette répugnance que pour connaître quelles étaient mes intentions, ou plutôt mon inclination à cet égard. « Vous me surprenez, ma chère Julie, lui dis-je, après avoir gardé quelque temps le silence, j'avais cru découvrir en vous des dispositions absolument contraires à ce dégoût que vous m'énoncez, et qui ne me paraît pas vraisemblable. Vous avez aimé le Chevalier, j'en suis sûre, et j'avais découvert votre penchant pour lui avant même qu'il eût exposé sa vie pour sauver la vôtre. Ce service n'était pas propre à diminuer l'amour qu'il vous avait inspiré, et j'ai cru m'apercevoir qu'il s'était augmenté par l'approbation de votre père. J'avoue que j'ai différé d'y joindre la mienne, et je vais vous expliquer les motifs de mon silence. La fuite du Chevalier semblait s'opposer à nos vues. Sans en pénétrer les motifs, je la regardais comme un obstacle que nous aurions de la peine à vaincre, et je voulais par mon silence vous engager à prendre quelque pouvoir sur vous-même, pour ne pas vous abandonner à un sentiment auquel je n'avais pas formellement donné mon aveu. Des réflexions sur cette affaire, m'ont fait croire qu'elle n'avait pas autant de difficultés que je l'avais craint, et supposé que le Chevalier ne soit pas engagé, je ne saurais croire qu'il fût assez aveugle sur ses propres intérêts, pour refuser sa fortune et son bonheur. S'il y consent, ma chère fille, croyez fermement qu'il remplira le plus ardent de mes désirs, ce que mon époux m'a dit de son caractère et de ses vertus, me fait croire qu'il est tel qu'il le faut pour assurer votre bonheur, et les ordres de votre père se joignant à cette persuasion, m'engageraient à le préférer pour vous à un prince qui vous offrirait sa main ». « Vous dites que le Chevalier n'est point engagé, me répondit Julie en me regardant fixement, vous avez donc oublié, ma chère mère, les expressions de sa lettre ? ou elles vous sont échappées : tout y respire une passion malheureuse et sans espoir. Respectons sa constance, et épargnons-nous la honte de tenter inutilement de le rendre infidèle ».

J'embrassai ma fille, et lui dis en riant : « Si je n'étais sûre que ma chère Julie n'a jamais lu de romans[66], je croirais qu'elle aurait puisé dans

66 Voir Jean-Jacques Rousseau, *La Nouvelle Héloïse*, Préface, Ed. A. Houssiaux, 1852/53, p. 3 : « Jamais fille chaste n'a lu de romans, et j'ai mis à celui-ci un titre assez décidé

cette lecture l'héroïque des sentiments qu'elle étale. Votre délicatesse est blessée de l'idée de ne pas trouver un cœur aussi neuf que le vôtre, vous craignez d'avoir à détruire des souvenirs peut-être encore vifs, mais, ma chère, en supposant, comme vous le faites, dans le Chevalier une passion sans espoir, la reconnaissance doit vous engager à lui présenter un remède seul capable d'opérer en lui une parfaite guérison. Il vous aimerait, ma fille, et cet attachement ferait votre bonheur mutuel ». « Je ne me le persuade pas, me répondit Julie en se jetant une seconde fois à mes pieds, d'où je l'avais forcée de se relever, mais, ma chère mère, ce n'est ni la crainte d'un refus de sa part, ni celle de le rendre misérable qui m'engagent à vous conjurer de ne me point contraindre à cet égard, c'est la répugnance invincible que je me sens pour le mariage. J'ose vous assurer que rien ne sera capable de la surmonter. Je borne mes vœux à passer ma vie à vous aimer, à vous voir, à vous servir, et si Dieu me privait de ce bonheur en vous ôtant de ce monde avant moi, je suivrais mon attrait pour la vie religieuse, que la seule crainte de vous abandonner m'engage à combattre. Au reste, si vous croyez que je sois obligée d'exécuter les desseins de mon père, vous pouvez me décharger de ce pénible devoir, en le remplissant à ma place. Plus aimable que moi, la constance du Chevalier ne tiendrait point contre vos charmes, et dans l'instant où je ne puis penser sans frémir à devenir son épouse, je me sens les plus grandes facilités du monde à l'aimer et à l'honorer comme mon père et votre époux ». Si Julie m'avait regardée alors, elle eût sans doute soupçonné mon secret par le changement de mon visage. Je devins d'une rougeur fort propre à lui faire comprendre que sa proposition avait fait sur mon cœur une impression beaucoup plus prompte et plus vive qu'il ne convenait à ma façon de penser. Je me hâtai de la lui déguiser en tournant en raillerie l'expédient qu'elle me proposait, et comme elle insistait d'exiger de moi une promesse de ne la pas contraindre, je la lui donnai, en la priant de penser que les résolutions d'une fille de quinze ans n'étaient pas son dernier mot, et lui défendant de me répondre, je prétextai une raison de la quitter, et fus m'enfermer dans ma chambre pour me remettre un peu du trouble dans lequel son discours m'avait jeté. La première chose qui me vint dans l'esprit, c'est que Julie était

---

pour qu'en l'ouvrant on sût à quoi s'en tenir. Celle qui, malgré ce titre, en osera lire une seule page est une fille perdue ; mais qu'elle n'impute point sa perte à ce livre, le mal était fait d'avance. Puisqu'elle a commencé, qu'elle achève de lire : elle n'a plus rien à risquer ».

instruite de mon amour pour Des Essarts, et du reste des événements de ma vie. Mais comment avait-elle acquis cette connaissance ? Je n'avais confié mon secret qu'à l'amie qui l'avait conduite aux eaux, et quelle apparence qu'elle eût voulu se rendre coupable d'une imprudence et d'une infidélité si inexcusable ? La haute opinion que j'avais de sa vertu ne me permit pas de conserver une pensée qui lui était si injurieuse. Je ne sais si je vous ai dit que cette dame était morte à Paris, où elle avait été obligée de rester quelque temps au retour de Forges. La circonstance dans laquelle je me trouvais augmenta le chagrin que m'avait causé sa perte, elle eût été seule en état d'éclaircir mes doutes. Voici ce que j'ai conjecturé depuis ce temps. Certainement le cœur de ma Julie n'est point tranquille, elle aime, j'en suis sûre, et rien ne peut m'instruire de l'objet de sa passion. J'ai fait chercher partout la femme de chambre de mon amie pour savoir qui elle a vu à Forges, car ce ne peut être que dans ce voyage qu'elle ait pris cette passion qu'elle s'obstine à me cacher. On dit qu'elle est à Paris, faites, je vous prie, vos efforts pour trouver cette femme que vous connaissez, et tâchez adroitement de la faire parler, elle aura moins de défiance vis-à-vis de vous qu'avec moi.

Depuis que j'ai commencé à vous écrire, mes soupçons sont changés en certitude. Peu après la mort du Baron, il s'était présenté plusieurs partis assez sortables[67] pour ma fille. Si je n'eusse été retenue par la clause du testament de mon époux, qui me priait de la donner au Chevalier, j'aurais fait mes efforts pour la déterminer. Cependant, comme elle continuait à s'exprimer de la manière la plus forte sur sa répugnance pour ce mariage, je crus en avoir assez fait pour obéir aux ordres de mon époux, et d'ailleurs je ne voulais pas là trop insister, parce que j'aurais appréhendé de chercher ma satisfaction plus que la sienne, en assurant la fortune de Des Essarts. Deux des principaux parents vinrent me trouver hier au soir, pour me dire qu'un seigneur attaché à la Cour leur avait fait demander Julie pour son fils. Comme tous les avantages se rencontraient dans ce mariage, ils me pressèrent non seulement de ne m'y point opposer, mais encore d'employer mon autorité sur Julie, pour la forcer à ne point rejeter un tel établissement. Je dis à ces Messieurs que j'y étais portée, et que s'il ne s'agissait que d'assurer à Julie toute

67 Sortable : « Qui est convenable, qui convient à l'état et à la condition de personnes. » (*Dictionnaire de l'Académie françoise*, 4e édition, Paris, Veuve de Bernard Brunet, 1762, t. 2, p. 742-743).

la succession de son père pour le faire réussir, je le ferais de grand cœur. J'ajoutai en même temps qu'ils pouvaient lui parler en particulier, pour lui faire valoir les avantages d'une telle alliance, mais que j'étais résolue à ne la contraindre jamais. En même temps je fis appeler ma fille, et je la laissai avec ces Messieurs. Ils employèrent plus de deux heures à lui faire changer la résolution où elle leur dit qu'elle était de rester fille. Elle demeura ferme dans son dessein, et quoiqu'elle les assurât que loin d'avoir contribué à la dégoûter du mariage, je la pressais souvent de s'y engager, ils ne laissèrent pas de me faire entendre qu'on savait à quoi s'en tenir sur cet article, et qu'on était assuré que la crainte de me déplaire ne permettait pas à une pauvre enfant de désobéir à une mère qu'elle regardait comme un maître despotique. Il faut que je vous avoue toute ma faiblesse. Ces injustes imputations me touchèrent jusqu'aux larmes. Ma fille qui les vit couler en fut attendrie, et étant restée seule avec moi, elle m'exprima la douleur où elle était de ne pouvoir faire cesser la persécution qu'elle m'attirait. « Et qui peut vous en empêcher ?, m'écriai-je, pourquoi vous attendrir sur des maux que vous pourriez finir ? Apprenez-moi du moins le motif de votre bizarrerie, s'il est raisonnable, j'y applaudirai, et j'en aurai plus de courage à soutenir la mauvaise opinion que votre conduite donne de moi ». « Vous le voulez, Madame, me dit ma fille, eh bien, vous serez satisfaite. Je sais qu'il m'en coûtera votre estime, cependant comme il s'agit de votre repos, je ne veux rien ménager. J'aime, ou plutôt j'adore un objet qui ne peut jamais être à moi. Un austère devoir nous séparerait, quand même j'aurais réussi à faire partager mon amour à celui qui m'en a inspiré. Mais j'aime sans retour, et c'est pour moi une consolation bien douce. Je souffre seule. Cette pensée me soutient dans mes peines, parce que je souffre seule. Voilà mon secret. Madame, épargnez-vous d'inutiles efforts pour m'en arracher davantage, l'objet de mon étrange passion est un mystère qui descendra avec moi dans le tombeau, et si je ne comptais assez sur vos bontés pour espérer que vous ne me parlerez jamais de ce que je viens d'avoir l'honneur de vous dire, une prompte fuite m'épargnerait la douleur d'être forcée à vous désobéir ». En finissant ces mots, Julie est sortie de ma chambre, et m'a laissée dans une perplexité si grande, que je suis restée plus d'une heure sans pouvoir former aucune résolution. Quel peut être l'objet d'une passion si extraordinaire ? Je m'y perds, voici enfin à quoi je me détermine, c'est d'attendre un remède du temps.

Ah ! Pourquoi cette chère fille a-t-elle le cœur de sa mère ? Je regarde la malheureuse situation où son obstination me jette, comme une juste punition des chagrins que j'ai donnés à ma respectable mère en pareil cas. Fasse le Ciel que la ressemblance soit entière, et que Julie aussi docile que je le fus par la suite, veuille comme moi se rendre à ce que la religion exige d'elle. En attendant cet heureux moment, je n'aigrirai point sa douleur par des reproches hors de saison, je redoublerai de douceur et d'amitié pour elle. Il n'est pas possible que cette conduite ne produise à la fin l'entière ouverture de son cœur à une mère qu'elle doit regarder comme une amie.

J'approuve fort la discrétion de Monsieur des Essarts. Au nom de Dieu, ma chère, n'épargnez rien pour l'empêcher de m'écrire s'il était tenté de le faire. Mes plaies sont fermées, mais la cicatrice est si fraîche, qu'un rien pourrait les rouvrir. J'en juge par l'émotion que m'a causée son nom, lorsque j'ai reçu votre lettre. Qu'il ne sache pourtant pas que je le crains, et si vous ne pouvez vous défendre de répondre aux questions qu'il vous fera à mon sujet, dites-lui simplement que je vous ai félicitée de sa rencontre, en vous assurant que c'est un homme estimable. La vertu nous a soutenus l'un et l'autre pendant la vie du Baron. Qui sait s'il ne se croirait pas débarrassé de toute contrainte après sa mort ? Je ne me sens pas assez de courage pour m'exposer à un danger d'où je ne sortirais victorieuse que par des combats trop pénibles. Je m'égare, j'oublie qu'il ne m'aime plus, qu'il me l'a écrit, et j'en bénis le Ciel. Qui sait ce qu'il arriverait, s'il avait conservé un amour que je ne puis plus écouter sans me manquer à moi-même ? Vous me mandez que sa fortune n'est pas avantageuse, et qu'on sollicite un emploi pour lui. Je serais bien flattée de le tirer de cet assujettissement, je dois, ce me semble, entrer dans les vues de mon époux à son égard. Vous sentez quelles précautions il faudrait prendre pour ménager sa délicatesse, il serait à propos qu'il ignorât la main qui changerait son sort. J'abandonne tout cela à votre discrétion.

RÉPONSE DE MADAME DU CASTELET À LA VEUVE

En vérité, ma chère, vous m'avez causé un attendrissement au-dessus de l'expression. J'admire, je révère votre vertu et votre courage. Monsieur des Essarts partage mes admirations. Sa vie a été un exercice continuel des vertus les plus héroïques, et je conçois parfaitement qu'un homme élevé par la religion au-dessus des faiblesses les plus naturelles à l'humanité, doit avoir une grâce particulière pour en pénétrer les autres. L'étude de ces grandes vérités remplit tous les moments que nous passons ensemble, et chaque jour elles s'impriment plus fortement dans mon âme. Ses paroles ont une force à laquelle rien ne résiste, et je regarde sa connaissance comme le plus heureux événement de ma vie. La reconnaissance du grand service qu'il m'a rendu en m'éclairant sur mes devoirs, ma reconnaissance, dis-je, est trop grande pour ne pas essayer de lui en donner des preuves. Et quel plus grand service pourrais-je lui rendre, que de plaider sa cause auprès de vous ? Les efforts que vous avez faits pour l'oublier pendant la vie de Monsieur le Baron, étaient dignes de louanges, mais quelle raison pourrait vous engager aujourd'hui à combattre votre penchant pour le plus estimable de tous les hommes ? Je suis sûre que votre époux vous aurait commandé de couronner sa fidélité, s'il eût pu connaître que Des Essarts et le Chevalier étaient la même personne. La répugnance que Julie a conçue pour lui contre toute raison, le conseil qu'elle a osé vous donner d'épouser vous-même le Chevalier, ne doit vous laisser aucun scrupule, et la providence, en écartant les obstacles qui pouvaient s'opposer à votre penchant, semble vous intimer l'ordre de le suivre, puisque vous le pouvez faire sans blesser aucun devoir. En un mot, ma chère, je vous regarderai comme la plus injuste de toutes les femmes, si vous ne vous déterminez à épouser Des Essarts. N'allez pas croire qu'il m'ait sollicitée de vous écrire ceci, il me demanda simplement des nouvelles de votre santé et de celle de Julie, lorsqu'il sut que j'avais reçu une de vos lettres. Vous allez prendre sa retenue pour de l'indifférence, vous m'assurerez qu'il ne vous aime plus, et moi je soutiens qu'il vous est plus attaché que jamais. Il y a bien de l'injustice à tourner contre lui la preuve la plus héroïque qu'il ait pu vous donner de sa vertueuse tendresse. Car enfin, pourquoi s'efforça-t-il de vous persuader qu'il avait vaincu sa passion ? Pour vous arracher à l'état le plus triste et le plus dangereux pour votre vie. Tout ce que je puis croire, c'est qu'il était parvenu à la régler, c'est tout ce que peut exiger la vertu la plus austère. Il me serait impossible de vous instruire de la situation de ses affaires et je le crois fort inutile. Il n'est, je suis sûre, qu'un seul bien qu'il puisse consentir à recevoir de vous, et c'est votre main. Je ne dis pas votre cœur, je suis persuadée que vous n'avez rien à lui offrir de ce côté-là, il le possède entièrement. Ne vous obstinez pas à faire votre malheur mutuel par une délicatesse mal entendue. Pour vous exciter à vaincre votre irrésolution, pensez qu'il ne peut être riche, puisqu'il n'a pas même de domestique, et que vous n'avez aucun moyen plus décent de changer son sort, excepté celui que je vous propose. Ayez pitié de lui, ayez pitié de vous, et soyez sûre qu'en l'épousant, vous feriez l'action la plus juste et la plus raisonnable.

Il faut que je me détermine à ne goûter à l'avenir d'autre bonheur que celui dont vous me parliez dans votre première lettre. C'est dans la religion et dans la pratique exacte des devoirs qu'elle m'impose, que je dois chercher à me consoler des injustices de mon époux, mais ma vertu est encore si faible que je ne puis envisager sans horreur tout ce que j'aurai à souffrir. Je croyais pouvoir sans témérité compter sur le cœur de Monsieur du Castelet, deux ans de constance semblaient devoir m'en répondre. Cependant sa conduite actuelle m'annonce pour la suite de ma vie des maux qui blessent mon cœur par l'endroit le plus sensible. Trois mois de mariage ont fait disparaître une tendresse qui ne devait finir qu'avec sa vie. À peine daigne-t-il prendre la précaution de me tromper sur son changement, de froids égards ont succédé à ses soins empressés et au désir de me plaire. Mes plaintes l'importunent, l'éloignent de moi, et je suis réduite à dévorer dans le silence mes cruels ennuis. Que je serais heureuse, si je pouvais cesser de l'aimer ! Son indifférence au contraire augmente ma tendresse, j'en serai la victime, cet état est trop pénible, je ne pourrai le supporter longtemps sans mourir. Ah ! Madame, quelques grandes que fussent vos peines, elles n'approchent point de celles que j'éprouve actuellement, il n'est point de supplice égal à celui d'aimer ce qu'on n'estime plus. Le sentiment de mes peines a fait une distraction à ma sensibilité sur celles que vous cause la conduite de ma chère Julie. Je ne saurais croire qu'à son âge on puisse porter un fardeau aussi lourd que celui d'un secret amoureux, surtout vis-à-vis d'une mère dont elle connaît la tendresse. Il est encore moins vraisemblable qu'elle aimât sans être aimée, elle n'est point faite pour éprouver un pareil sort. Remarquez aussi que ce dessein de se sacrifier à un amant qui aurait méprisé sa flamme, serait une extravagance dont on ne peut soupçonner Julie sans injustice, déterminée à dérober à votre tendresse un dessein qui ne pourrait que vous alarmer, elle a composé cette fable pour vous dépayser et vous empêcher de prendre des mesures contre un dessein qu'elle nourrit depuis longtemps. Elle avait quelque confiance en moi, et sans m'avoir absolument déclaré qu'elle soupirait après le cloître, j'ai cru démêler qu'elle se croyait appelée à la vie religieuse. Voilà, n'en doutez point, la cause de sa fermeté à rejeter tous les partis qu'on lui offre, et si vous me permettez de vous dire ma pensée, il n'y a que Dieu qui ait pu l'emporter dans son cœur sur Monsieur des Essarts. Elle l'a aimé, j'en suis sûre, et quand je n'en aurais point d'autre preuve, son attention à lui faire un sort heureux, me paraît le sûr garant de sa tendresse. Elle le croit digne de vous, c'est annoncer qu'elle a la plus haute idée de son caractère et de ses vertus. Or avec cette opinion, son obstination à le refuser serait une bizarrerie dont elle n'est point capable. Voici quelles sont mes conjectures à cet égard. Sa tendresse filiale balance sa vocation, elle appréhende de vous laisser sans consolation, sans appui, et si elle vous voyait mariée, elle se croirait libre d'exécuter ses pieux desseins. Il vous est aisé de vérifier mes conjectures, feignez quelques penchants pour la vie religieuse, elle ne pourra échapper à ce piège, et son propre goût la décéléra. Adieu, Madame, j'attends votre réponse, mais qu'elle soit favorable à Des Essarts, ou je romps avec vous pour jamais. N'admirez-vous pas ma présomption, de vous faire une telle menace ?

LETTRE DE MADAME DE BATTEVILLE À SON AMIE

Non, Madame, une fausse délicatesse, un vain scrupule ne m'engagent point à me rendre malheureuse, un devoir austère est ma règle, et je vous crois trop équitable pour me condamner, après m'avoir entendue. Je dois absolument tout ce que je possède aux bontés et à la confiance de mon époux. C'est parce qu'il comptait sur ma tendresse pour sa fille, qu'il m'a faite dépositaire des biens qui appartiennent à cet enfant, et qu'il les a crus plus sûrement entre mes mains que dans celles de ses parents paternels, dont il avait pourtant très bonne opinion, mais qui ne m'égaleront jamais dans la tendresse que j'ai pour Julie, quoiqu'ils me surpassent infiniment en habileté et en prudence. Je ne dois donc regarder le testament qu'il a fait en ma faveur, que comme un désir d'assurer tous ses biens à sa fille, sans qu'il en soit fait la plus petite soustraction. Je ne suis point la maîtresse de cette fortune, mais la dépositaire, et pour répondre au dessein du testateur, je dois la lui remettre telle que je l'ai reçue, obligation que je remplirai strictement, ne voulant tenir mon nécessaire que du bon cœur de ma fille, qui fixera elle-même la pension qu'elle jugera à propos pour fournir à mes besoins, si j'avais le malheur de la perdre, ou qu'un époux malhonnête homme me fît éprouver de mauvais traitements dans sa maison. Je suis donc retombée dans cette indigence, ce dénuement que ma digne mère me représentait comme un ordre de Dieu de renoncer à un mariage qu'il ne bénirait pas, parce qu'il ne serait pas dans l'ordre de sa providence, et qu'il ne me donnerait pas le moyen d'élever ma famille, s'il jugeait à propos de m'envoyer des enfants. Je n'ai que trente-cinq ans, je pourrais me voir dans cette situation dont ma mère me fit une peinture si vive, parce qu'elle l'avait éprouvée. Dans un âge où ma raison était encore faible, les motifs qu'elle me donna pour renoncer à Des Essarts eurent la force de me déterminer. Combien plus doivent-ils le faire aujourd'hui que je connais toute l'étendue de la tendresse maternelle ? La seule pensée de ce que j'aurais à souffrir si je me voyais hors d'état d'établir ma chère Julie selon son rang, me glace d'effroi. J'aimerais d'autres enfants si j'en avais avec autant de tendresse, et par conséquent ce mariage que vous prétendez devoir faire mon bonheur, serait pour moi la source des maux les plus cuisants. Je connais à la vérité le bon cœur de ma fille, elle sacrifierait avec joie tout ce qu'elle croirait nécessaire à l'établissement de ses frères et sœurs, si elle en avait. Cette connaissance de sa généreuse tendresse pour moi suffirait seule pour m'éloigner d'un second mariage, quand je n'aurais pas des motifs encore plus puissants, que je vous détaillerai après vous avoir fait part d'une nouvelle preuve d'amitié et de confiance qu'elle me donna hier publiquement, et que mon attachement pour elle ne pourra jamais payer.

Vous savez quel murmure[68] avaient occasionné les dernières dispositions de Monsieur le Baron. Ce fut un déchaînement général contre sa mémoire et contre moi. Si j'eusse cédé à cet instant aux désirs de sa famille, on aurait pu attribuer cette démarche à la crainte qui m'était inspirée par leurs menaces, car ils ne cachaient point la volonté qu'ils avaient de faire casser le testament. Mon époux qui l'avait sans doute prévu, avait pris les plus grandes précautions pour le rendre valable, et je vous dirai en passant que c'est la seule chose qu'il m'ait cachée. Je sais, à n'en pouvoir douter, que dans une assemblée de parents il fut conclu d'envoyer une copie du testament aux plus fameux avocats de Paris, pour voir si on ne pourrait pas y trouver quelque défaut qui en emportât la nullité. Malheureusement pour leurs vues il n'y a eu qu'une voix sur son authenticité, et ils ont abandonné un projet dans lequel ils étaient sûrs d'échouer, parce que ce testament était une clause de mon contrat de mariage, dans lequel mon époux avait fait une donation entre vifs à celui des deux qui survivrait à l'autre, clause que j'avais toujours ignorée. Le renoncement que j'ai eu dessein de faire en faveur de Julie ne pouvait donc plus être attribué à la frayeur, et paraîtrait, comme il le serait en effet, un acte de ma volonté. En conséquence j'invitai tous les parents à se rendre chez moi hier matin. Ils y trouvèrent un notaire qui leur présenta deux actes, munis de toutes les conditions requises. Le premier était celui par lequel j'avais fait émanciper ma fille, pour la rendre capable de la donation absolue que je lui faisais dans le second de tout le bien de son père. Julie qui n'était point prévenue éclata en plaintes à la lecture de ces actes que je lui avais fait signer par surprise. Pendant que les parents confus et charmés me faisaient mille compliments sur une action qu'on avait si peu prévue, je les assurai que je l'eusse fait au

68 Murmure : « Bruit sourd et confus de plusieurs personnes qui parlent en même temps. » (*Dictionnaire de l'Académie françoise* (1762), *op. cit.*, t. 2, p. 189).

moment de la mort de mon époux, sans les motifs que je viens de vous exposer. Ma fille s'étant remise pendant ce temps, demanda froidement au notaire quel droit elle avait acquis par l'acte de son émancipation. « Vous pouvez, Mademoiselle, lui dit-il, disposer à présent de votre bien comme si vous étiez majeure ». « Il faut donc que je jouisse de mon privilège, dit-elle d'un petit air mutin et piqué, personne n'a plus droit de me contraindre ». Ses parents la prièrent de ne rien faire sans conseil. « Ne suis-je pas la maîtresse, leur répondit-elle ? Et se retournant vers le notaire : Monsieur, lui dit-elle, faites-moi la grâce de me suivre dans ce cabinet ». On voulut en vain la retenir, elle ne m'écouta pas plus que les autres, et me dit gravement : « Cette maison fait partie de mon patrimoine, ma mère voudrait-elle me contraindre chez moi ? Ce sont des éclaircissements que j'ai à demander à Monsieur, pourquoi m'en empêcher ? » En même temps elle prit la main du notaire, et fut enfermée avec lui pendant une demi-heure, après quoi elle rentra, tenant à sa main une donation entière de tout ce que je venais de lui donner moi-même. Elle la lut posément, après quoi, faisant une profonde révérence, elle se retira dans sa chambre sans vouloir écouter un seul mot. Il se fit alors un murmure dans l'assemblée qui ne m'était pas avantageux. On prétendit que je n'avais préparé cette comédie, que parce que j'étais sûre du dénouement. Il n'y eut qu'un cousin du Baron et son épouse que je connaissais fort peu, qui osèrent prendre ma défense. Ils représentèrent aux autres parents combien je méritais peu les traitements injurieux dont on m'accablait, et les assurèrent que quand même leurs soupçons auraient quelque fondement, la politesse aurait dû leur suggérer des termes plus décents, mais qu'ils osaient se faire garants de la sincérité de ma conduite, qu'ils admiraient celle de ma fille, et qu'ils étaient sûrs qu'elle n'aurait jamais sujet de s'en repentir.

Je vous l'avoue, ma chère, si j'avais été dans la résolution de céder à vos conseils, ce que je n'ai pas même été tentée de faire, une telle scène aurait absolument changé mes dispositions. Je ne prêterai point des armes légitimes aux ennemis de ma gloire, je n'autoriserai point les injustes soupçons qu'ils ont conçus de ma sincérité, le soin que je dois avoir de ma réputation exigerait de moi les sacrifices les plus pénibles, si d'ailleurs je n'y eusse pas été disposée. Oui, ma chère, indépendamment de ce qu'ils pourraient penser de ma sincérité, je me mépriserais moi-même si je pensais à des secondes noces. Je ne blâme pas celles qui s'y engagent, elles sont permises, et l'on commettrait une injustice de condamner celles qui se servent de la condescendance offerte par saint Paul. Cela dépend des circonstances, et celles où je me trouve ne demandent point ce remède. Je suis déterminée à demeurer fidèle aux cendres de Monsieur de Batteville, et j'ai si bonne opinion de Des Essarts, que je le prendrais volontiers pour juge entre vous et moi. Le reste de ma vie doit être consacré à me préparer à la mort, et à faire la consolation de Julie. Ce sont deux devoirs dont, avec la grâce de Dieu, je ne m'écarterai jamais, et n'allez pas croire qu'il m'en coûte quelque chose pour m'y dévouer, non, ma chère, votre proposition m'a mise dans la nécessité de sonder le fond de mon cœur, quelle a été ma joie de n'y plus trouver d'amour ! La crainte de me voir coupable me faisait exagérer mes dispositions, ou plutôt les sacrifices que j'en avais fait à Dieu, m'en ont obtenu l'extinction. Je vous assure que loin d'avoir l'ombre d'une répugnance pour voir le Chevalier devenir l'époux de ma fille, cette union ferait l'objet de mes désirs, et je ne désespère pas de la voir réussir un jour. Jamais ma fille ne s'engagera par des vœux avant vingt-cinq ans[69], et dans ce long espace la providence peut me fournir des moyens de découvrir la cause d'une répugnance qui ne peut être fondée chez elle. Vous dirai-je tout, ma chère ? L'indiscrétion de votre amitié va me forcer à vous découvrir un secret qui n'a eu jusqu'à présent d'autres témoins que Dieu. Dans le temps où je reçus la lettre de Des Essarts, temps de ma plus grande faiblesse, l'idée de la mort prochaine de mon époux se fit entrevoir dans mon esprit comme un dénouement qui me débarrasserait du supplice de la contrainte. Je fus frappée dans ce moment d'une si grande horreur contre cet odieux fruit de ma passion, qu'elle se répandit sur cette passion même, et dans le mouvement de cette indignation je me tournai vers Dieu, et lui promis, quoi qu'il pût arriver, de n'être jamais à Des Essarts. Ce vœu, que je prononçai dans un temps d'amertume et de trouble, je l'ai renouvelé au moment de la mort de mon époux, et j'ai passé peu de jours depuis ce temps sans remercier Dieu de la grâce qu'il me fit alors. Cessez donc de me solliciter à violer une promesse si authentique, je n'en ai ni la volonté ni le pouvoir. Je ne vous dirai pourtant pas que j'ai cessé d'aimer Des Essarts, non, ma chère, seulement mes sentiments pour lui, sans en être moins vifs, ont

69 D'après la législation royale, la famille peut s'opposer à la prise d'habit d'une jeune fille jusqu'à ses vingt-cinq ans (trente ans pour un homme).

changé de nature. Sa félicité fait toujours l'objet de mes plus ardents désirs, je vous le répète, il sera mon fils. Le bonheur de ma fille me semble attaché à cette union, et je veux mettre tout en œuvre pour la faire réussir. Il faut que vous me secondiez dans ce dessein : sondez le cœur du Chevalier sur la nature de ses sentiments à mon égard, avouez-lui, s'il le faut, que je me suis consacrée à la viduité, vantez-lui les charmes de ma fille, la beauté de son caractère, instruisez-le de la preuve qu'elle vient de me donner de la bonté de son cœur en s'obstinant à me laisser la disposition d'une fortune que je lui avais abandonnée. Fortifiez en lui cette pensée qui a commencé ma guérison, et qu'il m'avait suggérée : « Le ciel ne nous avait pas faits l'un pour l'autre, et les miracles qu'il a opérés pour nous désunir, nous ont manifesté sa volonté d'une manière si formelle, que nous ne pourrions sans révolte méconnaître sa volonté à cet égard. » Voilà ce qu'il m'a forcée de penser, pour ainsi dire, je me flatte qu'il est aussi convaincu de cette vérité que je le suis moi-même. Examinez soigneusement l'impression que vos discours feront sur son esprit, et ne manquez pas de m'en instruire tout aussitôt. Alors sans perdre un instant je partirai pour Paris, et sa vue fera renaître dans le cœur de ma fille les impressions favorables qu'elle eut autrefois en sa faveur. J'ai déjà commencé à faire entrevoir à Julie la nécessité et la possibilité de ce voyage. Je lui ai laissé entrevoir que vous aviez des chagrins sans m'expliquer sur leur nature, et j'ai ajouté que l'amitié nous faisait une loi de partir incessamment pour vous offrir les secours qui dépendraient de nous. Ce discours a fait sur elle une impression surprenante, sans que je puisse deviner si son agitation avait pour principe la douleur ou la joie. En vérité le cœur de cette petite personne est un abîme si profond, qu'il déconcerte toute ma capacité à le sonder. Votre situation m'inspire une vraie pitié, et certainement je ne trompe point Julie lorsque je lui dis que l'amitié nous oblige à vous aller voir. Indépendamment de mes autres motifs, celui-là seul suffirait pour nous engager à faire ce voyage. En attendant, ma chère, déterminez-vous à supporter courageusement l'oubli, l'indifférence, et peut-être les mauvais procédés de votre époux. Bannissez la plainte et le reproche, ils n'ont jamais guéri de rien, au contraire, ils augmentent le mal, et le rendent incurable. Votre époux ne vous aime plus, dites-vous, eh bien forcez-le à vous estimer par votre patience, votre complaisance, et votre bonne conduite. Il est jeune, laissez passer ce temps d'erreur, il est plus digne de pitié que d'indignation.

Un jour ses passions calmées lui permettront de se rappeler la patience dont vous avez usé à son égard, il vous en tiendra compte, et vous récompensera de ce qu'il vous fait souffrir aujourd'hui. Je le connais peu, cependant j'ai cru remarquer en lui un bon cœur et un fonds de probité, qui tôt ou tard vous le ramèneront. Votre histoire est celle de toutes les filles qui se marient par inclination[70]. Je m'attendais à ce qui vous arrive, et je m'attends aussi à son retour. Que l'accomplissement de ma première prophétie vous donne confiance en la seconde.

70 Dans ses ouvrages, Marie Leprince de Beaumont prévient – en règle générale – ses lectrices contre les dangers du mariage d'inclination, voir l'histoire de Fanchon dans le *Magasin des adolescentes* : « La belle Fanchon avait compté que son mari serait toujours son amant ; elle le crut fort injuste quand elle vit disparaître les transports auxquels il l'avait accoutumée ; elle s'en plaignit, pleura : la première fois il essuya ses larmes, et promit de reprendre ses premiers feux. Mais, je vous l'ai dit, l'amour est un sentiment passager, trop vif pour être éternel ; et ce qui peut arriver de plus heureux pour des amants devenus époux, est de voir renaître de ses cendres une tendre amitié. Cela arrive toujours lorsque l'estime a prévenu l'amour, et presque jamais lorsqu'elle n'a pas été sa compagne. » (*Magasin des adolescentes*, *op. cit.*, t. 2, III, p. 33-34).

LETTRE DE LA BARONNE À MADAME DU CASTELET

Vous serez bien surprise, ma chère amie, de recevoir une lettre de moi datée de Metz. Le plus grand des malheurs m'y a conduite. Le même jour où je mis à la poste la dernière lettre que je vous écrivis, j'étais engagée à passer la journée chez Madame Rolland. Un peu de fluxion me fit croire que je ne devais pas m'exposer à sortir par un vent humide, et je priai Julie de m'aller excuser auprès de cette dame, qui était aussi incommodée. Sur le midi, je reçus d'elle un petit billet, par lequel elle me priait de dîner sans elle, parce qu'elle n'avait pu refuser la journée entière à notre amie, qui était un peu plus mal. Cette prière me surprit. J'étais moi-même toute malade, comme je vous l'ai dit, et il me paraissait singulier que Julie eût voulu me laisser seule en pareille occasion. Des visites qui arrivèrent après le dîner, m'empêchèrent de me livrer à cette pensée. Cependant, je vous l'avoue, mon cœur était blessé de ce peu d'attention, d'autant plus que c'était la première fois qu'elle en eût manqué pour moi, et que la plus légère altération dans ma santé avait coutume de lui causer de vives alarmes. Mon impatience redoubla sur les cinq heures. J'avais beau me dire à moi-même, que sans doute Madame Rolland retenait ma fille malgré elle, je l'accusais d'indiscrétion, et Julie d'une insensibilité qui me remplissait d'amertume. Ne pouvant plus soutenir cet état, je me jetai dans ma chaise[71], quoique mon visage fût enflé, et je me fis conduire chez notre amie. Elle parut surprise de me voir, et encore plus lorsque ne voyant point ma fille dans sa chambre, je lui demandai d'un air effrayé, ce qu'elle était devenue. Elle voulut d'abord me nier qu'elle eût été chez elle, mais je connus à son embarras qu'elle cherchait à me tromper, sans doute pour gagner du temps. Je priai, je pressai, je menaçai, enfin cette dame, touchée de ma situation, me remit une lettre de ma fille, par laquelle elle m'apprenait qu'elle partait pour Metz, où elle devait entrer aux Filles de Sainte Claire[72]. Elle me demandait

71 Chaise : « Une sorte de voiture légère à deux ou à quatre roues, traînée par un ou par deux chevaux ; une petite voiture pour une ou pour deux personnes » (*Dictionnaire de l'Académie françoise* (1798), *op. cit.*, t. 1, p. 215).

72 Il y avait alors à Metz deux communautés de clarisses : les urbanistes (qui suivaient la règle d'Urbain IV), installées à l'angle des actuelles rues du Paradis et du Tombois ; les damianistes (ou colettines, du nom de sainte Colette qui réforma l'ordre) établies dans

pardon du mystère qu'elle m'en avait fait, elle avait craint ma tendresse et mes larmes, et n'avait osé s'exposer à un si violent combat. Elle me conjurait de lui laisser exécuter une résolution qu'elle avait formée depuis longtemps et que rien n'était capable de détruire, puisqu'elle avait pu surmonter et sa propre douleur en s'éloignant de moi, et l'idée de celle que sa fuite ne pouvait manquer de me causer. Elle m'assurait que jamais sa tendresse pour moi n'avait été si vive, et elle me demandait pour preuve de la mienne de la laisser tranquille dans l'asile qu'elle avait choisi, et d'attendre pour la voir que mon cœur se fût affermi dans la résolution qu'elle avait prise de se consacrer au Seigneur. Je tombai évanouie en lisant cette lettre, et Madame Rolland voyant que ses soins et ceux d'un médecin qu'elle avait appelé, ne pouvaient me tirer de cet état, fit avertir cette cousine dont je vous ai parlé, qui avait pris si généreusement mon parti contre le reste des parents de ma fille. Elle vint avec son mari. Ma douleur, la situation fâcheuse, ou le saisissement où elle m'avait jeté, achevèrent de la convaincre de la sincérité de ma conduite, et elle eut l'attention de faire appeler les deux personnes de la famille qui paraissaient les plus animées contre moi, pour leur faire voir par leurs propres yeux que j'ignorais absolument tout ce qui s'était passé. La lettre de ma fille en était une preuve sans réplique, et si quelque chose avait été capable de me consoler, c'eût été la manière honnête et tendre avec laquelle ils entreprirent de me consoler lorsque j'eus repris connaissance. Le moyen le plus efficace qu'ils y employèrent, fut de me faire entrevoir que le mal n'était pas sans remède, et que ma fille était trop jeune pour espérer d'être reçue sans mon aveu. Cette pensée sembla me redonner des forces, et si on eût eu égard à mon impatience, je serais partie sur le champ, et j'aurais marché toute la nuit. Tout ce qu'ils purent gagner sur moi, fut d'attendre au lendemain. Je les priai de m'accompagner pour donner plus de force à mes sollicitations, et ma cousine et son époux y consentirent. Nous partîmes le lendemain dès trois heures du matin, mais malgré notre diligence, nous ne pûmes prévenir l'entrée de Julie aux Filles de Sainte Claire. Comme elle y était attendue, elle ne quitta sa chaise de poste qu'à leur porte, et avait été introduite sur-le-champ dans l'intérieur de la maison. Elle refusa d'abord de me voir. L'abbesse l'y contraignit, et dans les premiers moments de cette entrevue, je ne pus m'exprimer

---

l'actuelle rue Marchant. Cette dernière communauté était la plus nombreuse et aussi la plus austère.

que par mes cris. Ma douleur ne la trouva point insensible, je vis que son cœur était déchiré, et ses larmes parurent prêtes à la suffoquer. J'espérais beaucoup de son attendrissement. Vain espoir, elle me pria de l'écouter tranquillement, et ce fut pour me dire, avec une fermeté barbare, que la vue de ma situation pouvait la faire mourir de douleur, mais qu'elle n'était point capable de l'arracher de cette maison qu'elle avait choisie pour son tombeau. Les religieuses qui étaient présentes pleuraient d'admiration, de joie, et élevaient sa vocation jusqu'au ciel. Leur directeur y applaudissait, et eut la dureté et l'imprudence de me dire, que je devais craindre d'attirer le courroux du ciel en entreprenant de lui enlever une victime qu'il s'était choisie. Quand ce qu'il supposait eût été véritable, il prenait mal son temps pour me prêcher, et me faire de telles menaces, aussi fut-il fort mal reçu. Je m'emportai contre lui et contre les religieuses, je prétendais qu'ils avaient séduit ma fille, sans penser qu'ils ne l'avaient jamais vue, je les menaçai d'aller me jeter aux pieds du roi pour lui demander justice de ce rapt, enfin j'étais comme une lionne à laquelle on arrache ses petits, et je poussai l'emportement jusqu'à leur dire que je mettrais le feu à leur couvent s'ils refusaient de me rendre mon enfant. « Ce n'est point à son âge, ajoutai-je, qu'on a une vocation. Qu'elle vienne se renfermer dans ma maison, qu'elle y vive en religieuse, à la bonne heure, j'y consens, et je lui promets que si sa vocation se soutient jusqu'à vingt-cinq ans, je la conduirai moi-même dans votre maison, je m'estimerai heureuse d'avoir mis au monde une épouse pour le Seigneur, je ne prétends pas la lui disputer, je ne cherche qu'à m'assurer de sa volonté sur elle. Si vous refusez de vous prêter à mes vues, j'ai droit de vous regarder comme des séductrices, et ma fille, au lieu de mon consentement, peut être sûre de ma malédiction ». Je sortis en prononçant ces paroles et une sœur tourière[73] nous pria d'entrer dans un parloir d'en bas, parce qu'une des religieuses voulait me parler. Nous y fûmes, et cette bonne fille nous apprit qu'elle était maîtresse des novices[74]. Elle me conjura de me tranquilliser, et m'assura qu'on ne précipiterait rien, qu'elle voulait elle-même examiner la vocation de Julie, et si elle était bonne, prendre le temps

73 La sœur tourière est la religieuse chargée des relations avec l'extérieur, que ce soit pour le ravitaillement du couvent, les contacts administratifs ou la réception des visiteurs et parents.

74 La maîtresse des novices, aussi appelée mère-maîtresse, a reçu la charge de former les jeunes filles à la vie monastique. Elle les initie à l'œuvre de Dieu, à la prière et au travail manuel.

que je fixerais moi-même pour s'y livrer. Elle ajouta, qu'elle ne pouvait approuver ces démarches indiscrètes qui privent une mère chrétienne du bonheur de conduire elle-même sa fille à l'autel, qu'elle augurait trop bien de mon âme sur ma physionomie, pour croire que je voulusse disputer ma fille au Seigneur, supposé qu'il fût bien prouvé qu'il exigeât de moi ce sacrifice. En un mot, cette bonne fille me parla avec tant de douceur et de raison, qu'elle parvint à calmer mon emportement, et je m'abandonnai à ses bons offices, car elle avait un ton de sincérité qui portait la persuasion dans l'âme. Cependant, malgré la confiance que nous avions en ses paroles, nous ne négligeâmes rien de ce que nous jugeâmes pouvoir servir à nos desseins. Je me ressouvins qu'en pareille occasion l'évêque d'Orléans avait interposé son autorité pour m'empêcher de prendre l'habit dans le temps que ma mère était à Marseille. Il n'en fallut pas davantage pour me déterminer à me rendre chez Monseigneur l'évêque de Metz[75], qui était à Frescati[76]. C'est une jolie maison de campagne à une demi-lieue de Metz. Il nous a reçu avec toute la politesse possible, mais lorsque nous lui avons eu expliqué le sujet de notre voyage, il nous a témoigné son chagrin de ne pouvoir nous servir comme il l'aurait souhaité. Les religieuses de Sainte Claire ne sont point soumises aux évêques, il n'a chez elles qu'un droit de représentation, comme tout autre. Cependant il m'a rassurée un peu. Il connaît et estime la maîtresse des novices, c'est, selon lui, une fille fort éclairée, et très différente de celles qui ne cherchent qu'à multiplier les sujets de leur maison, sans les peser[77]. « Elle est très difficile en vocations, ajouta-t-il, et si elle me disait que celle de Mademoiselle votre fille est réelle, j'aurais peine à lui refuser mon suffrage. »

Voilà où nous en étions hier quand je finis ma lettre. Ce matin la tourière est venue mystérieusement à notre auberge, et a demandé ma cousine. Elle l'a priée de passer au couvent, où la maîtresse des novices voudrait l'entretenir. Qu'a-t-elle à lui dire que je ne puisse entendre ? Je serai dans la plus cruelle de toutes les inquiétudes jusqu'à ce qu'elle soit de retour.

---

75 Henri Charles du Cambout de Coislin fut évêque de Metz de 1697 à 1732.

76 Frescaty ou Frescati, à 5 km au Sud-Ouest du centre de Metz, était surtout connu du temps de Marie Leprince de Beaumont pour un château et son important parc, propriété de Monseigneur de Coislin, évêque de Metz.

77 Peser : « Examiner attentivement une chose. » (*Dictionnaire de l'Académie française*, 4e édition, Paris, Veuve Brunet, 1762, p. 358).

Je respire, notre digne religieuse nous a tenu sa parole et j'ai lieu d'espérer que je touche à la fin de mes peines. Il me reste à vous apprendre le plus singulier détail.

Ma parente a resté plus de deux heures à la grille, elles m'ont paru deux années. Lorsqu'elle est rentrée, elle a commencé à me dire que ma fille avait exigé d'elle un serment avant de lui rien déclarer. Vous croyez peut-être que ce serment était pour assurer un secret qu'elle avait à lui dire. Point du tout. Elle voulait que je susse ce qu'elle avait à lui communiquer, mais c'était pour lui faire promettre qu'on n'emploierait jamais contre ses intentions ce qu'elle allait lui découvrir. « Et qu'est-ce enfin, ai-je demandé avec vivacité ? Vous me faites mourir à petit feu ». « Il faut pourtant vous tranquilliser, m'a répondu ma cousine, votre singulière fille demande de vous et de mon époux le serment qu'elle m'a contraint de faire. Elle met une condition à sa sortie du couvent, vous n'avez qu'à dire un mot, et elle sera ici dans une heure, j'en ai sa parole. Mais si vous refusez ce mot, elle prétend que tous ceux auxquels elle aura confié ce secret, soient dans le cas des confesseurs, c'est-à-dire, que nous ne pourrons en aucune manière nous en autoriser pour mettre obstacle à son engagement ». « Eh dépêchez-vous, ma chère amie, dis-je à ma cousine, je jurerai tant que l'on voudra, je ferai tout ce qu'elle exigera, pourvu qu'elle sorte ». « Prenez-y garde, ma chère, me dit ma cousine, il faudra payer de votre personne. Je compte sur votre parole d'honneur et sur celle de mon mari qui ne dit rien, mais dont je réponds. Il faut pour empêcher Julie d'être religieuse, lui donner un beau-père à son choix, en un mot en bon français, elle veut vous donner un mari, et n'en point prendre. C'est sa dernière résolution, dont elle ne rabattra pas une syllabe ». « Quelle folie ! », ai-je répondu tout de suite. « Folie soit, reprit ma cousine, mais cette idée s'est tellement fourrée dans la tête de Julie, que rien n'est capable de l'en faire démordre. Elle dit qu'elle vous a déjà proposé ce mariage que son père avait arrêté pour elle, qu'elle ne veut point accomplir, et que vous devez faire en sa place ».

Savez-vous bien, ma chère, que j'ai rougi d'une manière si étrange, que j'aurais pu occasionner bien des soupçons si les deux personnes avec lesquelles j'étais, m'eussent envisagée ? Savez-vous bien encore que si ma fille ne m'eût pas parlé de ce mariage avant que je vous eusse confié les événements de ma vie, je vous aurais soupçonnée de l'en avoir instruite ? A-t-elle un démon familier qui l'ait instruite de l'amour que j'ai pour

Des Essarts ? Jamais son nom ne m'est échappé, et mon époux est mort sans avoir découvert ce secret. Mon amie aurait-elle eu l'imprudence de le lui déclarer ? Non, cela n'est pas possible. En vérité je m'y perds. Si ma passion n'eût pas été parfaitement vaincue, avouez que j'aurais un beau prétexte de m'y abandonner et de regarder un accident si extraordinaire comme une preuve de la volonté de Dieu à cet égard. Grâce à sa bonté, je n'en ai pas même été tentée, et j'ai fort assuré ma cousine que c'était la seule chose que je ne pourrais sacrifier à ma fille. Depuis ce moment je suis plus tranquille. La maîtresse des novices connaît à présent le prix de sa vocation, et ne pourrait en conscience lui permettre de s'engager par de tels motifs. Aussi a-t-elle donné sur ce sujet une parole positive à ma cousine, et ne demande que quelques jours pour nous rendre la postulante sans condition. Elle a déjà beaucoup gagné, ce me semble, et ce premier succès paraît me présager une victoire parfaite. Nous l'attendrons, non sans impatience, mais enfin il faudra la prendre (c'est-à-dire, la patience) autant qu'il sera nécessaire. Je meurs d'envie de savoir de ma fille par quelle raison elle s'obstine à vouloir que j'épouse Des Essarts, c'est un caprice unique. Vous pouvez m'adresser ici votre réponse, car selon les apparences, nous y sommes pour quelque temps. Quelle serait ma joie si Des Essarts aussi radicalement guéri que moi, pouvait ressentir autant de joie de devenir mon gendre, que j'en aurais à l'accepter pour fils. Ne perdez pas un moment à me donner cette espérance, mais ne me trompez pas.

LETTRE DE MADAME DU CASTELET À LA BARONNE

J'ai le mot de l'énigme, ma chère Baronne, ne faudrait-il point vous en faire serment ? Car vous me priez de ne vous point tromper. Tous vos malheurs sont finis, et la providence a tellement conduit cette affaire, qu'il fallait l'équipée de notre chère Julie, pour la faire réussir. Savez-vous que cette passion si vive, si extraordinaire, si ridicule, si impossible à satisfaire, à avouer même, c'était Des Essarts qui la lui avait inspirée ? Instruite de tout ce que vous croyez qu'elle ignorait parfaitement, c'était à vous qu'elle sacrifiait son amant. En vérité, une pareille tendresse filiale est un prodige dont on voit peu d'exemples. Mais je dois vous instruire du hasard qui a mis la petite héroïne si bien au fait de vos affaires, et commencer par vous dire comment je me trouve en état d'éclaircir toutes ces obscurités.

La lecture de votre lettre m'avait fait partager toutes vos douleurs, et je ne pouvais refuser mes larmes à la situation où vous réduisait la fuite d'une fille si chérie, lorsque Des Essarts est entré dans mon cabinet pour me remettre un livre que je l'avais prié de me procurer. Surpris de voir couler mes pleurs, il m'a demandé excuse de l'indiscrétion qu'il avait faite en entrant sans se faire annoncer, et voulait sortir, lorsque je l'ai prié de s'asseoir. Au récit du malheur qui venait de vous arriver, il s'est attendri, et emporté par un mouvement dont il n'a pu se rendre le maître. Il s'est écrié qu'il était bien malheureux d'avoir à se reprocher d'être la cause de toutes vos infortunes. Confus de s'être échappé jusque-là, il a rougi, baissé les yeux, et a pris toute la contenance d'un homme désespéré d'avoir trahi par son transport un secret qui ne lui appartenait qu'à moitié. Il cherchait sans doute à donner une tournure à son discours, propre à me dépayser, mais je ne lui en ai pas donné le temps, et ne pouvant comprendre quelle part il avait à la retraite de Julie, j'ai cru devoir le mettre à son aise tout d'un coup, en lui faisant connaître que j'étais parfaitement instruite de vos affaires et des siennes. Pour cela je lui ai remis votre lettre qu'il a relue deux fois avec les marques de l'émotion la plus vive. Après me l'avoir remise, il a été plus d'un quart d'heure sans pouvoir répondre à toutes les questions que je lui faisais, tant il était saisi, et malgré l'impatience dans laquelle j'étais d'apprendre de sa bouche le nœud de cette affaire, il a fallu lui laisser tout ce temps pour se remettre, après quoi il m'a dit : « Madame de Batteville ne se trompait pas, lorsqu'elle attribuait la langueur qui s'était emparée de sa fille, à une passion. Hélas ! Madame, j'en étais l'objet, sans le savoir. L'amitié que son respectable père avait pour moi, l'avait engagée à exagérer quelques bonnes qualités qu'il avait cru découvrir dans mon caractère. Le cœur de sa fille avait saisi ce portrait, qui assurément n'était pas le mien, et formée d'un sang destiné, ce semble, à m'être attaché, elle n'avait pu se défendre d'un mouvement dont elle ignorait le danger et la nature ». « Mais, Madame, ajouta-t-il, pour vous bien faire entendre ce que j'ai à vous raconter, je dois commencer mon récit où Madame la Baronne a fini le sien, et vous apprendre comment vous voyez vivant un homme qu'elle a pleuré comme mort ».

J'avais un trop grand désir de connaître des événements si singuliers, pour remettre à un autre moment le récit de Des Essarts. J'ordonnai à un domestique de ne point recevoir certaines gens que j'attendais, et Des Essarts me raconta ce que je vais vous écrire. C'est lui qui va parler.

Suite de l'histoire de Monsieur des Essarts

Vous connaissez ma naissance, Madame, elle était assez bonne pour me donner quelque espoir de m'avancer dans la profession des armes, l'exemple de mes pères m'en faisait, ce semble, une loi. C'était au service de la patrie qu'ils avaient consumé un patrimoine, qui du temps de mon grand-père, était encore considérable. D'ailleurs, c'était aux bienfaits du prince que je devais mon éducation, puisque nous ne subsistions, ma mère et moi, que d'une pension qu'il avait eu la bonté de nous accorder, et cela devait m'engager à mériter par mes services des bienfaits qui les avaient prévenus. Mon inclination eût sans doute été d'accord avec ma mère sur cet article. L'étude à laquelle elle me livra, dérangea tous ses projets. J'eus le bonheur de tomber entre les mains d'un professeur qui prit de l'amitié pour moi et qui voulut bien devenir mon guide. J'ose le dire, ses soins avancèrent pour moi le temps de la réflexion, et profitant d'une raison dont il avait prématuré la lumière, il s'appliqua à me dévoiler mon propre cœur. Ce fut alors qu'il me prononça cet arrêt, qu'un de nos romanciers a mis dans la bouche du précepteur de son héros[78] : Vous avez, me dit-il, deux dispositions qui annoncent pour vous de grandes vertus et de grands vices. Votre cœur est fait pour le bien et il l'aime, mais il est si tendre, et il sera si susceptible, qu'il vous exposera aux plus grands dangers, ou du moins aux plus grands malheurs. Ce fut d'après cette connaissance parfaite qu'il avait de mes dispositions qu'il dirigea tous ses préceptes. Une vie aussi tumultueuse que celle qu'entraîne la profession des armes, lui parut un écueil pour moi, et il m'encouragea à chercher dans les sciences un établissement plus tranquille et moins dangereux. Quoique je fusse d'une vivacité qui ne faisait point espérer une application constante et capable de conduire aux grands progrès, mon guide trouva le moyen de me fixer. Je l'aimais, et la crainte de lui déplaire l'emportait sur mon goût pour les plaisirs. Ainsi je pris dès ma tendre jeunesse l'heureuse habitude de maîtriser mes goûts dominants, habitude qui me devint si nécessaire dans le cours de ma vie, et sans laquelle j'eusse plusieurs fois succombé sous le poids de mes infortunes. Elles commencèrent au moment où je vis Madame de Batteville. Si le sentiment qui s'empara de mon âme dans ce moment, eut quelque douceur, elle fut bien tempérée par les difficultés que ma mère me fit entrevoir, dans la médiocrité, ou plutôt le manque de ma fortune, qui ne me permettait pas l'espoir de faire à Julie (car vous savez que c'était le nom de la Baronne), de lui offrir, dis-je, un sort digne d'elle. Aux peines que me causèrent les obstacles qui s'opposaient au désir de la rendre heureuse, se joignit un secret pressentiment qui me défendait d'espérer de la voir jamais mon épouse. Oui, Madame, au moment même où sa mère me déclara que le ciel s'intéressait pour nous, et que la succession qui venait de lui échoir, la mettait en état de terminer mon mariage avec sa fille, dans ce moment, dis-je, où j'aurais dû me croire au comble du bonheur, mon cœur ne put s'ouvrir à la joie, et celle qui se répandit sur mon visage, n'était point l'expression de mon âme qui resta plongée dans le découragement. Cette disposition subsista tout le temps de notre voyage et de notre séjour à Marseille. Je ne pouvais ouvrir une lettre sans crainte d'y trouver l'arrêt de ma mort, c'est-à-dire, la nouvelle de celle de Julie. Enfin, la peste se déclara, comme Madame la Baronne vous l'a écrit, et je crus voir dans cet événement terrible, la ruine entière de mes espérances. Sûr de ne plus revoir Julie, je résolus d'en détacher mon cœur, et

78 La citation n'a pas pu être identifié. Peut-être fait-elle ici allusion au roman didactique *Télémaque* (1699) de François de La Mothe-Fénélon.

comme cette entreprise surpassait infiniment mes forces, tout ce qui resta en mon pouvoir, fut de renouveler le sacrifice de tout le bonheur de ma vie à tous les instants du jour. Les conseils et les prières de Monseigneur l'évêque de Marseille me soutinrent dans cette résolution. On a beaucoup vanté le courage avec lequel je me suis dévoué au service des pestiférés, on l'eût moins estimé, si on eût connu mes motifs. Je vous l'ai dit, une voix secrète m'annonçait que nous ne serions jamais unis, et qu'aurais-je fait de la vie sans elle ? De quel prix pouvait être le sacrifice que j'en offrais au Seigneur ? Je dois pourtant publier les merveilles de sa grâce. Mes motifs se purifièrent, je rougis de leur imperfection, et j'eus enfin le courage de demander à Dieu qu'il rompît notre mariage, s'il n'était pas convenable aux desseins qu'il avait sur nous. Je crus qu'il m'avait exaucé, lorsque je me sentis frappé de la peste. J'avais acquis assez de connaissance de cette terrible maladie, pour sentir que tous les symptômes de la mienne étaient mortels. Je passai donc toute la nuit à penser à l'éternité et à cet objet infiniment aimable dont la mort seule peut nous mettre en possession. Qu'elle me paraissait désirable sous ce point de vue ! Et qu'il m'était doux de n'avoir point attendu à ce dernier moment à me détacher de Julie ! Je brûlais du désir de recevoir mes derniers sacrements, et je pressai Madame D*** de me procurer ce secours et la vue du saint évêque auquel j'avais remis le soin de ma conscience. Il y avait à peine un quart d'heure qu'elle était sortie, que j'entendis pousser la porte avec violence, et en même temps quatre de ces hommes qui étaient chargés d'enlever les corps morts entrèrent dans ma chambre. Ils me dirent avec brutalité que je me dépêchasse de mourir, parce qu'ils n'étaient pas en commodité de revenir chercher mon cadavre. Bon, dit un autre, il est plus d'à moitié mort, ce sera lui rendre service que de l'achever. En même temps un de ces scélérats enfonça l'armoire, et se saisit de la bourse où était notre or. Je n'en vis point davantage, un évanouissement profond leur fit croire que je ne vivais plus, Dieu sans doute me l'envoya pour me sauver la vie, car il est indubitable qu'ils me l'eussent ôtée s'ils ne m'avaient cru mort. Je présume qu'ils me traînèrent dans leur tombereau et qu'ils me jetèrent dans une de ces grandes fosses où l'on entassait les cadavres sans les recouvrir, jusqu'à ce que la fosse fût comblée. J'y restai plus de seize heures sans connaissance, car je ne repris mes sens qu'à deux heures la nuit suivante. Jugez de mon horreur, lorsqu'à la faible lueur de la lune, je distinguai les cadavres dont j'étais environné. Je ne sais comment cet horrible spectacle ne m'ôta pas une seconde fois l'usage de mes sens, mais la nature ennemie de la destruction, m'inspira le désir de faire quelques efforts pour me tirer de cette fosse, qui par bonheur n'était plus profonde, à cause de la quantité des corps qu'on y avait jetés. Dix fois je désespérai d'y réussir, et je fus tenté d'abandonner entièrement le soin de ma misérable vie. La crainte d'avoir ma mort à me reprocher, m'anima d'un nouveau courage, et je parvins enfin à sortir de ce vaste tombeau. Je me couchai sur le bord tout épuisé et croyant que tant de peines n'aboutiraient qu'à hâter mes derniers instants, je recommandai mon âme à Dieu, persuadé que j'allais la lui rendre. Je crois pouvoir vous assurer que ma prière fortifia mon corps, aussi bien que mon âme. Après l'avoir achevée je me levai, et fis environ trois cents pas pour me traîner jusqu'au grand chemin. Le croiriez-vous, Madame, j'y passai deux heures, qui s'écoulèrent avec rapidité, quoique je souffrisse des douleurs au-dessus de l'expression, et que je fusse dévoré d'une soif brûlante, j'eus lieu de me convaincre de ce que j'avais ouï dire plusieurs fois, que Dieu proportionne ses secours aux maux qu'il nous envoie, et que la grâce peut changer les peines en plaisir. Je restai dans cet état jusqu'à la pointe du jour, et l'on commençait à discerner les objets, quand j'aperçus trois femmes qui s'approchaient du lieu où j'étais. Lorsqu'elles furent à vingt pas de moi, je fis un effort pour me mettre sur mon séant, et élevant la voix autant que ma faiblesse put me le permettre, je leur demandai de me secourir pour l'amour de Dieu. Rappelez-vous, Madame, que ces malheureux m'avaient emporté de mon lit, et que ne voulant pas perdre ma chemise qui était fine, ils m'en avaient dépouillé. Vous sentez quelle frayeur je dus causer à ces femmes. Aussi elles m'eurent à peine entrevu, qu'elles prirent la fuite. Cependant une d'elles, plus courageuse que les autres, revint sur ses pas, et s'étant rapprochée de moi, me demanda qui j'étais, et pourquoi j'étais ainsi nu. Je crus reconnaître la voix de cette femme, et effectivement je ne me trompais pas, je l'avais secourue dans le temps où elle avait eu la peste. Elle disait souvent que je lui avais sauvé la vie, et qu'elle donnerait la moitié de son bien pour reconnaître les obligations qu'elle m'avait. Je lui racontai en peu de mots le crime qui m'avait réduit en ce triste état, et je la priai de me faire porter en quelque lieu où je puisse recevoir mes sacrements dont j'avais été privé. Elle se rapprocha alors de ses compagnes, qui, se tenant à quelque distance, l'excitaient à m'abandonner. Mais quoiqu'elle employât les prières les plus pressantes pour les engager à lui aider à me porter chez elle, elles ne voulurent jamais s'y prêter. Tout ce qu'elle en put obtenir, fut d'appeler en s'en retournant ses deux domestiques. Nous ne les attendîmes pas. Cette femme ayant défait une de ses jupes, m'en couvrit, et m'exhorta à essayer mes forces, en m'appuyant sur elle. Heureusement sa maison n'était pas fort éloignée, et j'y arrivai sans accident. Elle m'apprit en chemin qu'elle avait fait vœu pendant sa maladie d'aller à Notre-Dame de la Garde aussitôt qu'elle le pourrait. C'est une chapelle placée sur un roc fort élevé, proche de Marseille. Elle était alors fermée comme le reste des églises, ainsi elle avait cru devoir remettre à un autre temps l'accomplissement de sa promesse. La veille du jour où nous étions, son vœu lui revint dans l'esprit, elle se reprocha d'avoir différé à l'exécuter, et pensa qu'elle devait au moins aller jusqu'à la porte pour remercier Dieu, par l'intercession de Marie, de lui avoir rendu la santé. D'abord elle négligea cette pensée, mais elle en fut si tourmentée, que ne pouvant y résister, elle pria deux de ses parentes de l'y accompagner, et pour éviter les grandes chaleurs qu'il fait dans cette région, elles partirent à la petite pointe du jour. Toutes ces circonstances me pénétrèrent de reconnaissance, et j'admirai les moyens dont la providence s'était servie pour me sauver. Une heure plus tard c'était fait de moi. Les malheureux qui m'avaient enlevé n'auraient pas voulu s'exposer à la punition de leur vol en me laissant la vie, et je ne doute pas qu'ils ne m'eussent enterré tout vivant dans cette fosse qui fut comblée ce même matin. Il était naturel que je pensasse à faire avertir Madame D***, je ne le fis pourtant pas, je n'étais point hors de danger, et il me semblait qu'il y aurait de la cruauté à l'exposer à me pleurer deux fois, et qu'il serait assez temps de lui apprendre ma résurrection lorsque je serais parfaitement remis, si Dieu voulait me rendre ma santé. J'écrivis un mot à Monseigneur l'évêque de Marseille pour lui demander son secours, et je le priai de laisser ma mère dans l'idée de ma mort jusqu'au moment où je pourrais me croire au nombre des convalescents. Je ne restai pas longtemps malade. Cinq charbons sortirent, et faute d'un chirurgien je les ouvris moi-même avec un canif, et une abondante suppuration me mit en peu de jours hors de danger. Dans cet intervalle je fis les réflexions suivantes : Madame D*** n'avait consenti à m'unir à sa fille que sur l'espoir de nous assurer une subsistance honnête, elle venait d'être dépouillée de tout, par conséquent les raisons qu'elle avait eues de me refuser sa fille subsistaient, et je n'aurais pu, sans lui faire une sorte de violence, lui demander l'exécution de ses promesses dans les circonstances présentes.

Il me restait deux partis à prendre, celui de tenter la fortune en l'avertissant de mon retour à la vie, et en la priant de me conserver Julie, ou celui d'abandonner absolument cette affaire à la providence, sans l'instruire de l'heureux accident qui m'avait rendu à la lumière. Vous me trouverez peut-être bizarre dans la résolution que je pris de suivre ce second parti, voici ce qui m'y détermina. Rappelez-vous que dans le commencement de la peste, j'avais demandé à Dieu avec instance de mettre des obstacles à mon mariage, si ce n'était pas sa volonté qu'il s'accomplît. Il me parut que cette divine volonté s'était manifestée par le vol qui nous avait été fait, et que je ne pouvais, sans être rebelle à ses ordres, conserver un espoir qu'il m'avait ôté. Mgr l'évêque, auquel je découvris cette pensée, l'approuva, en y mettant une modification : « Vous pouvez, me dit-il, tenter la fortune. Si Dieu nous fait la grâce de sauver cette misérable ville, je vous promets de vous faire un fonds pour passer en Amérique. Si dans l'espace d'une année vous voyez jour à faire quelque chose, je vous promets d'avertir Madame D*** et sa fille. Si au contraire Dieu ne bénit pas votre travail, vous serez fondé à croire qu'il s'oppose à votre mariage, et alors il y aurait de la dureté à empêcher Mademoiselle Julie de profiter des occasions de s'établir avantageusement, ce qu'elle refuserait de faire sans doute, si elle était assurée de votre existence. » Ce conseil me parut sage, et je m'y soumis comme s'il m'était venu de la bouche de Dieu même, non sans être obligé de me faire les plus cruelles violences pour me soutenir dans mes résolutions. La peste avait chassé de Marseille un grand nombre de familles opulentes qui s'étaient retirées dans leurs maisons de campagne, qu'on appelle bastides. La maladie y pénétra en ce temps-là, et ces malheureux y furent beaucoup plus mal que ceux de la ville, parce qu'ils étaient privés de tout secours. Monseigneur de Marseille, dont la charité était sans bornes, mit tout en usage pour leur procurer quelques soulagements. Deux jésuites de ceux qui s'étaient dévoués au service des pestiférés, se chargèrent des secours spirituels, et je fus destiné à leur administrer la nourriture et les remèdes, ce qui convenait au dessein que j'avais d'échapper aux regards de Madame D***. Ce fut dans ce temps où Dieu permit que je fusse attaqué d'une tentation si délicate, que j'eus besoin d'une grâce particulière pour la surmonter.

Je fus un jour abordé par une femme moribonde, et qui se soutenait à peine. Elle me dit qu'elle ne venait point implorer mon secours, parce qu'elle se sentait frappée mortellement, mais qu'elle me conjurait de donner mes soins à sa fille unique, qui était dans une bastide qu'elle me montra de la main. Si vous la sauvez, me dit-elle, elle est à vous, aussi bien que les grandes richesses dont elle restera la maîtresse par ma mort. En finissant ces mots, elle tomba de faiblesse, et pourtant ne voulut pas me permettre de m'arrêter pour lui donner du secours. Je trouvai la fille dans son lit, et quoique la maladie eût affaibli ses charmes, si l'image de Julie n'eût pas été présente à mon imagination, j'aurais cru qu'il n'était pas possible de rien voir de si beau. Je mis tout en usage pour la secourir, non que je fusse disposé à accepter le prix qui m'avait été offert si je la sauvais, mais par la pitié que m'inspirait une si aimable personne, enlevée à la fleur de son âge. Elle m'apprit que la peste lui avait enlevé son père et deux de ses frères, qu'elle avait vu périr ensuite trois de ses domestiques. Enfin sa mère avait été attaquée et l'avait exhortée à fuir de la maison pour échapper au mal, et qu'elle n'avait pu se résoudre à l'abandonner, qu'ayant ressenti elle-même les premières atteintes de la maladie, sa mère s'était échappée pour tâcher de lui procurer quelques secours. Elle me conjura ensuite de la quitter pour quelque temps, et de retourner vers sa mère pour essayer du moins de la sauver. Touché de cette tendresse filiale, je me trouvai partagé entre ces deux femmes, car cette Demoiselle me paraissait elle-même à l'extrémité. Je cédai pourtant à ses instances, et courus à perte d'haleine à l'endroit où j'avais laissé sa mère. Hélas ! Elle n'existait plus, et lorsque je retournai auprès de la fille, je la trouvai dans un délire qui ne finit qu'avec sa vie. Elle paraissait pourtant avoir conservé un reste de connaissance, car elle prit ses poches[79] qui étaient sous son chevet, et en tira une clé. Elle me la remit entre les mains. Quelques moments après elle me l'arracha avec violence, en se plaignant que je lui ôtais la vie pour avoir son bien, puis elle me la rendit une seconde fois. Ce fut dans ces agitations qu'elle rendit le dernier soupir, et je restai seul dans cette maison. J'ose vous assurer, Madame, que j'ai toujours méprisé la fortune, mais dans cette occasion les richesses me parurent un bien réel, puisqu'elles m'auraient mis en situation de faire un sort heureux à ma chère Julie et à sa mère. La cupidité, toujours éloquente, ou si vous voulez, l'intérêt de mon amour, me fournissaient des raisons convaincantes de m'approprier l'héritage qu'on semblait m'avoir abandonné. Il me paraissait même

79 Au XVIIIe siècle, les poches ne faisaient pas partie intégrante des vêtements, mais elles étaient détachables et pouvaient par exemple être montées sur une ceinture.

que la providence avait fait naître cette occasion pour m'indemniser du vol qu'on nous avait fait. En un mot, je fus séduit pour quelques instants, et dans ce moment de faiblesse j'ouvris une armoire, où je trouvai trois petits coffrets assez pesants. J'avançais la main pour m'en emparer, lorsqu'une lumière subite m'éclaira et me fit voir le piège que le diable m'avait tendu. Je sortis de cette chambre et de cette maison avec une sorte d'horreur, et m'étant mis à genoux devant la porte, je remerciai le ciel du secours qu'il m'avait accordé dans une tentation si pressante. J'étais prêt à m'éloigner d'un lieu qui avait pensé me devenir si funeste, lorsque je fis réflexion que d'autres que moi pouvaient entrer dans cette maison abandonnée, et frustrer les héritiers légitimes de cette famille. Je retournai donc sur mes pas pour mettre en sûreté tout ce que je pouvais emporter. Je ne savais à laquelle de ces boîtes ou coffrets donner la préférence. Ils étaient si lourds qu'il n'y avait pas d'apparence que je pusse m'en charger. Je les ouvris, et je connus par les bordereaux qu'il y avait plus de trois cent mille livres, tant en or qu'en piastres[80]. Je trouvai aussi dans un de ces coffrets un écrin garni de bijoux précieux que je mis dans ma poche. Je me chargeai de l'un de ces coffrets, et je l'emportai dans la maison où j'habitais. C'était celle d'un jeune homme qui avait été au service de l'évêque, et qui s'était marié depuis deux ans à une veuve fort à son aise, dont il n'avait point eu d'enfants, et que la peste lui avait enlevée. Comme Monseigneur de Marseille m'avait vanté sa probité, je ne fis aucune difficulté de lui raconter ce qui s'était passé, et je le priai de m'accompagner dans cette maison pour m'aider à mettre en sûreté tous les effets qui seraient susceptibles de transport, afin de les remettre dès le lendemain entre les mains de Monseigneur l'évêque. Je poussai même l'imprudence jusqu'à lui dire que le coffret dont j'étais chargé était plein d'or, et qu'il en restait deux autres remplis d'argent. J'ai toujours été persuadé que ce malheureux avait été honnête homme jusqu'à ce jour, mais sa probité fut trop faible contre le danger d'une telle occasion. Il conçut le dessein de s'approprier ce trésor, et de se défaire, par ma mort, du seul témoin de son crime. Voici les moyens qu'il employa pour commettre ce vol, et que je n'appris qu'à mon retour des Indes, six ans après le temps dont je parle.

---

80 Piastre : « Sorte de monnaie d'argent, qui vaut environ cent sous de notre monnaie, et qui se fabrique en Espagne et dans les Indes Occidentales. » (*Dictionnaire de l'Académie françoise* (1798), *op. cit.*, t. 2, p. 281).

Ce misérable était devenu amoureux de la fille d'un galérien qui avait suivi son père à Marseille. Elle était extrêmement jolie, et avait autant de tendresse filiale, qu'elle était dépourvue de sagesse. Elle trouva de puissants protecteurs, et par leur crédit elle réussit à briser les chaînes de celui auquel elle devait la vie. Elle l'avait retiré dans une maison qu'un de ses amants lui avait richement meublée, et où elle vivait avec opulence. Le malheureux Larcher (c'était le nom de mon hôte) ayant eu occasion de la voir avant la peste, en était devenu passionné, et comme sa femme était fort âgée, il lui avait offert de l'épouser aussitôt qu'elle serait morte. Ses offres avaient été rejetées avec dédain, parce qu'il n'était pas assez riche, et il y avait longtemps qu'il ne l'avait vue, sans cesser de l'aimer. Il fut chez elle dès le même soir, et la trouva dans une situation misérable, aussi bien que son père. Ce fut à ce scélérat qu'il proposa le dessein qu'il avait de me tuer pour s'emparer de mes richesses, ou plutôt de celles dont j'étais le gardien, et il lui demanda son conseil et son secours pour l'exécution de son crime. Ce projet ne pouvait manquer de plaire à son confident, et ils concertèrent ensemble les moyens dont ils devaient se servir pour me perdre. J'avais désigné à Larcher la maison où nous devions aller le lendemain, et son confident convint de se cacher aux environs de cette maison, dont il lui ouvrirait la porte. Ce criminel dessein eut tout le succès possible, et j'arrangeais tranquillement ce que nous devions emporter, et que j'avais mis dans un coffre plus grand, lorsque Larcher profitant de la posture où j'étais, me donna un grand coup de poignard par derrière. Je tombai, et son complice me perça de plusieurs autres coups, jusqu'à ce qu'il me crût sans vie. Larcher s'applaudissait d'un crime dont un autre devait recueillir le fruit. Le galérien lui conseilla de ne pas garder de telles richesses dans sa maison, où l'on pourrait faire des recherches, et ils convinrent ensemble de l'enterrer dans un champ qui était proche. Larcher y consentit, et fut chez lui reprendre le premier coffret, aussi bien que l'écrin. Ils déposèrent le tout au pied d'un arbre dans une fosse qu'ils avaient creusée, et se préparaient à se retirer, lorsque mon malheureux hôte apprit à son complice que j'avais écrit dès le matin une lettre à Monseigneur de Marseille, par laquelle je l'avertissais du trésor qui m'était tombé entre les mains, et comme cette lettre était dans ma poche, il conclut à remonter dans la maison pour me l'ôter, de peur qu'elle ne découvrît leur crime. Le galérien charmé d'une circonstance qui lui fournissait l'occasion de faire avec sécurité le second meurtre qu'il méditait, le pressa de prendre cette lettre, et pendant qu'il était à genoux pour me fouiller, lui fit sauter la cervelle d'un coup de pistolet, et mêla le sang de cet infortuné avec le mien. Il y a beaucoup d'apparence qu'il se retira sur-le-champ, car je ne tardai pas à donner des signes de vie, et j'ai même une idée confuse d'avoir entendu le coup qui ôta la vie à Larcher. Ce qu'il y a de sûr, c'est que je ne restai pas plus de deux heures dans mon évanouissement. Quelle fut mon horreur de me voir surchargé du poids du corps de mon assassin, et de le trouver mort et défiguré d'une manière à inspirer la terreur. Voilà, Madame, le moment le plus pénible que j'aie éprouvé dans tout le cours de ma vie. J'avais pourtant été enterré tout vif, et confondu avec un grand nombre de cadavres la plupart déjà corrompus, mais lorsque je repris mes sens dans cette première occasion, j'osai lever au ciel des mains pures et un cœur innocent. Le remords vengeur ne troublait point mon âme, et prêt à la rendre à mon Créateur, ma confiance en lui était sans bornes. Que ma situation fut différente dans ce second danger ! J'avais lâchement cédé au désir de m'approprier un bien sur lequel je n'avais qu'un droit fort équivoque. Avant mon accident je m'étais justifié ma faiblesse par les circonstances qui l'avaient précédée. Les personnes à qui ces biens avaient appartenus, avaient eu dessein de me les abandonner. La mère par ses paroles, et la fille en me remettant ses clés, semblaient s'être accordées à m'en donner la jouissance. Voilà ce que j'avais pensé en santé. Prêt à paraître devant Dieu, ces prétextes me parurent frivoles. La mère à la vérité m'avait offert sa fortune, mais c'était sous la condition de sauver sa fille, et de l'épouser. Ces paroles ne me donnaient donc aucun droit à ce bien, puisque j'étais déterminé à ne point remplir la seconde de ces conditions. La fille m'avait remis ses clés, et cette action, qui m'avait paru équivalente à un don, eût pu justifier ma faiblesse. Mais elle n'était point libre lorsqu'elle avait fait cette action. Un testament signé dans de telles circonstances ne m'eût pas paru valable, à plus forte raison ne devais-je pas regarder comme un titre légitime une action qui avait même été démentie par une autre, puisqu'elle m'avait arraché cette clé qu'elle m'avait remise. J'avais donc été criminel, il ne m'était plus possible de me faire illusion à cet égard, et jusqu'à quel point l'avais-je été ? Jusqu'où pouvais-je compter sur mon repentir ? Voilà, Madame, ce qui me jeta dans une agonie si terrible, que je ne puis penser à ce que je souffris alors sans sentir mon sang se glacer dans mes veines, et mes cheveux se dresser d'horreur. Ce qui augmentait ma peine, était de me voir à côté d'un homme que je regardais comme un réprouvé, puisqu'il avait été tué en commettant le crime. Je craignais de me voir bientôt compagnon de son malheur éternel, comme je l'avais été en quelque sorte de sa cupidité. Cette pensée qui augmentait mes maux, en produisit le remède en excitant dans mon cœur un vif sentiment de reconnaissance envers Dieu qui m'avait donné le temps du repentir qu'il avait refusé à ce misérable. La vue de la lettre que j'avais écrite à l'évêque, et qui était encore dans la main de ce cadavre, acheva de faire renaître mon espoir, et je me rappelai avec ravissement que je n'avais point attendu le moment du péril pour me résoudre à réparer ma faute. J'offris à Dieu le sacrifice de ma vie pour l'expier, et il me sembla qu'il avait reçu mon offrande. Je sentis la paix renaître dans mon cœur, et je m'abandonnai avec confiance à la miséricorde du Seigneur. Il me reste à vous dire, Madame, par quel miracle j'échappai à la mort.

Je vous ai dit que Monseigneur l'évêque avait envoyé deux jésuites dans les dehors de Marseille, pour procurer des secours spirituels à ceux qui s'étaient retirés à la campagne. Un de ceux-là avait confessé la mère et la fille le matin du jour de leur mort. Ses grandes occupations ne lui permirent pas de les revoir le lendemain, mais le jour suivant se trouvant proche de leur demeure, il ne voulut pas s'éloigner sans leur dire un mot de consolation si elles vivaient encore. Il fut un peu surpris de trouver les portes absolument ouvertes, surtout celle de la chambre où il avait laissé les deux malades. Il recula d'horreur en y entrant, et me trouva sur mon séant, car au bruit qu'il avait fait en marchant, je m'étais efforcé de me mettre dans cette posture. Il était temps que ce secours arrivât. Mon sang qui s'était arrêté pendant mon évanouissement, recommençait à couler avec violence, et le premier soin du jésuite fut de bander mes plaies. Pendant qu'il s'occupait de ce soin, je me hâtais de lui confesser ma faute, et comme il eut appris qu'au moment où j'avais voulu m'emparer de cet argent, je croyais être autorisé par celles auxquelles il avait appartenu, qu'aussitôt où j'avais douté de la légitimité de mon droit, j'avais pris la résolution d'en remettre la décision à Monseigneur de Marseille, il m'assura que la faute que j'avais commise n'était pas de celles qui peuvent jeter dans la disgrâce de Dieu, et me dit que c'était plutôt un sujet d'humiliation que de pénitence, puisqu'il est impossible d'offenser

Dieu sans le vouloir, et que dans la minute où j'avais succombé au désir de m'enrichir, je croyais pouvoir le faire sans crime, que cet accident devait servir à me faire connaître la corruption de mon cœur, et le besoin que j'avais du secours du ciel. Il me laissa après m'avoir rassuré, et courut me chercher du secours. Je ne vous détaillerai point les divers périodes de ma maladie. Parmi neuf coups de poignard que j'avais reçus, il ne s'en trouva pas un de mortel. Le seul épuisement que m'avait causé la perte du sang, prolongea ma convalescence jusqu'au temps où la peste cessa entièrement. Il m'en coûta beaucoup de laisser partir Madame D*** sans la voir. Cependant le dernier malheur qui m'était arrivé m'avait fortifié dans la pensée que Dieu n'approuvait point mon mariage avec sa fille. C'était au désir de l'accomplir que je devais attribuer la tentation à laquelle j'avais failli succomber, et ce que Monseigneur l'évêque m'apprit après la cessation de la peste[81], me fit voir encore plus clairement un ordre de la providence attentive à écarter tous les moyens de m'unir à Julie. Le seul héritier de la malheureuse famille qui avait été détruite par la peste, était un fort honnête homme, qui étant à son aise, protesta à Monseigneur de Marseille qu'il m'aurait forcé à accepter la moitié de cette succession, si elle fut tombée entre ses mains, et la preuve qu'il parlait sincèrement, c'est qu'il m'abandonna deux mille livres qu'il tira de la vente de la petite maison qui lui était restée. Il était donc décidé dans le ciel que les événements les plus extraordinaires seraient rassemblés pour concourir à m'éloigner de Julie, puisque sans le crime de Larcher le changement avantageux de ma fortune m'eût permis de suivre le penchant invincible qui m'entraînait vers elle. Dieu me donna la force de me soumettre à ses décrets. Aussitôt que la navigation fut devenue libre, je cherchai l'occasion de passer dans les Indes. Je remis à Monseigneur de Marseille la moitié de la somme dont on m'avait fait présent, le priant de la faire accepter à Madame D***, comme de sa part, afin de soulager la grande pauvreté à laquelle elle allait se trouver réduite. Il refusa de la prendre, et se chargea de pourvoir lui-même aux besoins de cette Dame et de sa fille, ayant conçu pour la mère une estime qui allait jusqu'à la vénération. Je fus donc forcé de garder toute la somme, qui fut employée en marchandises, et je partis avec les plus fortes recommandations. Ma fortune fut rapide dans les Indes, non par le commerce, mais par la faveur d'un grand prince, que j'acquis par des accidents que je ne puis vous

81 Les derniers foyers de la peste de Marseille s'éteignent à la fin de l'année 1722.

détailler parce qu'ils seraient trop longs, et qu'ils n'ont point de rapport à Madame de Batteville. Je vous dirai seulement que les prémices de ma fortune furent envoyées en Europe à Monseigneur de Marseille, auquel j'écrivis de partager vingt-quatre mille livres entre ma mère et ma chère Julie. Je le priai de leur faire savoir que je vivais encore, et que si Dieu continuait à bénir mes entreprises, je pourrais me flatter de repasser bientôt en Europe avec une fortune qui me permettrait de faire le bonheur de tout ce que j'aimais. Vains projets ! La catastrophe qui termina le sort de Monsieur Constance, ministre du roi de Siam[82], entraîna ma ruine, et je pus à peine sauver du naufrage une somme égale à celle que j'avais apportée d'Europe. Ce fut avec cette bagatelle que je tentai de nouveau la fortune, et je vous avoue que si j'en eusse cru mon dégoût et mon découragement, j'aurais absolument tout abandonné. Mes faibles commencements eurent des progrès rapides, et en quatre année je me trouvai riche de cinquante mille livres. C'était à cette somme que j'avais fixé ma fortune, et que je ne m'occupai plus que des moyens de repasser en Europe. J'en trouvai l'occasion au bout de huit ans, c'est-à-dire, depuis mon départ d'Europe, et si mes malheurs passés ne m'eussent point appris que je n'étais pas né pour être heureux dans ce monde, j'aurais cru toucher à la fin de mes peines. Nous eûmes un temps favorable, et déjà nous nous félicitions d'avoir échappé aux plus grands dangers, lorsque nous fûmes rencontrés par un corsaire espagnol qui nous enleva sans résistance, car nous ignorions que la guerre eût été déclarée entre les deux couronnes[83], et quand nous l'aurions su, notre vaisseau n'était pas armé de façon à nous permettre l'espoir de nous sauver par une bonne défense. Ce fut la troisième fois que je vis la fortune s'échapper de mes mains, et pour cette fois je pris une ferme résolution de ne plus m'exposer à ses caprices, et je regardai cette longue suite de malheurs comme une marque de vocation pour la vie religieuse, ou du moins pour l'état ecclésiastique. Je restai quinze mois, prisonnier en Espagne, et à la paix j'eus le bonheur de rencontrer un vaisseau marseillais, dont je connaissais le

82 Pour le destin de M. de Constance, voir Père d'Orléans, *Histoire de M. de Constance, premier ministre du roi de Siam et de la dernière révolution de cet état*, Tours, Philbert Masson, 1690. L'armée française qui tenait garnison au Siam doit quitter le pays en 1698, suite à une révolution. L'épisode historique pose un problème de chronologie à l'intérieur du récit, vu que Des Essarts part en voyage après la peste de 1720.

83 Il s'agit probablement de la guerre de Succession d'Espagne (1701-1714) dont l'enjeu était la couronne d'Espagne.

capitaine, et qui, pour payer quelques services que je lui avais rendus pendant la peste, me prit gratuitement sur son bord, et me combla de joie, en m'apprenant que leur saint évêque vivait encore. Si j'avais eu quelque chose à perdre, je me serais fait conscience de profiter de l'honnêteté de ce capitaine, dans la crainte d'attirer sur lui le malheur qui me poursuivait avec tant d'opiniâtreté. Mais il ne me restait qu'une vie que je pouvais regarder comme un fardeau. Ainsi je crus que je ne lui ferais courir aucun risque. Nous débarquâmes heureusement, et je fus à peine à terre, que je me rendis au palais épiscopal, terme assez déplacé pour exprimer une maison assez simple qu'occupait l'évêque. Il fit un cri de joie en me voyant, et s'avança les bras ouverts pour m'embrasser. Il n'avait reçu que la première des lettres que je lui avais écrites, et me croyait mort. Ce charitable prélat ne voulut pas me permettre de sortir de chez lui, et n'oublia rien pour me remettre des fatigues de ma prison et de mon voyage. Je lui fis un récit exact de tout ce qui m'était arrivé, et le finis en le priant de me donner entrée dans son séminaire, pour me préparer par la retraite à prendre les ordres sacrés. Le saint évêque admira la conduite du Très-Haut sur moi, sans vouloir convenir qu'elle fût une preuve de vocation pour l'état ecclésiastique. « Je ne vous y crois pas appelé, me dit-il, cependant je ne veux rien décider légèrement à cet égard. Vous pourrez vous mettre en pension dans le séminaire, et prendre du temps pour sonder votre cœur. Il est vrai que Dieu se sert souvent de l'infortune pour nous appeler à lui, mais il faut bien se garder de prendre un état saint comme un pis-aller. Dites-moi, mon cher, si vous fussiez arrivé à bon port avec votre petite fortune, et que vous eussiez trouvé votre Julie libre, eussiez-vous pensé à vous faire prêtre ? » Cette question me déconcerta. Je n'avais osé prononcer dans mon récit le nom de Julie, tant je craignais d'apprendre qu'elle ne fût morte ou mariée. « Je l'avoue, répondis-je, Monseigneur, s'il eût dépendu de moi de m'unir à elle, j'eusse regardé cet avantage comme le plus grand de tous les biens, mais… » Je m'arrêtai, et le regardant tristement, je tâchais de découvrir dans ses regards ce que j'avais à espérer ou à craindre. « Julie ne peut plus être à vous, mon cher ami, me dit-il d'un air attendri, elle est mariée et heureuse, mais vous n'avez point de vocation, puisque le Seigneur eût été votre pis-aller, comme je vous l'ai déjà dit. Il faut, quand on se dévoue à l'état ecclésiastique, être tellement persuadé de l'excellence et du bonheur de cet état, qu'on fût prêt à lui sacrifier tout ce qui est sur la terre.

Il faut l'aimer par préférence à tout. Malheur à ceux qui le regardent comme une ressource ou contre l'indigence, ou contre le malheur». Vous croyez sans doute, Madame, que je fus atterré par la nouvelle du mariage de Julie, point du tout. Le commencement du discours de l'évêque m'avait fait craindre qu'elle ne fût morte, je respirai, lorsque j'appris qu'elle ne l'était que pour moi. Il m'assurait qu'elle était heureuse, sa situation diminuait ce que la mienne avait de trop pénible. Perdre une femme qu'on adore par une infidélité, est une peine que je ne crois pas supportable. Cette circonstance manquait à mon malheur, et j'appris par une lettre que son directeur avait écrite à Monseigneur de Marseille, et qu'il me communiqua. «J'appris, dis-je, qu'elle s'était sacrifiée pour sa mère, et qu'elle eût été fidèle à ma cendre, si on l'eût laissée maîtresse de son sort. La générosité du Baron de Batteville envers ma pauvre mère, me le fit trouver digne du bonheur dont il jouissait, et sans cesser d'être le plus amoureux et le plus misérable de tous les hommes, je trouvais du soulagement à penser que deux personnes si estimables n'auraient jamais la douleur d'apprendre les maux dont leur félicité était la cause innocente. Monseigneur l'évêque m'avait dit que je pourrais, en payant ma pension, passer quelque temps au séminaire. C'était m'annoncer qu'il la payerait pour moi, puisque je ne lui avais point caché la triste situation où j'étais réduit». Je voulus lui témoigner ma reconnaissance pour ce nouveau bienfait, il m'interrompit : «Vous n'êtes point dans le cas d'avoir besoin de ce secours, me dit-il, Mademoiselle Julie était mariée lorsque je reçus la somme que vous destiniez pour elle, ainsi je l'ai conservée. Celle que j'avais fait tenir à Madame votre mère lui devint nécessaire dans la maladie dont elle mourut, et comme par son testament elle laissait aux pauvres tout ce qui lui en restait, je ne crus pas devoir m'opposer en votre nom à cette disposition pieuse, et j'augurai assez bien de votre cœur, pour croire qu'en agissant ainsi je me conformais à vos intentions. Il ne vous reste donc que douze mille livres que j'ai fait placer sûrement. Il vous est dû sept années d'intérêts, qui peuvent servir à vous habiller, et à vous retirer pendant une année ou deux dans le séminaire, ou dans quelqu'autre lieu. Là vous demanderez au Seigneur qu'il daigne vous éclairer sur l'état auquel il vous destine, et vous me trouverez toujours prêt à vous aider dans tout ce qui pourra dépendre de moi». J'aurais reçu sans répugnance les bienfaits de ce saint prélat. Cependant je sentais une joie inexprimable de trouver ce nécessaire philosophique, qui m'exemptait de la nécessité d'être à charge. J'applaudis à tout ce qu'avait fait pour moi ce généreux bienfaiteur, et je lui promis de suivre aveuglément ses conseils. Je restai encore quinze jours chez lui, il l'exigea, dans la pensée que sa table, quoiqu'elle fût servie avec frugalité, serait meilleure que celle du séminaire, et pourrait un peu me remettre de l'abstinence forcée que j'avais faite dans ma prison. Ce fut dans cet intervalle qu'il m'apprit les circonstances qui avaient précédé et suivi mon assassinat[84] à Marseille. Le misérable qui l'avait concerté, avait enfin reçu le juste châtiment de ses crimes, et avait déclaré aux juges ce que je vous ai appris d'avance. Je passai une année entière au séminaire à attendre, à appeler une vocation qui ne devait point m'être accordée, et j'obtins par mes instances la permission d'en employer encore une dans les mêmes vues. Convaincu enfin que je ne méritais pas d'être admis au rang des ministres des autels, je quittai Marseille pour venir à Paris, où mon protecteur m'avait fortement recommandé à ses amis pour m'obtenir un emploi. Je fis fort heureusement le voyage jusqu'à Chalon-sur-Saône, où je fus attaqué d'une fièvre qui me força de rester quelques jours en cette ville, où je me fis saigner. Le chirurgien qu'on avait appelé pour cela, me voyant réduit à la compagnie d'une garde[85], m'offrit de venir passer les soirées avec moi, et comme il me parut homme d'esprit, j'y consentis avec plaisir. Dans la conversation il m'apprit qu'il n'était point né dans la Bourgogne, qu'il était de Reims, et qu'il n'avait quitté cette ville que depuis un an, par complaisance pour le beau-père de sa femme, qui demeurait à Chalon. Je ne pus entendre prononcer, sans émotion, le nom d'une ville qui renfermait tout ce que j'avais de cher au monde, et il me vint dans l'esprit que je pouvais sans crime demander des nouvelles de Monsieur de Batteville. Cette petite satisfaction que je regardais comme innocente et permise, je ne me l'accordais point sans remords, et une voix secrète semblait m'avertir que cette première faiblesse en entraînerait de plus dangereuses. Je surmontai ce pressentiment, et je demandai au chirurgien s'il connaissait le Baron. « C'était un de mes protecteurs, et l'une de mes meilleures pratiques[86], me dit-il, il est le

84 Assassinat : « Il se dit par extension [...] [d]'un outrage fait de dessein formé » (*Dictionnaire de l'Académie françoise* (1798), *op. cit.*, t. 1, p. 88).

85 Garde : « Une femme dont la profession est de garder et de soigner les malades. » (*Dictionnaire de l'Académie française*, 6ᵉ édition, Paris, Firmin-Didot, 1835, t. 1, p. 822).

86 Pratique : « L'exercice et [...] l'emploi que les Procureurs et les Médecins ont dans leur profession. » (*Dictionnaire de l'Académie françoise* (1798), *op. cit.*, t. 2, p. 342).

plus riche de la province, et il mériterait de l'être davantage, tant il fait un bon usage de son bien. Son épouse est la perle du pays, et il ne s'est jamais vu un mariage si assorti ». Je ne vous répéterai point les éloges que cet homme continua de faire de toute cette famille. Il passa le reste de la soirée à me raconter mille traits de leur charité. Vous pensez bien que je ne fus pas tenté de l'interrompre, et qu'il eût pu employer toute la nuit dans cet entretien sans m'ennuyer. Lorsque je fus seul, je tombai dans une rêverie si profonde, que je restai longtemps dans mon fauteuil sans penser à me mettre au lit, et que j'y aurais passé toute la nuit, si ma garde ne m'avait averti à plusieurs reprises qu'il était minuit sonné. Je me déshabillai machinalement, il ne me fut plus possible de fermer l'œil le reste de la nuit. M'étant assoupi sur les huit heures du matin, Julie (car je ne pouvais plus me résoudre à l'appeler la Baronne), Julie, dis-je, se peignit à mon imagination avec tous ses charmes, et je me trouvai cruel à moi-même de m'être refusé jusqu'à ce moment, le plaisir de la revoir du moins encore une fois. Cette pensée se fortifia à mon réveil avec tant de force, que je ne pensai pas même à y résister, et pendant cinq jours que je restai encore à Chalon, il me fut impossible de m'occuper d'autre chose. C'est ainsi que par une négligence imperceptible, je perdis le fruit de douze ans de combat, je dirais presque de victoires, si je n'eusse reconnu que l'ennemi que je croyais détruit, n'était qu'abattu. Arrivé à Reims, je cherchai une maison voisine de celle du Baron, et par un hasard, dont je me félicitai alors, j'en trouvai une, dont une fenêtre donnait sur son jardin. Ce fut dans cette chambre que j'établis mon domicile, et comme je voulais tout voir sans être vu, je la fis griller[87] d'une manière convenable à mes desseins. J'y attendais avec une impatience mortelle le moment d'apercevoir Julie. Il vint enfin, et quoique je ne visse point son visage, parce qu'elle avait un chapeau de paille à cause du soleil, je reconnus aisément cette taille majestueuse, cette démarche aisée. J'entendis même le son de sa voix, et toutes ces choses firent une telle impression sur moi, qu'oubliant les besoins de la nature, je restai sept heures à cette fenêtre après qu'elle fut rentrée dans la maison. Je ne pouvais détourner les yeux des places qu'elle avait foulées en marchant. Le banc sur lequel elle s'était assise, me paraissait un trône rayonnant de lumière, et elle n'avait pas fait un mouvement qui ne fût présent à mon imagination.

87 Griller : « Fermer avec une grille. » (*Dictionnaire de l'Académie françoise* (1798), *op. cit.*, t. 1, p. 663).

Que vous dirai-je, Madame ? Je passai six mois dans cette espèce d'ivresse, sans que les remords dont je fus déchiré au commencement, pussent dissiper le charme qui me retenait en ce lieu. Je ne m'en écartais que pour me trouver au café dans les heures où je pouvais y rencontrer Monsieur le Baron. Ma folle passion ne m'avait point aveuglé sur le mérite de mon heureux rival, je le trouvais digne de Julie, et puisqu'elle n'avait pu être à moi, je me félicitais qu'elle fût devenue le partage du plus honnête homme du monde. Vous aurez peine à comprendre ce que je vais vous dire. C'est qu'insensiblement l'amitié que je pris pour Monsieur de Batteville, fit une sorte de diversion à l'amour que j'avais pour son épouse, et qu'ils me devinrent également chers. L'attachement que je me sentais pour l'époux, me rassurait sur mes sentiments pour l'épouse, je me répétais vingt fois le jour, qu'il ne pouvait y avoir ni danger ni crime dans un amour assez réglé pour me laisser la liberté d'aimer mon rival. Insensé que j'étais ! Le besoin que j'avais de me le répéter, eût dû m'apprendre qu'un jugement plus juste existait au fond de mon cœur, et que pour être exempt de toutes les pensées qui eussent pu blesser la vertu, je n'en étais pas moins coupable aux yeux de Dieu, puisque je m'étais fait une idole à laquelle je prodiguais tous mes mouvements. Vous m'avez dit que Madame la Baronne vous avait instruite de l'impression que fit sur moi la vue de sa petite Julie. Celle qui parut à l'extérieur, ne fut qu'une faible image de celle que je ressentis dans mon âme. Je renonce à vous l'exprimer, par la seule impuissance de vous en faire comprendre la plus petite partie. Mon aveuglement croissait chaque jour, je courais à ma perte, et il fallait un effort que je n'étais plus capable de faire, pour me tirer de l'assoupissement mortel dans lequel je passai ma vie. Dieu m'arracha, comme malgré moi, à cet état d'ivresse, et cela, dans le temps où je n'épargnais rien pour l'éloigner de ma pensée et de mon cœur, parce que l'idée de sa présence empoisonnait le faux bonheur que je m'efforçais de goûter. Dans une de ces belles journées de printemps, où l'air est si tempéré, qu'on peut s'y exposer sans crainte, Julie voulut en goûter la douceur, et accompagnée de sa fille et de deux de ses amies, elle s'assit dans son jardin et y passa toute l'après-dînée, précisément vis-à-vis de ma fenêtre. Pas un de ses mouvements ne m'échappait, et jamais, à ce qu'il me semblait, la fortune ne m'avait été si favorable. Et quoique je l'eusse vue cinq heures de suite, je crus qu'elle n'y avait été qu'un moment, lorsqu'elle se retira. Abîmé dans les différentes pensées que sa présence excitait dans mon âme, la nuit vint sans que j'y fisse aucune attention, et je restai dans la même attitude malgré les ténèbres. Tout à coup je fus tiré de cet état, par la vue d'un tourbillon de fumée mêlé de flammes qui sortait de la maison qui renfermait mon trésor. Je courus ou plutôt je volai dans la rue, en criant si fort, que j'éveillai bientôt tout le quartier. Des artisans qui quittaient le travail, m'aidèrent à enfoncer la porte du Baron, où je frappais de toutes mes forces. Je m'informe de ceux qui connaissaient la distribution des appartements, où était celui de Julie, et avec leur secours j'en brisai la porte. Julie me reconnut sans doute, mais toute occupée du danger de sa fille, elle se serait précipitée dans les flammes pour la secourir, si ceux qui m'accompagnaient, et entre les mains desquels je l'avais remise, ne l'eussent retenue. Je vis disparaître une femme de chambre qui avait voulu sortir de la chambre de la petite, d'où je conclus que le plancher était déjà enfoncé. Le danger d'éprouver un pareil sort, ne put m'arrêter. Je bravai les flammes, et fus assez heureux pour arriver à la chambre de cet enfant aux dépens de mes cheveux, et d'un grand nombre de brûlures que je ne sentis pas pour lors. Vous savez le reste, Madame, je sortis de Reims aussitôt que je sus la Baronne hors de danger, et je me retirai à Pont-à-Vere[88], pour prendre le coche de Paris, c'est-à-dire, une voiture d'eau[89]. Il ne me fut pas possible d'aller plus loin que Compiègne. Mes brûlures que j'avais négligées, s'envenimèrent, et je restai huit jours avec une grosse fièvre. Le danger où j'étais, ne fut pas capable de me réveiller du sommeil de mort dans lequel j'étais plongé, et moi, qui à Marseille avais frémi, dans la crainte de paraître au tribunal de Jésus-Christ avec la conscience chargée d'un mouvement de cupidité aussitôt détesté que conçu, moi, dis-je, qui depuis plus de six mois vivais dans un attachement criminel, je voyais sans crainte approcher le moment de ma destruction, tant le propre du péché est d'obscurcir les lumières de l'esprit, et d'endurcir le cœur qui s'est laissé dépraver. Je demeurai dans cet endurcissement jusqu'au moment où je rencontrai un des domestiques de Monsieur le Baron de Batteville. Ce qu'il m'apprit de son épouse, me terrassa comme un coup de foudre. À peine eus-je quitté ce garçon, que je courus aux Carmes déchaussés[90],

88 Pontavert (Aisne).

89 Un moyen de transport fluvial.

90 Carme : « Religieux de l'Ordre du Carmel, ou des Carmes. [...] On appelle *Carmes Déchaussés*, Les Carmes qui ne portent point de bas, et qui n'ont que des sandales. » (*Dictionnaire de l'Académie françoise* (1798), *op. cit.*, t. 1, p. 198, 370).

et m'étant retiré dans un endroit obscur, je me fis les plus vifs reproches. Ce n'est donc point assez, me disais-je à moi-même, d'avoir entièrement abandonné le soin de mon salut. Fallait-il encore entraîner avec moi dans l'abîme la plus vertueuse de toutes les femmes ? Quoi ! Julie, perdue par ma faute, me reprochera sa ruine pendant toute une éternité ! Quoi ! Pour n'avoir pu nous arracher au plaisir funeste de nous aimer pendant quelques années, nous nous haïrons pendant les siècles qui n'auront point de fin ! Cette horrible, mais salutaire pensée, fit une telle révolution dans mes sentiments, que je me trouvai comme métamorphosé en un nouvel homme, et lorsque je voulus chercher mon amour au fond de mon cœur, pour le détruire, je n'y trouvai plus que le vif regret de m'y être abandonné. Dieu qui venait d'opérer ce miracle, me soutint dans cette heureuse situation. Je me trouvais dans l'état d'un captif qu'on aurait déchargé de pesantes chaînes, et ma reconnaissance pour mon libérateur fut si vive, que j'aurais, ce me semble, donné ma vie pour la lui prouver. Ce fut le lendemain de cet heureux jour, que j'écrivis à Madame la Baronne. Je fis en même-temps un sacrifice qui m'eût coûté infiniment, si le désir de réparer mes fautes ne m'eût soutenu. Je m'étais rendu coupable d'ingratitude envers le saint évêque de Marseille, auquel je n'avais point donné de mes nouvelles pendant tout le temps de mon égarement. Il était alors à Paris pour quelques affaires qui regardaient le bien de son diocèse. Je sus le trouver, et lui confessai toutes mes faiblesses, ou plutôt tous mes crimes. Il me reçut avec la bonté du père du prodigue[91], et me conseilla de faire une retraite, pour me mettre en état de connaître plus clairement ce que Dieu voulait de moi. Je la commençai, et ne pus la finir. Une fièvre qui fut d'abord violente, et qui dégénéra en langueur, mit à bout toute la science des médecins, qui ne sachant plus que m'ordonner, m'envoyèrent aux eaux de Forges. Soit qu'elles convinssent réellement à mon mal, soit que l'agitation du voyage, et la compagnie m'eussent arrachée à l'espèce de mélancolie que me causait le souvenir de mes faiblesses, il est certain qu'au bout de huit jours je repris l'appétit et le sommeil que j'avais entièrement perdus. J'étais un jour à la fenêtre de mon auberge avec un ecclésiastique qui était venu à Paris avec

91 « Dans l'Évangile, *La parabole de l'enfant prodigue* représente un jeune homme qui ayant quitté la maison de son père, se jeta dans la débauche, et y dépensa tout son bien. Et figurément on appelle *L'enfant prodigue*, Un jeune homme de famille qui s'est débauché, et qui retourne dans la maison paternelle. » (*Dictionnaire de l'Académie françoise* (1798), *op. cit.*, t. 2, p. 371).

Monseigneur de Marseille, et qui m'avait accompagné aux eaux, lorsque nous vîmes une chaise s'arrêter devant la porte. Il en sortit une dame dont je crus reconnaître les traits sans pouvoir me ressouvenir où je l'avais vue. Je cherchais à la rappeler dans ma mémoire, lorsqu'une exclamation qui sortit de la chaise y fixa mes regards. Je vous assure que si j'eusse pu m'échapper à ce moment, je l'eusse fait, en apercevant Mademoiselle de Batteville, qui en s'écriant : « C'est lui-même », me faisait un signe de la main, comme il est d'usage quand on rencontre quelqu'un qu'on est charmé de voir. Elle me nomma sans doute à la dame qui l'accompagnait, car elles vinrent tout droit à ma chambre, et cette dame me dit en entrant : « Nous aurions dû, Monsieur, attendre votre visite, mais la reconnaissance de Mademoiselle Julie l'emporte sur la bienséance ». « J'en ai de bonnes raisons, répondit la petite, vous ne le connaissez pas, Madame, c'est un protée[92] qui va nous échapper, à moins qu'on ne le serre de fortes chaînes. Pour moi, je vais demander main-forte dans le village, et mettre des gardes à sa porte, encore ne serai-je pas rassurée. Qui sait passer au travers des flammes, pourrait fort bien passer par la fenêtre ou percer une muraille ». « En vérité, dit l'ecclésiastique, qui se nommait Monsieur Mere, vous faites un éloge magnifique de Monsieur, je loue sa prudente sagesse. Il est certains dangers qu'on ne peut éviter qu'en fuyant, et contre lesquels la sécurité serait dangereuse ». « La crainte doit avoir des bornes, reprit la conductrice de Julie, et je suis presque sûre que Monsieur le Chevalier sait à quoi s'en tenir sur cet article. Quoi qu'il en soit, il faut qu'il s'arme de courage, pour affronter le danger s'il y en a, car je seconderai les efforts de Mademoiselle, pour empêcher qu'il ne nous échappe, et s'il veut éviter les fers qu'on lui prépare, il faut qu'il s'enchaîne lui-même en nous donnant sa parole d'honneur de ne point fuir ses amis ». « J'ai quelque droit à ce titre, me dit-elle en s'approchant de mon oreille, je dois une réponse à la lettre que vous m'avez fait l'honneur de m'écrire, et je suis charmée de trouver l'occasion de payer cette dette ». Ces paroles qui me firent comprendre que c'était à cette dame que j'avais adressé la lettre que j'avais écrite à Mme de Batteville, me jetèrent dans une confusion inexprimable. L'air mystérieux avec lequel elle venait de me parler, m'annonçait qu'elle était instruite de ma faiblesse, et j'allais lui bégayer une réponse, lorsque Monsieur Mere qui comprit à mon embarras, qu'il

92 Protée : « Mot emprunté de la Mythologie. Qui change continuellement de forme » (*Dictionnaire de l'Académie françoise* (1798), *op. cit.*, t. 2, p. 381).

était question de quelque chose de particulier entre cette dame et moi, tira Julie auprès d'une fenêtre, sous prétexte de lui faire remarquer quelques dames qui arrivaient avec un train fort leste, et me procura un tête-à-tête qui me fit frémir. « J'ai peut-être commis une imprudence, me dit cette dame, mais j'ai voulu vous offrir une raison de ne pas quitter les eaux, en vous faisant voir que vous y trouveriez une personne assez instruite de votre conduite, pour avoir conçu de vous la plus haute idée, avec un désir ardent de vous connaître plus particulièrement, et de vous être utile, si cela était en son pouvoir ». « Ah ! Madame, lui dis-je, si Madame de Batteville vous a confié ma lettre, pouvez-vous ne pas approuver une fuite que la crainte de ma faiblesse me rend nécessaire ? » « Non seulement je ne l'approuve pas, me dit cette dame, mais j'ai même dans l'esprit, que la providence vous a conduit à Forges pour assurer votre guérison ». « J'en accepte l'augure, répondis-je, et je ne pus dire que cela ». Julie se rapprocha de nous d'un air inquiet, et demanda à sa compagne, si elle avait reçu mes serments et si on pouvait s'y fier. « Je me fais sa caution, répondit-elle, un cavalier n'a point de prison plus sûre que celle que lui donne sa parole, et vous pouvez compter sur la sienne ». Après cela la conversation devint générale jusqu'au moment où ces dames se retirèrent dans leur chambre pour se reposer et changer d'habits. Lorsque je fus seul avec Monsieur Mere, il me regarda d'un air malin, et me dit : « Ah, pauvre Chevalier ! Car enfin, on vous a donné ce titre, je vous vois bien embarrassé. Vous allez avoir besoin d'un confident, je le prévois, et grâce à l'occasion, je vais devenir le vôtre ». Pour justifier, Madame, la confiance que j'eus à ce moment pour Monsieur Mere, j'aurais besoin de vous faire son portrait, mais ce récit n'a été déjà que trop long, qu'il vous suffise de savoir qu'il était le directeur de Mgr l'évêque de Marseille. La conduite de ce digne prélat, fait un éloge complet de celui qui le dirigeait, et comme j'avais besoin de conseil dans une occasion si délicate, je fus charmé de pouvoir me conduire par ceux d'un homme que j'estimais infiniment. Je lui racontai donc sommairement tout ce qui s'était passé jusqu'à ce jour, et je le conjurai de vouloir décider le parti que je devais prendre. « Votre amour pour Madame de Batteville ne subsiste plus, me dit-il, cependant je loue vos craintes à cet égard, on ne peut trop se défier d'un ennemi si dangereux, et si c'était cette dame qui fût arrivée, je vous aiderais sur l'heure à monter à cheval. Mais je ne vois pas pourquoi vous fuiriez la fille. Elle est libre aussi bien que vous, son père vous l'a destinée, et je dis avec Mme de Launai (c'était le nom de celle qui était avec Julie) que vous pouvez assurer votre guérison à Forges, en transportant à la fille tous les sentiments que vous avez eus pour la mère. Je me trompe beaucoup, ou la petite personne n'aura pas besoin d'une obéissance héroïque pour se conformer aux intentions de son père ». « Mais, répondis-je à Monsieur Mere, un tel mariage me mettrait dans l'occasion de revoir la Baronne, et après la trahison que m'a fait mon cœur il y a six mois, puis-je espérer que la victoire que j'ai remportée sur ma passion, soit assez complète pour n'avoir point à craindre une rechute, si je m'expose au danger ? D'ailleurs, en supposant de ma part une guérison absolue, suis-je sûr que cette femme infortunée m'ait absolument banni de son cœur ? Monsieur le Baron, qui veut récompenser, par la main de sa fille, un service que tout autre que moi lui eût rendu en pareille occasion, ignore qui je suis, et j'augure assez bien de l'attachement qu'il a pour son épouse, pour penser qu'il ne voudrait pas déchirer son cœur par un tel mariage ». « Le Baron vous doit de la reconnaissance pour l'excessive complaisance que vous lui supposez, me répondit Monsieur Mere, je ne sais si son épouse vous en aurait la même obligation. Telle que vous me l'avez dépeinte, je croirais lui faire une injure si je pouvais la soupçonner d'avoir conservé pour vous des sentiments qui blesseraient sa vertu. Pourriez-vous penser que comptant sur la disproportion des âges, elle attendît la mort de son époux pour… » « Ah ! M'en préserve le ciel, m'écriai-je en l'interrompant, ce souhait injuste, je ne l'ai jamais formé moi-même dans le temps où ma passion m'avait le plus aveuglé. Je donnerais ma vie pour prolonger les jours du Baron, et dans l'horreur que je sens des fautes que mon amour m'a fait commettre, j'ose promettre à Dieu en votre présence, que je refuserais la main de sa veuve si sa mort la mettait en état de me l'offrir ». « J'approuve votre délicatesse, me dit Monsieur Mere, et pour vous mettre hors d'état de violer l'espèce de vœu que vous venez de prononcer, mon avis est que vous mettiez une barrière insurmontable entre vous et la Baronne, en épousant Mlle Julie ». « Mais, ajouta-t-il, nous avons du temps pour prendre nos résolutions. Ces dames sont ici pour six semaines, et puisque Madame de Launai a la confiance de Madame de Batteville, elle doit être consultée sur le parti qu'il faudra prendre ». Notre conversation fut continuée sur le même sujet, et Monsieur Mere me fit remarquer combien la providence s'était déclarée contre mon mariage, par les étranges obstacles qui l'avaient traversé. « Tout semble concourir au contraire, ajouta-t-il, à votre union avec sa fille. Les divers événements qui ont précédé, paraissent avoir été ordonnés pour le faire réussir, et je regarde votre rencontre à Forges comme un coup du ciel, qui a voulu vous réunir malgré les efforts que vous avez faits pour vous éloigner d'elle ».

Je ne répondis rien à ce discours, je n'étais pas assez d'accord avec moi-même pour pouvoir démêler la nature de mes sentiments pour la mère et pour la fille, et le moment était peu propre à sonder mon cœur. Monsieur Mere me fit demander à ces dames la permission de leur rendre nos devoirs dans leur chambre aussitôt qu'elles seraient visibles, et nous fûmes introduits sur-le-champ. Je trouvai Julie dans un négligé très bien entendu, et comme je la connaissais peu, je n'en fus pas surpris, cela était tout naturel à une fille de son âge. Mais Madame de Launai, qui lui en fit la guerre, nous apprit qu'elle poussait le mépris de l'ajustement jusqu'à un excès blâmable, et en nous assurant qu'elle n'avait jamais employé tant de temps et de soins à sa toilette, elle en conclut qu'assurément elle avait dessein de faire des conquêtes à Forges. « J'ai bien peur, ajouta-t-elle en souriant, que vous ne soyez l'objet de ses malignes intentions. Je la connais vindicative, elle est piquée de la promptitude avec laquelle vous l'avez fuie, et elle veut sans doute vous empêcher de réitérer la même faute ». « Amusez-vous à mes dépens, répondit Julie, j'y consens, et j'avoue que j'ai un peu haï le Chevalier de s'être dérobé à notre reconnaissance. Outre les motifs de gratitude qui m'étaient particuliers, la douleur que son départ causa à mes parents a dû m'être sensible, et l'on pourrait me supposer le désir de la vengeance. Cependant, comme celles de cette nature sont dangereuses pour les personnes qui se les permettent, je sacrifie volontiers la mienne, et ne veux inspirer au Chevalier qu'une amitié qu'il ne peut nous refuser sans injustice, et que mon père et ma mère méritent à tant de titres, qu'il ne pourra les en priver, s'il veut se rapprocher de nous ». Je ne répondis à ce discours que par une profonde révérence, et Julie dut me trouver bien différent de ce que son père m'avait annoncé, car en vérité j'avais la contenance d'un stupide animal. Je brûlai d'impatience d'entretenir Madame de Launai. Elle m'évita, et j'ai su depuis que prenant mon embarras pour un commencement d'amour, elle était convenue avec Monsieur Mere d'attendre que le sentiment qu'elle me supposait eût fait plus de progrès, avant de me mettre dans le cas de m'expliquer. Elle supposait sans doute que je serais en état de lui apprendre ce qui se passait dans mon âme. J'y aurais été bien embarrassé. C'était un mélange de sentiments si bien confondus pour la mère et la fille, que je ne pouvais les apprécier. Je crois pourtant que la balance penchait déjà en faveur de Julie, et que la honte d'une inconstance m'empêchait d'en convenir avec moi-même. Cette aimable enfant, peu en garde contre une passion qu'elle ne connaissait pas encore, s'y livrait avec d'autant plus de confiance, qu'elle croyait n'avoir que de l'amitié et de la reconnaissance, et que Madame de Launai applaudissait à ses sentiments. Je voyais par conséquent tous les progrès que je faisais dans son cœur, et peut-être étais-je déjà sensible, lorsque je ne me croyais que touché d'un sentiment de gratitude. Quand Madame de Launai crut nos cœurs en état de ne pouvoir se dédire, elle leva le bandeau qu'elle avait laissé sur les yeux de Mlle de Batteville, et lui fit comprendre que sa prétendue amitié pour moi était un amour réel. J'en aurais arrêté les progrès, lui dit-elle, si je n'eusse appris du Baron et de son épouse que le plus cher de leurs désirs est de vous voir l'épouse de votre libérateur. Julie ignorait l'art de feindre. « Si les sentiments que vous me connaissez pour le Chevalier, lui dit-elle, sont de l'amour, il n'en faut point reculer la date jusqu'à mon arrivée à Forges. Depuis le moment où mon père le peignit à mes yeux, j'ai toujours senti pour lui tout ce que j'éprouve à présent. L'approbation de mes parents ne peut cependant me rassurer sur les suites d'un amour qui s'est emparé de moi sans que j'aie pu le prévoir, ou m'en défendre. Le Chevalier ne partage point ma tendresse, sa fuite est un sûr garant de son indifférence. J'y ajoute sa conduite depuis que nous sommes à Forges. Il m'a mille fois promis son amitié, et par la comparaison que je faisais de sa manière de s'exprimer avec ma façon de sentir, je trouvais qu'il ne me donnait qu'une amitié froide, languissante, et dont je ne pouvais être satisfaite. Il ne m'aime point, j'en suis sûre, et dans ce cas, que peut me servir l'aveu des personnes dont je dépends ? » « Ma chère, lui répondit Madame de Launai, loin d'attribuer à l'indifférence la fuite et la froideur du Chevalier, croyez qu'elles sont un effet de sa prudence et de sa probité. Il aime, je n'en puis douter, la médiocrité de sa fortune et vos grands biens lui ont fait prendre le seul parti qui convenait à son repos. Il a cherché à éteindre par l'absence une passion qu'il ne croyait propre qu'à faire son tourment, et malgré la facilité qu'il a eue depuis que nous sommes à Forges, pour vous déclarer son amour, sa probité lui a fait une loi de le réprimer, puisqu'il n'a garde d'imaginer que vous lui soyez destinée. Je veux, sans lui découvrir vos sentiments, l'instruire de ceux de Monsieur votre père, et vous devez être sûre que vous le verrez bientôt à vos pieds ». Julie eut quelque peine à consentir à cette proposition. Néanmoins comme elle savait combien sa mère avait de déférence pour Madame de Launai, elle s'abandonna à sa conduite. Le soir même cette Dame me dit à souper qu'elle se sentait un peu d'émotion qui l'empêcherait de prendre les eaux le lendemain, et qu'elle comptait sur ma compagnie, pendant que tout le monde irait à la Fontaine. Elle pouvait me faire prière sans indiscrétion, puisque j'avais fini mes eaux depuis deux jours. Je me trouvai ponctuellement au rendez-vous lorsqu'elle fut seule, et après quelques propos indifférents, elle m'avoua que Madame de Batteville lui avait remis ma lettre sans vouloir en faire la lecture, mais qu'après l'avoir lue elle-même, elle l'avait trouvée si pleine de religion et de raison, qu'elle avait jugé à propos de la lui communiquer, et qu'elle avait produit tout l'effet que j'en avais espéré. Étrange perversité du cœur humain ! J'aurais, ce me semble, donné ma vie pour retrouver dans la Baronne cette femme forte et chrétienne que j'avais aimé dans ma Julie, et cependant je ne pus apprendre sans émotion qu'elle était parvenue à m'effacer de son cœur. Le sentiment du mien s'était peint sur mon visage. « Eh quoi ! Monsieur, me dit Madame de Launai, démentiriez-vous la haute opinion que j'ai conçue de vous ? Voudriez-vous… » « Non, Madame, je ne veux rien, lui dis-je en interrompant, mais pardonnez à un homme faible un mouvement involontaire que sa raison et sa volonté désavouent. Hélas ! cent fois vaincu et cent fois vainqueur dans le pénible combat que j'ai entrepris, il me reste malgré moi de profondes cicatrices, que le temps seul et une puissante grâce peuvent consolider tout à fait ». Alors cette dame me dit qu'elle voulait me donner un moyen prompt de surmonter un reste de passion, et de me préserver d'une rechute. « Madame de Batteville, me dit-elle, a eu pour détruire l'amour qui s'était réveillé dans son cœur, le secours d'un devoir austère, procurez-vous le même moyen ». Et sans me donner le temps de lui répondre, elle m'apprit, ou crut m'apprendre le désir qu'avait le Baron de me donner sa fille, et la bienveillance que la charmante Julie avait pour moi. Elle allait sans doute m'encourager à profiter de la bonne volonté de l'un ou l'autre, lorsque nous fûmes interrompus par une visite, et elle n'eut que le temps de me dire que nous achèverions cette conversation à la promenade du soir. Effectivement elle vint à bout de me persuader qu'un reste de passion pour la mère (supposé qu'elle existât encore) céderait à une tendresse légitime pour la fille, et je lui promis de me prêter de bonne foi à un remède qui certainement n'avait rien de fort pénible. Dès le lendemain elle feignit de vouloir consulter Monsieur Mere sur quelques difficultés, et étant passée dans sa chambre, elle me pria de tenir compagnie à Julie dans une salle du jardin qui ne fermait pas, et qu'on voyait à découvert de plusieurs endroits de la maison. J'eus quelque embarras à entamer une conversation qui devenait pour moi un engagement. Julie de son côté paraissait rêver profondément, ainsi nous gardâmes le silence pendant quelques minutes. Je le rompis enfin, mais lorsque je voulus parler du bonheur inespéré que me promettait Monsieur le Baron, Julie m'interrompait en me disant : « Épargnez-vous le soin de feindre avec moi, Monsieur, loin de regarder notre union comme un bonheur, je sais que le consentement que vous y donneriez serait pour vous un supplice. Comme je sais tous vos secrets, apprenez les miens. Je vous aime, Monsieur. Formée d'un sang destiné à vous trouver aimable, je n'ai pu me défendre d'un amour que mon âge ne pouvait permettre de prévoir même. Mon dépit m'eût sans doute éclairée sur la nature de mes sentiments si j'avais été plus instruite. J'ai cru que vous me haïssiez, que vous me méprisiez, cette erreur a causé ma maladie par les tourments qu'elle m'a fait souffrir. Témoin de la conversation que vous eûtes hier avec Madame de Launai, j'ai appris à connaître ma rivale. Je respecte son image dans votre cœur. Après avoir aimé ma mère, je n'ai pas la présomption de me croire capable de vous la faire oublier. Le parti que vous avez pris de la fuir après l'avoir évitée avec tant de soin, m'annonce votre vertu en même temps que votre passion. Je la justifie, et je suis persuadée que mon père ne pourrait vous en faire un crime. Je saurai, comme vous, régler mes sentiments sans les détruire. Après l'aveu que je vous ai fait, vous sentez que je ne dois jamais vous revoir. Partez, Monsieur, et puisqu'il est décidé que vous ne m'aimerez jamais, je vais travailler au moins à mériter votre estime. Je renonce au mariage, et si par le plus grand des malheurs qui puisse m'arriver, je me trouve jamais dans l'occasion de vous servir, vous apprendrez par mes actions que je regarde votre bonheur comme la seule félicité que je sois capable de sentir ». J'étais demeuré immobile pendant ce discours. Je me rappelais que Julie n'ayant entendu que la moitié de notre conversation, parce que nous l'avions reprise à la promenade, ne pouvait être instruite de la victoire que sa mère avait remportée sur son propre cœur, et de celles qu'elle achevait de remporter sur moi. Oui, Madame, un tel héroïsme de sentiments me subjugua, et si je n'avais été exposé aux regards, je me serais jeté à ses pieds par un mouvement produit par le respect, encore plus que par l'amour. Je voulus l'instruire du changement que la vertu avait faite chez sa mère, elle refusa absolument de m'écouter, et me dit : « Employons mieux ces moments, j'ai compris par votre discours que des événements fort extraordinaires vous avaient séparé de ma mère au moment où vous étiez prêt à l'épouser, daignez m'en instruire ». J'eus beau vouloir me défendre d'entreprendre un si long récit, elle m'en pria avec tant d'instance, que je ne pus lui refuser cette satisfaction. J'abrégeai autant qu'il me fut possible, et j'étais parvenu au temps où j'arrivai à Marseille, au sortir de ma prison d'Espagne, lorsque nous vîmes entrer dans le jardin Madame de Launai, suivie de la femme de chambre de la Baronne. Elles venaient à nous d'un pas précipité, et je remarquai à la pâleur qui couvrait le visage de Julie, que l'arrivée de cette femme semblait lui présager quelque malheur. Son amie s'efforçant de prendre un visage serein, lui dit : « Ne vous effrayez point, ma chère Julie, vous n'en avez aucun sujet. Monsieur votre père n'a pu supporter l'ennui de votre absence, et comme on craint que la peine qu'elle lui cause n'augmente son mal, la Baronne me charge de vous faire partir sur-le-champ, si je ne puis vous ramener moi-même ». « Ah ! Mon père ne vit plus », dit Julie, et après cette courte exclamation, elle s'évanouit. Pendant que le médecin s'occupait, Madame de Launai s'approcha de moi, et me dit : « La pauvre enfant trouvera son père mort, je suis obligée de partir avec elle, sans avoir pris des mesures pour votre bonheur commun. Voilà mon adresse à Paris, où je serai forcée de rester quelques jours. J'espère vous y voir, Monsieur, et vous retrouver tel que je vous laisse ». Elle n'en dit pas d'avantage. Julie avait repris ses sens, et elle s'efforçait de lui persuader que son père, quoiqu'un peu plus mal, n'était pas dans un grand danger. La diligence avec laquelle on la fit partir lui prouvait le contraire. Elles montèrent en chaise aussitôt qu'elle fut remise, et je n'eus pas la force de prendre congé d'elles. Je suivis leur voiture des yeux, et lorsque je l'eus perdue de vue, je me jetai dans un fauteuil avec un accablement si grand, que j'excitai la pitié de Monsieur Mere. Ce n'était pas seulement le départ de Julie, et le chagrin qu'allait avoir sa mère, qui me serrait le cœur, c'était la perte du Baron, que je sentais plus vivement que tout le reste. Cet homme estimable occupait la troisième place dans mon cœur, et si je l'avais chéri lorsqu'il était mon rival, combien mon affection était-elle plus grande depuis le moment où j'avais envisagé qu'il pourrait devenir mon père. Monsieur Mere avait craint que cet accident ne réveillât mon amour pour la Baronne, en faisant disparaître ce qu'il y avait d'illicite dans mon attachement pour elle. Plusieurs raisons, et surtout l'intérêt de Julie, lui faisaient souhaiter que mes derniers sentiments pussent l'emporter sur les premiers. Il eut tout lieu d'être satisfait à cet égard, et lorsque j'appréhendais moi-même un fâcheux retour, je fus surpris de ne retrouver dans mon cœur pour Madame de Batteville qu'une amitié tendre, et un attachement respectueux. Je ne sais, Madame, quelle idée vous prendrez de moi, après une telle inconstance, mais je suis persuadé que si vous vouliez sur tout ce qui s'était passé, vous me jugerez avec quelque indulgence. J'avais toujours eu lieu de croire que je n'étais pas destiné à épouser le premier objet de mon amour. Vous avez vu vous-même que Dieu avait renversé tous les projets que j'avais fait à cet égard. D'ailleurs mon amour avait été pour moi l'occasion de toutes mes fautes. Je m'étais accoutumé à le regarder comme un crime, l'horreur que m'avait inspirée ma conduite à Reims, les fautes et le malheur de la Baronne qu'elle avait occasionné. Toutes ces considérations, dis-je, avaient anéanti ce qu'il y avait de passion dans les sentiments que j'avais conservés pour la Baronne. Assuré par mon guide que je n'avais point de vocation pour l'état religieux et ecclésiastique, je m'étais prêté aux vues qu'il avait sur moi, et c'était de chercher à fixer mon sort par un mariage avantageux. En partant pour Forges j'étais déterminé à faire mes efforts pour m'attacher à la première personne qui posséderait les qualités nécessaires pour me rendre heureux, c'est-à-dire, que je souhaitais trouver l'occasion d'une infidélité, supposé qu'on pût donner ce nom à une action commandée par le devoir. J'étais dans cette disposition lorsque Julie s'offrit à mes yeux. Mon cœur qui cherchait à se donner, pouvait-il trouver une plus belle occasion, et n'étais-je pas autorisé à me livrer à son penchant, et par les bontés du Baron, et par la tendresse de sa fille qui ne m'avait point échappé ? Mais quoique je n'eusse point de remords de mon changement, j'en avais été si sévèrement puni par la délicatesse de Julie, que je résolus de respecter, et d'attendre du temps, ou la guérison de ma nouvelle passion, ou un changement avantageux pour moi dans l'esprit de cette fille estimable. Je comptais beaucoup sur le secours de Madame de Launai, pour prendre des résolutions convenables. Je la trouvai morte en arrivant, et j'en conclus que j'étais destiné à vivre malheureux toute ma vie, puisque les obstacles se multipliaient quand il était question de mon bonheur, et de ma fortune. Je fermai les yeux sur l'avenir et m'abandonnai à la conduite de Monseigneur de Marseille, qui ne voulut point que je m'éloignasse de Paris, et qui échoua dans tout ce qu'il entreprit pour mon avancement. Enfin il y a six mois, on lui promit pour moi une place avantageuse, pourvu que je pusse me mettre au fait des affaires. Un de ses amis me recommanda à Monsieur votre époux, et j'obéis, quoiqu'avec une répugnance que toute ma raison n'a pu me faire surmonter. Je suis peu propre à devenir publicain[93], chaque jour m'en fournit la preuve. Il faut pour remplir cet emploi un cœur plus dur que le mien. S'il n'était question que de relâcher sur mes intérêts pour ne pas accabler le misérable, je crois que je trouverais de la douceur à penser que j'ôterais à la société, surtout aux pauvres, un exacteur[94] impitoyable. Mais il faut remplir ses devoirs, et je ne puis me résoudre à en choisir un qui demanderait une fermeté qui me paraîtrait barbare, et j'étais occupé hier au soir d'un projet de lettre à Monseigneur de Marseille, pour lui représenter mon inaptitude, et le conjurer de me rendre la liberté de vivre pour moi. Mon revenu, quoique modique, fournit strictement à mon nécessaire, que me faut-il de plus ? Ce matin j'ai été fort surpris de recevoir une lettre de Metz, et d'un caractère de femme. Elle est de Julie, elle m'apprend qu'elle s'est retirée dans un couvent, et que le seul moyen de l'en faire sortir est mon mariage avec sa mère. Elle a surpris vos lettres, c'est par-là qu'elle a découvert mon adresse, et bien d'autres choses, dit-elle, qui ont précipité la résolution qu'elle avait prise depuis la mort de son père.

Voilà, ma chère, le récit que Monsieur des Essarts vient de me faire, et qui lève le voile qui rendait impénétrable le cœur de votre généreuse fille. Non, je ne crois pas qu'on puisse trouver un autre exemple d'un pareil héroïsme, et cela dans un âge si tendre. Oh ! Qu'une telle fille

93 Publicain : « Aujourd'hui dans le style familier, on appelle *Publicains*, les traitants et les gens d'affaires ; mais alors il se dit toujours en mauvaise part. » (*Dictionnaire de l'Académie françoise* (1762), *op. cit.*, t. 2, p. 495).

94 Exacteur : « Celui qui est commis pour exiger des droits, et qui les exige au-delà de ce qui est dû » (*Dictionnaire de l'Académie françoise* (1762), *op. cit.*, t. 1, p. 689).

méritait bien une telle mère, et que vous aurez de satisfaction à lui payer le sacrifice qu'elle vous a fait. Je suis dans une telle impatience de vous voir l'une et l'autre aussi heureuses que vous le méritez, que j'ai pressé Des Essarts de partir en poste, et de vous porter lui-même cette lettre. Je n'ai pu surmonter sa délicatesse, et il veut attendre vos ordres. Voilà donc les desseins de la providence qui se manifestent à son égard. Tant de malheurs apparents devaient le conduire à un état heureux et tranquille. Je vous parle librement sur ce ton, parce que votre dernière lettre de Reims m'a fait comprendre que vous étiez décidée et à ne l'épouser jamais, et à faire tous vos efforts pour lui donner le titre de votre fils. J'ai fait lire cette lettre à Des Essarts pour lui montrer que son bonheur ne vous coûterait pas un soupir, sans quoi il n'aurait pu se résoudre à en jouir. Il a de la peine à se persuader que tout ceci ait quelque réalité, et s'est si bien identifié avec la mauvaise fortune, qu'il attend à chaque moment un obstacle imprévu qui renversera vos projets. Je ne doute pas qu'ils ne soient bientôt réalisés, et en dépit du sort, il s'ouvre pour moi une perspective de consolation qui me dédommagera un peu de ce que j'ai à souffrir personnellement. Vous sentez bien que j'ai écrit cette longue lettre à plusieurs reprises, et voici ce qui vient de m'arriver ce matin au moment que j'allais la fermer, et qui est trop singulier pour ne pas vous l'écrire.

Si Titus est jaloux, Titus est amoureux[95].

Ah ! Monsieur Racine, vous raisonnez tout de travers, mon Titus n'est point amoureux, et il s'amuse à être jaloux. L'assiduité de Monsieur des Essarts auprès de moi a mis mon époux en cervelle[96], et il m'a dit fort gravement ce matin qu'une femme qui avait soin de sa réputation, devait éviter soigneusement les tête-à-tête avec un homme d'une figure aussi aimable que la sienne. « Vous êtes accusée de l'aimer », a-t-il ajouté en me regardant fixement. J'étais de bonne humeur, ma chère, l'heureux dénouement de toutes vos affaires m'avait mise dans une situation propre à écouter, sans me fâcher, ce digne prédicateur de la fidélité conjugale. Au lieu donc de prendre l'air de dignité qu'il convenait à une vertu calomniée, savez-vous ce que j'ai fait ? Un grand éclat de rire. Car, je

95 Citation de Jean Racine : *Bérénice*, acte II, scène 5.

96 Mettre quelqu'un en cervelle : « Le mettre en inquiétude, lui tenir l'esprit en suspens. » (*Dictionnaire de l'Académie française*, 4e édition, Paris, Veuve Brunet, 1762, p. 267).

vous le répète, le personnage de jaloux me paraissait plaisant dans un homme qui a eu dix maîtresses depuis six mois. Mes rires l'ont déconcerté, et je crois qu'il pensait à se mettre en colère, lorsque je lui ai dit que je louais le discernement de ceux qui lui avaient fait faire cette belle remarque, puisqu'il n'y avait qu'une seule personne dans le monde que j'aimasse mieux que Monsieur des Essarts. « Rassurez-vous, ai-je ajouté, sans lui donner le temps de me répondre, vous connaissez celui qui l'emporte encore dans mon cœur, sur cet amant qu'on me suppose. Dites-lui de ma part qu'il n'a rien à craindre d'un amour si opiniâtre, je travaille à m'en guérir, et bientôt j'espère que je l'emporterai sur lui pour l'indifférence. En attendant que vous puissiez vous réjouir de ce prodige, je vais vous en offrir un autre. C'est ma bonne humeur, au moment où je marie cet homme qui m'est si cher, et cela à la plus aimable fille que vous connaissiez. Et ce qu'il y a de plus héroïque dans mon action, c'est que ce mariage lui fait quitter Paris, et me prive de sa présence. Avouez que je suis une amante bien singulière et bien commode, j'ai tant de hâte de l'éloigner d'ici, que s'il m'en croyait, il serait le porteur de cette lettre, et ne sortirait de Metz, où je l'envoie, que marié ». « Mais, ai-je ajouté encore, c'est peut-être pour éviter vos transports jaloux que j'éloigne un amant chéri. Vous m'aimez avec un amour si vif, une si grande délicatesse, et surtout une telle constance... ». « Ne badinons point, m'a dit Monsieur du Castelet, sur la nature de mon attachement pour vous, peut-être... Mais ce n'est pas de quoi il est question à présent. Connaissez-vous quelqu'un à Metz ? Pour moi je ne me rappelle pas d'avoir jamais vu de jolie femme qui fût de cette ville ». « Aussi n'est-ce pas à une Austrasienne[97] que je le marie, lui ai-je dit, mais à une bonne Champenoise que vous connaissez, que vous estimez, en un mot, à Mademoiselle de Batteville ». « Serait-il possible ?, me dit mon époux avec transport, il faut que je vous embrasse pour cette bonne nouvelle, ce mariage est digne de la Baronne, et me surprend pourtant, car enfin Des Essarts, quoiqu'il soit l'homme le plus digne de la petite Julie, est sans fortune, et puis je ne crois pas qu'elle le connaisse ». « Je vous expliquerai toutes ces énigmes, lui ai-je dit, à présent laissez-moi fermer et finir ma lettre, car il faut qu'elle parte, et je ne voudrais pour rien au monde retarder le plaisir que sa réception doit causer à mon

97 L'Austrasie est un royaume franc à l'époque mérovingienne. Il couvrait aussi la Lorraine, et donc Metz.

amie ». « Vous appelez cela une lettre, a dit mon époux, en jetant les yeux sur les papiers qui étaient sur ma table, eh mais, c'est un volume, il y a encore une heure et demie avant le départ de la poste, pourrais-je, sans indiscrétion, vous prier de me permettre de jeter les yeux sur ce que vous voulez envoyer ? » « Chacun a ses secrets, Monsieur, lui ai-je répondu, vous venez d'entamer une matière à laquelle je prenais quelque intérêt, vous vous êtes interrompu sur un 'peut-être', qui m'a donné de la curiosité. Faisons un troc, vous finirez votre phrase, et vous lirez mes papiers ». « Voici ma réponse, m'a dit mon époux, en m'embrassant de très bonne grâce, mon action rend le sens de ma phrase rompue assez clair. Me pardonnerez-vous, Madame, d'avoir payé ce retour équivoque d'une partie de vos secrets, c'est-à-dire, de tout ce qui pouvait se dire sans vous compromettre ». Mon époux a été si attendri de tout ce que le pauvre Des Essarts a souffert, que trouvant la poste trop lente, à raison des pauses qu'elle fait en route, il a voulu avancer le bonheur que nous attendons pour vous de quelques heures, et fait partir un exprès, qui, actuellement tout botté, tout éperonné, tout à cheval, me crie : « Madame, j'attends le paquet, en sorte que je n'ai que le temps de le cacheter ».

LETTRE DE MADAME DE BATTEVILLE À MADAME DU CASTELET

Mille actions de grâces de votre diligence, ma chère, votre exprès a tellement couru, qu'il nous a procuré une nuit où nous n'avons pas fermé l'œil. Et n'allez pas dire : c'était bien la peine de se tant presser pour produire ce bel effet, notre insomnie nous a paru mille fois préférable au sommeil le plus tranquille. Mais je dois reprendre mon histoire où je l'avais laissée.

Vous vous rappelez les conditions auxquelles ma fille avait attaché sa sortie du couvent : on me conseillait de tout promettre, quitte après sa sortie à donner des explications à ce que j'aurais promis. Je n'ai pu me résoudre à ce déguisement, et je me suis bornée à prier la maîtresse des novices de me ménager un entretien particulier avec ma fille. Julie qui se défiait, dit-elle, de mon ascendant sur sa volonté, a eu bien de la peine à y consentir. J'ai rappelé tout mon courage pour cette entrevue, et ayant gagné sur moi de prendre un air tranquille : « Levez-vous, ma fille, lui ai-je dit, et apprenez mes dernières résolutions, mais persuadez-vous bien qu'elles sont inébranlables, que leur exécution va dépendre de votre réponse, et que si elle n'est pas telle que j'ai lieu de l'espérer, vous me voyez pour la dernière fois. J'ignore si vous agissez en conséquence de ce que vous aurez pu découvrir des malheurs de ma vie avant que j'eusse épousé votre père, quoi qu'il en soit, je vais vous l'apprendre. J'ai connu, j'ai aimé le Chevalier à l'âge où vous êtes. Ce ne fut que sur le bruit de sa mort que je me déterminai à donner la main à Monsieur de Batteville, et cela, autant par estime pour sa personne, que par reconnaissance de ses bienfaits, et par soumission aux ordres de ma mère. Mon cœur suivit le don de ma foi, et jusqu'au moment où Des Essarts (car c'est le vrai nom du Chevalier), jusqu'au moment, dis-je, où il nous sauva des flammes, je n'ai pas eu à combattre une seule pensée qui fût contraire à mon devoir. Je vous avouerai avec confusion, que sa vue sut réveiller au fond de mon âme des sentiments que je croyais absolument éteints, mais mon égarement dura peu. Une lettre de Des Essarts, dans laquelle il m'assurait que Dieu lui avait fait la grâce de me bannir de son cœur, cette lettre, dis-je, m'engagea à faire les plus grands efforts, et pour ôter toute ressource à la tentation, je prononçai le vœu que je renouvelle en votre présence, en consacrant à Dieu ma viduité. Si après cette assurance, vous continuez dans l'obstiné dessein de vous faire religieuse sans vocation, je gémirai sur votre sort, j'oublierai que j'ai une fille, et me regardant comme seule sur la terre, j'irai me jeter aux Carmélites. Ce n'est pas un dessein que j'ai conçu dans un instant. Au moment de la mort de votre père, je l'eusse mis en exécution, si ma tendresse pour vous ne m'eût retenue. Le parti que vous prenez rompt mes liens, et me met en liberté de disposer de moi. Demain à pareille heure, si vous n'êtes pas chez moi en disposition de m'obéir aveuglément, je pars pour Paris, sans que rien puisse m'arrêter ». Je me levai en même temps sans vouloir écouter sa réponse, et quoiqu'elle me rappelât avec de grands cris, j'eus la barbare fermeté de la laisser, sans même retourner la tête. Il m'en coûta cher, je me trouvai très mal chez la tourière, et craignant le même accident pour ma pauvre Julie, je fis avertir la maîtresse des novices de lui porter du secours. Elle la trouva immobile, et si profondément occupée de ce qu'elle venait d'entendre, qu'elle ne s'aperçut pas même de son entrée dans le parloir. Enfin cette bonne fille parvint à la rappeler à elle-même, et lui ayant dit que j'étais encore dans la maison, où une faiblesse m'avait retenue, Julie la conjura de demander pour elle à l'abbesse la permission de sortir sans délai, pour me montrer par la promptitude de son obéissance, le regret qu'elle avait de tous les chagrins qu'elle m'avait causés. Sa demande lui fut accordée sur le champ, et je manquai expirer de joie en la voyant à mes genoux et dans mes bras. Il fallut me saigner chez cette tourière, et j'y restai jusqu'à midi, uniquement occupée à rassurer cette chère enfant, qui ne pouvait se pardonner l'état où elle m'avait mise. On avait fait avertir mon cousin et son épouse qui étaient venus aussitôt. Nous sommes rentrés tous ensemble à l'auberge où nous avons passé une après-dînée délicieuse. Mon premier soin a été de témoigner ma reconnaissance aux religieuses qui ont agi de très bonne foi dans cette affaire, et qui ont secondé nos efforts pour engager ma fille à se rendre à nos vœux. Comme elles ne vivent que d'aumônes, je leur ai fait porter une provision de vin, de blé et d'huile pour une année, et j'ai commandé un ornement d'autel, le plus riche qu'il m'a été possible d'imaginer. Nous n'étions pas restées seules un moment, je n'avais pu me ménager l'occasion d'engager Julie à m'ouvrir son cœur, je l'ai fait avant de me coucher, et elle m'a déclaré à peu près ce que vous me marquez dans votre lettre. Comme j'allais la presser en faveur de Des Essarts, votre courrier est arrivé et a frappé à la porte de l'auberge, comme un homme qui ne voulait pas perdre le fruit de sa diligence. Elle a été telle, qu'il n'a mis que quarante heures à venir, encore assure-t-il qu'il s'est donné le temps de boire un coup de temps en temps pour reprendre vigueur. Nous l'avons envoyé souper et coucher, et nous avons passé la nuit à lire votre volume. Comme les parents de ma fille sont de fort honnêtes gens, et que j'avais besoin de les intéresser en faveur de Des Essarts, je n'ai point balancé à leur communiquer la touchante relation de ses infortunes, sans me permettre d'en retrancher un seul mot. Cette lecture a produit l'effet que je m'en étais promis. La noblesse de Des Essarts valait la nôtre. À la vérité il n'avait point de bien, mais l'inclination de ma fille, d'accord avec les dernières volontés de son père, leur a paru une raison suffisante pour passer par-dessus l'inégalité, ou plutôt le manque de fortune, et ils se sont chargés de faire agréer ce mariage aux autres parents. Pendant que je plaidais avec vivacité la cause du mérite dépouillé, Julie cherchait à lire dans mon âme, pour tâcher d'y découvrir s'il ne m'en coûtait aucun effort. Je lui avais répété mille fois pendant la nuit que je n'avais aucune répugnance à la rendre heureuse, sa tendresse la rendait craintive et incrédule, et à chaque fois que je l'assurais que je n'avais pas conservé une étincelle d'amour pour son amant, elle me jurait que l'état de fille n'avait rien qui l'effrayât, et qu'elle s'y fixerait de bon cœur, si son union avec Des Essarts pouvait m'occasionner un mouvement douloureux, ne dût-il subsister qu'une minute. Elle se rendit enfin, et sûre de ma sincérité, elle vit avec joie l'impatience de son cousin pour terminer cette affaire. Ce gentilhomme ne pouvait se dissimuler que malgré tout ce qu'il pourrait dire pour faire valoir l'autorité paternelle, la plus grande partie de la famille désapprouverait un mariage qui n'apporterait point un titre brillant, et après y avoir bien pensé, il me promit de prendre tout sur lui, et de conclure sans demander des avis qu'on était déterminé à ne pas suivre. Voici comment il vient d'arranger cette affaire. Il partira avec votre courrier qui sera chargé d'une lettre à Des Essarts, par laquelle il l'invitera à se rendre à Reims *incognito* pour le jour qu'il lui marquera. Comme le courrier ira plus vite que lui, il croit que Des Essarts aura le temps de lui envoyer son baptistère[98] et l'extrait mortuaire de ses parents. Muni de ces pièces, de mon consentement en

98 L'extrait du registre des baptêmes fournit une pièce d'identité essentielle pour le mariage sous l'Ancien Régime.

bonne forme, et du testament de feu mon époux, il s'adressera directement à Mgr l'archevêque de Reims, dont il a l'honneur d'être connu, et en obtiendra la dispense des bans[99]. Nous arriverons le même jour que Des Essarts, et au lieu de rentrer chez nous, nous descendrons de voiture à la porte de l'église, où le mariage sera célébré sur-le-champ. Cet arrangement m'a paru merveilleux, il nous sauvera le moment d'une première entrevue. Des Essarts ne paraîtra à mes yeux que revêtu du titre de mon fils, qui écartera de nous toute contrainte, et le dispensera de toute apologie par rapport au passé, non que je craigne un fâcheux retour ni pour lui ni pour moi, mais l'idée qu'il a prise de regarder son changement comme une infidélité dont il doit donner des excuses et des raisons, lui ferait avoir un air gêné, qui me mettrait moi-même dans un malaise que je veux éviter. Dites-lui bien, ma chère, que j'ai pris de l'eau du fleuve Léthé[100], et que je l'invite à en boire plutôt deux rasades qu'une. Je ne le connais que depuis le moment où il parut à mes yeux pour arracher des flammes une épouse pour lui, et une fille pour moi. J'ai parfaitement oublié tout le reste, et je l'exhorte à en faire autant, je le lui commanderais même si je croyais avoir quelque autorité sur un inconnu.

C'est dans ce moment, ma chère, que j'ai pu apprécier au juste les sentiments que j'avais conservés pour lui, et j'aperçois avec ravissement que je n'ai point de réparation à faire aux mânes de mon époux. Mon cœur n'a aimé que lui dès l'instant où je lui ai donné ma main, et ce que je pris pour de l'amour, lorsque je revis le Chevalier, était plutôt une crainte immodérée d'en avoir. Je vous parle avec la dernière sincérité, et point du tout pour le mettre à son aise, il doit bien se mettre dans la tête que s'il fallait rougir d'une infidélité, (ce que je ne crois pas dans le cas où nous nous sommes trouvés) que s'il fallait, dis-je, en avoir honte, ce serait à moi d'en ressentir, puisque je suis sûre d'avoir précédé son inconstance de plus de douze ans.

À propos d'infidélité, je prédis sans être prophète, que vous n'aurez pas longtemps à vous plaindre de celle de votre époux. S'il lit cette lettre, je le prie de me pardonner la comparaison qui va suivre. Je le regarde comme un de ces chevaux fougueux et indomptables qu'on est forcé de mettre à la charrue quand on veut les dompter. Ils n'y ont pas resté longtemps

99 La publication des bans est obligatoire avant la célébration d'un mariage. La dispense permet de tenir la cérémonie sans attendre.

100 Léthé : « Suivant les poètes anciens, fleuve des enfers où les ombres des morts allaient boire pour oublier le passé. » (*Dictionnaire de l'Académie française* (1932-1935), *op. cit.*).

sans baisser l'oreille, et sans devenir capables de porter la contrainte du mors et de la bride. Votre époux s'est attaché lui-même à une charrue bien fatigante. Il a eu, dites-vous, vingt maîtresses depuis six mois. S'il en avait eu quarante, cela serait encore mieux (humainement s'entend, et le christianisme à part.) Oui, mon cher Monsieur, vos maîtresses vous ramèneront sans le vouloir au joug honnête que vous vous êtes imposé par le mariage. Leurs caprices, le sordide motif de leurs caresses, leur emportement, et mille autres défauts vous feront connaître le prix du cœur d'une épouse vertueuse, et je vous veux à ses pieds, pour abjurer vos erreurs, avant l'année révolue. Je verrai ce miracle, je m'y attends, et si vous vous moquez de ma prédiction, je m'en vengerai en inspirant à Madame du Castelet assez de courage pour vous faire languir après votre pardon. Je sais que vous rirez de cette prétention, et que vous croyez savoir à quoi vous en tenir sur son compte, mais tout s'use, et l'amour comme le reste, j'en ai la preuve. Ménagez un peu plus celui que vous lui avez inspiré, il faudra revenir à ce fonds pour le reste de votre vie, ne le dissipez pas mal à propos. Vous avez d'autant plus besoin de cet avis, que sur mon honneur vous l'aimez beaucoup plus que vous ne le soupçonnez, croyez-moi, je suis connaisseuse. Mais à qui est-ce que je parle ? N'est-ce pas à vous que j'écris, Madame, et une lettre qui vous est adressée, doit-elle être pour celui-ci et pour celui-là ? Oh ! C'est une honte. Au moins si je pouvais réserver quelque chose qui fût à vous toute seule, comme de l'amitié, de l'attachement, ce serait vous tromper que de vouloir vous le faire entendre, tout cela est un bien commun entre vous trois, soyez assez généreuse pour vous contenter de ce partage.

LETTRE DE MADAME DU CASTELET À LA BARONNE DE BATTEVILLE

On vous donne une lettre, vous en regardez l'écriture, vous la mettez d'un air distrait dans votre poche, elle y reste au moins trois jours sans être ouverte, et lorsque vous vous en souviendrez vous direz en la lisant : et de quoi s'avisait cette femme de m'écrire dans de pareilles circonstances ? J'avais bien autre chose à faire qu'à la lire. S'il en advenait autrement, je vous prie de me le faire savoir, et alors je dirais que vous êtes incomparable, que vous suffisez à tout, et que tout est si réglé chez vous, que chaque chose est en sa place. Monsieur des Essarts ne sait où placer la sienne, et quoique pour l'honneur de la philosophie, il s'efforce de nous en déguiser la plus grande partie, il lui en échappe assez pour nous faire comprendre celle qu'il nous dérobe. Je crois qu'il remercie dans son cœur Monsieur votre cousin de l'arrangement projeté, et il a beau dire, le premier moment sans cela eût été pénible pour lui. Il faut que l'infidélité soit bien étrangère au cœur d'un honnête homme, puisque ce qui n'en a que l'apparence porte avec soi un caractère si humiliant, qu'on ne peut se défendre d'en rougir. Ce que je dis là semble démenti par l'expérience, un homme constant et fidèle est un phénix, il semblerait donc naturel de conclure contre moi de cette expérience ? Point du tout, si tous les perfides voulaient nous faire un aveu sincère de ce qu'ils ont souffert à la première trahison qu'ils ont faite, on serait forcé de dire que ce qui tourmente si fort n'est pas naturel. Monsieur du Castelet qui lit par-dessus mon épaule pendant que j'écris, pourrait nous en dire des nouvelles. De dépit il s'éloigne et va fredonnant à l'autre bout de la salle un air de l'opéra nouveau qui dément ma thèse :

> Lorsque le cœur n'est pas content,
> Que servent les efforts qu'il fait pour le paraître ?
> L'honneur de passer pour constant
> Ne vaut pas la peine de l'être[101]

Chanson, mon ami, on a toujours tort quand on change, ou d'avoir mal choisi ou de se dégoûter par caprice. Vous n'avez point ce tort, ma

101 Derniers vers d'un poème d'Étienne Pavillon (1632-1705) sur l'inconstance.

chère Baronne, les motifs les plus respectables ont occasionné votre changement, et je vous en félicite. Mon infidèle qui se pique au moins d'être ferme dans l'amitié, joint ses compliments aux miens, et pendant que le déserteur de la finance plongé, abîmé dans la joie, est incapable d'une seule distraction, il me fait remarquer que cet amant serait homme à partir dans son accoutrement de philosophe, et n'aurait point honte de se marier avec un habit noir qu'il porte depuis un an, et sur ce, d'envoyer chercher le tailleur, le marchand, etc. et de lui donner un air de noce. Voilà à quoi vous n'aviez pas pensé, Madame, et qui est pourtant regardé comme essentiel parmi bien des gens, qui sait si cela ne le ferait pas pour quelqu'un de la famille ? Monsieur des Essarts me prie de lui permettre de mettre un mot dans ma lettre.

Billet de Monsieur des Essarts à la Baronne

Oui, Madame, je suis au comble de mes vœux, l'amour et l'amitié me préparent un bonheur qui ne peut laisser aucun vide dans mon âme et je ne sens pas plus l'avantage d'avoir à aimer une épouse parfaite, que celui d'être obligé de chérir et de respecter une mère à laquelle il ne me serait pas possible de refuser ces deux sentiments qui ne finiront qu'avec la vie.

Madame du Castelet continue

Je défie qu'on puisse en dire davantage en si peu de mots, et pour finir, en vous parlant un peu de moi, je vous dirai que je commence à espérer des jours plus sereins. Une horrible infidélité a mis mon époux en colère ou plutôt en fureur contre tout le sexe. Il me l'a confiée parce qu'elle était publique, et j'en ai ri comme s'il me l'avait apprise. Ce ton lui convient mieux que les jérémiades[102] par lesquelles j'avais débuté, il n'ose encore me promettre de se préserver d'une rechute, et ajoute galamment que je gagne à ses escapades, puisqu'il est forcé de s'avouer que je vaux mille fois mieux que ses maîtresses. Il a beau me dorer la pilule[103], elle

102 Jérémiade : « Plainte fréquente et importune. [...] C'est une allusion aux *Lamentations de Jérémie.* » (*Dictionnaire de l'Académie françoise* (1798), *op. cit.*, t. 1, p. 753).

103 Dorer la pilule : « Lorsque sous des apparences agréables et flatteuses, on essaie de porter quelqu'un à une chose pour laquelle il a de la répugnance. » (*Dictionnaire de l'Académie française*, 4e édition, Paris, Veuve Brunet, 1762, p. 376).

est toujours bien pénible à digérer. Et puis quand cela me toucherait peu par rapport à moi, le tort qu'il fait à son âme ne me permettrait point de regarder ces choses comme on les voit dans le monde. Les hommes d'aujourd'hui croient-ils avoir une âme ? En les voyant agir, je suis tentée de croire la négative.

LETTRE DE LA BARONNE À MADAME DU CASTELET

Voici la dernière lettre que vous recevrez de moi, chère amie, car nous comptons partir pour Paris dans dix ou douze jours, et cet intervalle sera rempli par des devoirs aussi pénibles qu'ils sont indispensables : visites à recevoir et à rendre à mille gens dont nous nous soucions aussi peu qu'ils se soucient peu de nous, compliments du bout des lèvres et le reste. Nous en sommes déjà excédés, mais il faut aller jusqu'au bout. Et qu'allons-nous faire à Paris, s'il vous plaît ? Est-ce pour voir l'Opéra, la Comédie et le reste ? Point du tout, c'est pour y voir, y embrasser Madame du Castelet, cette amie injuste qui se mêle de prophétiser et qui le fait tout de travers, qui croit qu'on peut garder une de ses lettres trois ou quatre jours sans la lire, et qui ne devine pas qu'elle était décachetée et lue avant quatre heures. C'est pour vous punir de cette injustice que je voulais mortifier votre curiosité en remettant à vous faire de bouche le récit de tout ce qui s'est passé ici, mais je n'en ai pas le courage.

Tout s'est arrangé comme nous le souhaitions. Des Essarts arriva à Reims à trois heures et demie du matin, et fut reçu chez le curé par mon cousin. Comme nous n'avions couché qu'à une demi-lieue de la ville, nous arrivâmes un quart d'heure après, et l'on nous conduisit à l'église où le prêtre était prêt à montrer à l'autel. Le lieu n'était pas propre aux compliments, de profondes révérences tinrent la place du discours. Je ne prétends point me parer d'une fausse fermeté, ma chère, mon cœur fut ému pendant cinq minutes, sans que je sache précisément de quoi. J'étais prête à verser des larmes, et je ne jurerais pas qu'il ne m'en soit échappé une ou deux. Cependant je suis sûre que j'en aurais répandu bien davantage, si j'avais été prête à livrer ma fille à un inconnu sans pouvoir répondre de son bonheur, et tout compté, Des Essarts, c'est-à-dire, la douleur de le perdre, n'entrait pour rien dans ce moment de faiblesse. Je fus rappelée à moi-même en jetant les yeux sur nos jeunes gens. Ils priaient avec une piété bien rare dans une telle cérémonie. Ils me firent honte de ma distraction, et je me joignis de bon cœur à eux pour prier le Seigneur de bénir leur union que je regarde comme son ouvrage. Après avoir prononcé les grands mots, on nous fit passer dans la sacristie, où Des Essarts et ma fille se tenant par la main, se jetèrent à mes pieds pour me demander ma bénédiction. Ils firent cette action de si bonne grâce, que le curé en fut attendri. Pour moi après les avoir bénis, je pris leurs deux têtes dans mes bras, et les arrosai de mes larmes en les embrassant. Mon cousin avait invité à dîner Mgr l'archevêque qui se faisait un plaisir de la scène qui devait se passer, car les parents étaient invités sans qu'ils sussent de quoi il était question. Ma fille n'avait qu'une robe de satin blanc, mais dix femmes travaillèrent tout le matin à la garnir de mes pierreries et de celles de sa grand-mère paternelle qui en avait une grande quantité. Je la coiffai moi-même, et ses beaux cheveux noirs furent tous garnis de perles, ce qui faisait un effet charmant. La joie avec laquelle je faisais cette action, semblait dire à ces jeunes gens que ce jour était véritablement pour moi un jour de fête, un jour sans nuage, et ils avaient besoin de ce témoignage de la tranquillité de mon âme, car au sortir de l'église, ils avaient à peine le courage de me regarder. J'avais prié ma cousine de ne me point quitter pour éviter tout éclaircissement, et dans la vérité il eût été impossible à un témoin qui n'eût pas été instruit, de deviner que cette journée eût été précédée d'un si grand nombre d'autres où nous avions pensé d'une manière bien différente. Pendant que j'ajustais ma fille, on avait livré Des Essarts au baigneur[104], mais dans la même chambre Julie s'amusait à regretter les beaux cheveux qu'il avait brûlés en la sauvant, car il fautbien être femme par quelque endroit. Sur le midi nos convives arrivèrent et on les fit entrer dans une salle où nous étions déjà avec Mgr l'archevêque. La couronne de ma fille leur apprit d'abord quel était le but de cette fête, et la bonne mine de Des Essarts que je leur présentai, en imposa tellement à quelques-uns d'eux, que sans penser à se plaindre de n'avoir point été consultés, ils l'embrassèrent de fort bonne grâce. Quelques autres furent entraînés par leur exemple, et enfin l'autorité de l'archevêque qui assura que Monsieur des Essarts était d'une des plus anciennes familles de sa province, empêcha les plus mécontents de faire éclater leur ressentiment, en sorte que tout se passa beaucoup mieux que nous n'eussions osé nous le promettre. Pendant ce temps, il ne fut pas possible à Des Essarts de trouver à placer un mot

104 Baigneur : « Celui ou celle qui tient bains et étuves. On le dit surtout au masculin et même de celui qui tient des chambres garnies. » (Féraud, Jean-François, *Dictionnaire critique, de la langue française*, Marseille, Jean Mossy, 1787, t. 1, p. 236).

qui pût avoir rapport au passé, et toutes les fois qu'il a tenté de le faire depuis deux jours, j'ai changé de conversation de manière à lui faire comprendre que je n'en avais ou n'en voulais conserver aucun souvenir. En voilà assez et trop pour une femme chargée de faire les honneurs d'une noce, et qu'on vient avertir qu'une grande compagnie l'attend. Dans dix jours nous parlerons plus en détail de mille petits incidents qui ont égayé la scène, et que je n'ai pas le temps d'écrire.

FIN.

AU LECTEUR

Pour satisfaire les lecteurs qui se sont assez intéressés à la Baronne, pour souhaiter de savoir ce qu'elle est devenue, on leur apprendra que sa fille et son gendre ne purent s'accommoder longtemps du tumulte de Paris, et que des raisons qu'il importe peu de savoir ne leur ayant pas permis de retourner à Reims, ils se fixèrent dans une ville de province, où la Baronne après avoir vécu un an avec sa fille, s'est retirée dans une maison religieuse sans prendre d'engagement. Elle en sort aussi souvent que la charité où ses devoirs de mère l'exigent, et c'est ordinairement une fois par année, pour assister aux couches de Madame des Essarts, qui est actuellement mère de douze enfants, dont quatre sont mariés et ont famille. Toutes les filles sont remises entre les mains de leurs aïeule ou bisaïeule au sortir des bras de leurs nourrices, et cette dame qui s'est consacrée absolument à leur éducation, a le plaisir de jouir à soixante ans du spectacle d'une famille composée déjà de vingt-huit personnes, et qui pour le bonheur du genre humain, promet de devenir plus nombreuse, car aucun de ses descendants ne s'est écarté de cette vertu que leurs parents ont pratiquée avec tant d'héroïsme, et qu'ils ont plus à cœur de transmettre à leur postérité que leurs richesses.

APPROBATION

J'ai lu par ordre de Monseigneur le Vice-Chancelier, un manuscrit qui a pour titre : *La Veuve Parfaite, ou Mémoires de Madame la Baronne de Batteville.* Je crois qu'on peut en permettre l'impression. À Paris, ce 22 mai 1765.

Signé, MAILLET DU CLAIRON[105].

105 Antoine Maillet du Clairon (1721-1809) fut auteur dramatique et censeur roayal.

ANNEXE I

Marie Leprince de Beaumont, *Magasin des adolescentes*[1]

À la suite du *Magasin des enfants* (1756), Marie Leprince de Beaumont fait publier, en 1760 *Le Magasin des adolescentes.* Le dialogue éducatif entre Mme Bonne et ses disciples cible un lectorat de jeunes filles à l'âge de la puberté. Comme dans le *Magasin des enfants*, l'éducatrice se sert de petites histoires et de nouvelles afin d'illustrer son enseignement moral. L'« Histoire de la belle Fanchon », qui apparaît dans le 18e dialogue, sert ainsi à illustrer les dangers du mariage d'amour tout en vantant les bénéfices du mariage de raison.

MADEMOISELLE BONNE.

[...]

J'avais une amie de seize ans extrêmement aimable. Un jeune homme qui la vit par hasard en devint amoureux dès la première vue, et elle sentit pour lui les mêmes sentiments. Comme il était beaucoup plus riche qu'elle et qu'il savait que son père était fort avare, le désespoir fut le premier et l'unique remède qu'il trouva à son malheur. Il s'enferma dans un cabinet reculé, et il passa trois jours sans boire et sans manger ; on le trouva par hasard sans connaissance, et on eut bien de la peine à le sauver : vous voyez qu'il était amoureux bien sérieusement. Son père croyant le guérir de sa passion, le fit voyager pendant deux ans ; et voyant qu'il était revenu plus amoureux que jamais, il obtient un ordre pour le faire passer dans les Indes. Il trouva le moyen de voir sa maîtresse avant son départ, lui jura un amour éternel, et la conjura de ne pas disposer d'elle avant trois ans, lui disant que si dans ce temps elle n'avait pas reçu de ses nouvelles, ce serait un signe certain qu'il n'existerait plus. Cinq années se passèrent sans que cette Demoiselle, qu'on nommait

1 *Magasin des adolescentes*, *op. cit.*, t. 2, III, p. 32-35.

la belle *Fanchon*, entendît parler de lui. Pendant ce temps, un honnête homme s'attacha à elle, et tourmentée par sa famille, on lui arracha un consentement pour l'épouser. Elle ne l'aimait pas ; mais elle l'estimait beaucoup, et elle ne pouvait s'empêcher d'avouer qu'il avait toutes les qualités nécessaires pour la rendre heureuse. La veille de son mariage elle reçut une lettre de son amant, qui lui en avait écrit plusieurs qu'elle n'avait pas reçues. Il n'en fallut pas davantage pour lui tourner la tête ; elle rompit son mariage et deux ans après, son amant, ayant trouvé le moyen de repasser en Europe, l'épousa. Ils s'adoraient, mais ils ne se connaissaient pas. Six mois de mariage furent suffisants pour leur ouvrir les yeux. La belle *Fanchon* avait compté que son mari serait toujours son amant ; elle le crut fort injuste quand elle vit disparaître les transports auxquels il l'avait accoutumée ; elle s'en plaignit, pleura. La première fois il essuya ses larmes, et promit de reprendre ses premiers feux. Mais, je vous l'ai dit, l'amour est un sentiment passager, trop vif pour être éternel ; et ce qui peut arriver de plus heureux pour des amants devenus époux, est de voir renaître de ses cendres une tendre amitié. Cela arrive toujours lorsque l'estime a prévenu l'amour, et presque jamais lorsqu'elle n'a pas été sa compagne. Le mari eut beau promettre et beau s'exciter, il se rebuta de l'inutilité de ses efforts, et s'ennuya des plaintes de sa femme. Elle parvient à lui devenir odieuse ; il lui donna des rivales, qu'il aima avec le même emportement qu'il l'avait aimée. Cette conduite eut l'effet qu'on devait en attendre ; elle parvint à le haïr à son tour, et elle regarda le jour de la mort de son époux comme le plus beau jour de sa vie. Quelques années après, le hasard lui fit rencontrer l'amant, ou plutôt l'ami qu'elle avait été sur le point d'épouser, et qu'elle avait regretté plus d'une fois. C'était alors un homme de quarante ans, qui, revenu des plaisirs bruyants, cherchait une compagne raisonnable, avec laquelle il pût doucement passer la vie. *Fanchon* n'était plus la belle *Fanchon* ; ses chagrins l'avaient tellement changée, qu'elle n'était plus connaissable. Elle fut bien surprise lorsque son ancien amant lui proposa de renouer le mariage qu'elle avait rompu. Mademoiselle, lui dit-il, je ne veux pas vous tromper ; je ne suis point amoureux, et probablement je ne le deviendrai pas. Je vous offre mon amitié, mon estime, ma confiance ; si ces choses peuvent suffire à votre bonheur, et que vous soyez en état de m'en offrir autant, j'espère vous dédommager de tout ce que vous avez souffert. *Fanchon* rebutée de l'amour, voulut essayer de l'amitié, elle donna la main à son ami, et actuellement ils éprouvent un bonheur au-dessus de l'expression. Ce bonheur n'a jamais été troublé par aucun nuage ; leurs sentiments s'augmentent chaque jour, et leur vœu continuel est de mourir le même jour, pour n'avoir point à supporter une vie qui leur serait insupportable, s'ils étaient séparés.

ANNEXE II

Marie Leprince de Beaumont, *Instructions pour les jeunes dames qui entrent dans le monde*[1]

L'ouvrage *Instructions pour les jeunes dames qui entrent dans le monde* (1764) est conçu comme la suite du *Magasin des adolescentes.* Les disciples de Madame Bonne sont désormais au seuil de l'âge adulte et les questions concernant la vie pratique d'une jeune femme en âge de se marier se trouvent au premier plan des dialogues éducatifs. La religion prend alors une place dominante dans l'enseignement de Mme Bonne. La problématique de la providence préoccupe ses élèves, thématique au cœur de son roman *Mémoires de Madame de Batteville.*

LADY LOUISE.

J'admire comment la providence se joue des desseins des hommes, et trouve le moyen de les faire servir à sa gloire et à ses vues. Dieu avait décidé de toute éternité que Jésus devait naître dans la ville de Bethléem, les Prophètes l'avaient ainsi annoncé ; cependant Joseph et Marie vivaient assez loin de cette ville, et sans un ordre exprès de Dieu, il n'était pas naturel que Marie cherchât à y venir faire ses couches. Cet ordre exprès, Dieu le lui donne-t-il ? Non. Dieu suit presque toujours l'ordre naturel, et sans recourir au miracle, il emploie les événements de la vie qui paraissent y avoir le moins de rapport à les faire réussir. Le dénombrement selon les vues d'Auguste est un ouvrage de sa vanité ou de sa politique, et peut-être de tous les deux. Dieu s'en sert pour conduire Joseph et Marie dans l'endroit où devait naître le Messie, pour accomplir ce qu'en avaient prédit les Prophètes.

---

1 *Instructions pour les jeunes dames qui entrent dans le Monde, se marient, leurs devoirs dans cet état et envers leurs enfants ; Pour servir de Suite au Magasin des adolescentes*, Paris, Desaint & Saillant, 1764, t. 1, p. 8-10.

MADEM. BONNE.

Votre réflexion est excellente, ma chère, et ce n'est que faute de la faire souvent que nous nous sentons troublés dans les divers événements de la vie. Donnez-moi bien toute votre attention, Mesdames ; ce que je vais vous dire est de la dernière conséquence. Nous disions il y a quelque temps que Dieu nous a faites pour être heureuses, comment ce bonheur peut-il compatir avec la méchanceté des hommes qui très souvent cherchent à nous nuire ? Je conviens avec vous que la plupart de ceux qui nous environnent, conspirent contre notre bonheur ; mais je soutiens en même temps que tous leurs efforts sont impuissants. Il y a quelques années qu'un fort honnête homme se trouva attaqué d'une maladie de langueur, à laquelle tous les médecins ne connaissaient rien ; dans cet état un homme qui était son ennemi, l'attendit le soir au coin d'une rue pour l'assassiner, et lui passa son épée au travers du corps. Miss Bellotte, ne regardez-vous pas cela comme un malheur pour ce pauvre homme ?

MISS BELLOTTE.

Assurément, ma Bonne, c'est toujours un malheur de recevoir un coup d'épée.

MADEM. BONNE.

Point du tout, ma chère, la maladie de cet homme était un abcès dans le foie qui l'aurait fait mourir en très-peu de temps. Ce coup d'épée fit crever cet abcès et le guérit entièrement. Remarquez deux choses dans cet événement, Mesdames : le crime de l'assassin qui veut tuer son ennemi, et la manière dont Dieu détermine le coup pour sauver la vie de cet homme ; il en est de même de tous les événements de la vie qui paraissent les plus fâcheux ; Dieu laisse agir librement les causes secondes, et les dirige toujours pour le bien de ceux même à qui les hommes veulent nuire.

ANNEXE III

Marie Leprince de Beaumont, *Les Américaines*[1]

En 1769, Marie Leprince de Beaumont fait paraître son ouvrage en six volumes intitulé *Les Américaines ou la preuve de la religion chrétienne par les lumières naturelles.* En reprenant le modèle du dialogue éducatif des *Magasins*, l'auteure met en scène une discussion entre Madame Bonne, ses disciples et des représentants des différentes religions et des courants philosophiques dans le but de prouver la supériorité du catholicisme. Le débat au sujet de la dualité entre le corps et l'esprit se déroule sous le signe du cartésianisme. Il avait été déclenché par l'ouvrage *De l'Esprit* (1758) du philosophe matérialiste Claude-Adrien Helvétius (1715-1771).

LADY VIOLENTE.

Je suis caution que Monsieur ne nous trompe pas, Madame. Je viens de lire le commencement d'un livre très-admiré ; il est intitulé *l'Esprit.* L'auteur se tue à nous démontrer que nous ne différons des animaux que par une organisation plus parfaite. C'est sur ce fondement qu'il anéantit la morale et la religion. Ce qu'il y a de plus surprenant, c'est qu'à en juger par les apparences, l'auteur n'a aucun intérêt à soutenir une telle cause : ses mœurs sont telles qu'elles le seraient s'il croyait l'âme immortelle.

MISS DOROTHÉE.

Et cet homme prétend que les animaux nous sont inférieurs ? Il se trompe lourdement. Je prétends prouver qu'ils l'emporteront infiniment sur nous.

1 *Les Américaines ou la preuve de la religion chrétienne par les lumières naturelles*, Paris, Brunot-Labbe / Saintmichel et Beaucé, 1811, t. 2, p. 204-209, 263-265.

BELESPRIT.

On ne vous en demande pas tant, Mademoiselle. Contentez-vous de leur assigner une cause de leurs opérations, approchante de celle qui agit en nous.

MISS DOROTHÉE.

Je vous entends, Monsieur, et je vais commenter vos paroles. Il suffit, pour nier l'immortalité de l'âme, d'assurer que les bêtes en ont une matérielle : nous ne voulons pas aller plus loin ; notre orgueil se révolterait contre l'égalité ; encore plus contre la supériorité. À quoi bon parler de preuves ? Il nous convient que les choses soient telles que nous les avançons : nous décidons qu'elles sont ainsi ; qu'on respecte nos arrêts. C'est à des hommes tels que nous qu'il appartient d'éclairer l'Univers : nous ne voulons pas d'appel, tout le bon sens est renfermé dans notre tête par un privilège exclusif, et il n'y a que les idiots et les femmes qui osent penser d'une autre manière que nous.

BELESPRIT.

Que vous êtes méchante, miss Dorothée ! Nous ne parlons point ainsi ; mais nous croyons avoir droit de raisonner, et nous avons en horreur l'obéissance aveugle, qui ne convient qu'aux stupides.

MISS DOROTHÉE.

Je vais vous rendre le bien pour le mal. Vous dites que je suis bien méchante, et moi je soutiens que vous êtes trop modeste : ce n'est point à l'école des Bayle, des … que vous avez appris ce langage ; ils veulent être crus sans examen, ou du moins qu'on examine à leur mode sans s'embarrasser des contradictions, des inconséquences. Ce n'est pas là notre compte.

LADY VIOLENTE.

J'ai vu un petit ouvrage qui vous mettrait tous d'accord. L'auteur prétend que les corps des bêtes sont animés par des démons que Dieu a condamnés à cette humiliation pour punir leur orgueil et leur superbe.

MISS MALY.

O fi ! Madame ! Je rejette absolument ce système ; je jetterais mon joli chien par la fenêtre, si je pouvais le soupçonner vrai.

MADEM. BONNE.

L'auteur ne l'a jamais donné comme tel, et ce fut une plaisanterie dans une conversation sur cette matière, qui lui en fit naître l'idée. Cependant on lui en fit un crime, et les chagrins qu'on lui donna à cet égard lui causèrent la mort.

MISS BELOTTE.

Il avait bien de la faiblesse d'être sensible jusqu'à ce point. Ma grand'maman, qui était une femme de beaucoup d'esprit, avait adopté le système de Pythagore, et croyait dans le fond de son âme que les âmes des bêtes étaient celles des hommes qui avaient changé d'habitation. Elle n'osait le dire tout haut ; mais on la comprenait, et ma Bonne perdit ses bonnes grâces pour avoir osé soutenir que les bêtes étaient des machines : elle regarda ce sentiment comme une impiété.

LADY MÉRY.

Et moi, je suis prête à adopter les divers systèmes de ces Dames, plutôt que celui de Monsieur. Une chose matérielle et qui pense ! une âme spirituelle et mortelle ! voilà deux extravagances auxquelles je ne souscrirai jamais, parce que cela est contraire à cette vérité primitive dont nous avons fait la base de nos connaissances : *Il y a un Dieu.*

MADEM. BONNE.

Procédons avec ordre, s'il vous plaît. Voilà, si je ne me trompe, cinq systèmes différents. Voyons quel sera celui que la foi et la raison nous permettront d'adopter. Auquel vous fixez-vous, Monsieur ?

BELESPRIT.

Je soutiens que les bêtes ont une âme, c'est-à-dire qu'elles sentent, qu'elles pensent ; que cette âme est mortelle, et ne consiste que dans l'arrangement des parties de leur corps, et que, par conséquent, elle est mortelle.

MADEM. BONNE.

Et quel est votre système par rapport aux bêtes, miss Dorothée ? Vous nous avez annoncé que vous en avez fait un. Exposez-le en peu de mots.

MISS DOROTHÉE.

C'est que non-seulement les bêtes ont une âme pensante et sensitive, mais encore que cette âme est infiniment supérieure à la nôtre, soit que Monsieur la veuille matérielle ou spirituelle ; il choisira, cela m'importe peu.

MADEM. BONNE.

Et vous, miss Bellotte, que pensez-vous à ce sujet ?

[...]

LADY MÉRY.

C'est qu'une âme mortelle renverserait toute religion, toute morale. Votre M. Helvétius a tiré le rideau qui cachait aux simples la liaison du système de ces Messieurs : aussi le blâme-t-on dans le parti d'avoir laissé découvrir le but où l'on tendait. À peine a-t-il cru avoir établi l'opinion de la mortalité de l'âme, qu'il s'efforce d'anéantir toute morale. Nous lui avons assurément beaucoup d'obligation d'avoir dit le mot de l'énigme : son système cesse d'être dangereux, aussitôt qu'on l'approfondit. Cette mortalité de l'âme est contraire à l'idée d'un Dieu juste. S'il n'y avait point une autre vie, les éclats de son tonnerre écraseraient les méchants ; l'adversité, la maladie, tous les malheurs seraient leur partage : le juste vivrait heureux dans la jouissance des biens passagers, qui seraient sa seule récompense.

Voilà des difficultés sans nombre qu'il est impossible d'éclaircir dans votre système, comme il est impossible d'expliquer un grand nombre de phénomènes dans celui de Ptolomée, que vous abandonnez pour cette seule raison. Elle doit donc être suffisante pour me le faire rejeter. Dans mon système, au contraire, toutes ces difficultés disparaissent, et elles sont tranchées d'un seul mot : Si les bêtes sont organisées par le sage artisan de l'univers, pour être un motif aux hommes de louer sa magnificence dans ce nombre infini de machines dont les ressorts ne se détraquent jamais ; si elles offrent à chaque instant à l'homme des raisons d'exciter sa reconnaissance à la vue de tant de merveilles crées pour son service ou pour ses plaisirs, je trouve ces motifs dignes d'un Dieu qui veut être aimé de l'homme. Rien, dans cette hypothèse, qui choque l'idée que j'ai de sa bonté, de sa sagesse, de sa justice et de ses autres perfections. J'adopte donc ce système, parce qu'il résout toutes mes difficultés, comme vous adoptez celui de Copernic. Cela est raisonnable et ne choque que mes sens, dont je ne dois pas préférer les lueurs aux lumières de ma raison.

MADEM. BONNE.

Cela est un peu long et pourrait paraître embrouillé, ma chère lady Méry ; vous vous entendez, mais je ne sais si les autres vous entendent.

MISS DOROTHÉE.

Pour moi, je l'entends à merveille. Les bêtes machines n'ont rien qui choque l'idée que j'ai de Dieu, ni celle que ma raison m'a donnée de mon âme ; je l'adopte. Comme une âme matérielle et mortelle me paraît contraire à ces idées, et qu'elle renverse toute religion et toute morale, je la rejette. N'est-ce pas cela ?

ANNEXE IV

Stéphanie-Félicité de Genlis, *De l'influence des femmes sur la littérature française*[1]

Stéphanie-Félicité de Genlis (1746-1830) est, comme Marie Leprince de Beaumont, une éducatrice et auteure polygraphe, connue notamment pour son théâtre d'éducation. Gouvernante des enfants d'Orléans, elle met en récit ses expériences de pédagogue dans de nombreux ouvrages d'éducation comme *Adèle et Théodore* (1782). Avec son ouvrage *De l'influence des femmes sur la littérature française* (1811), elle prend la défense de la femme de lettres et de son rôle dans l'historiographie littéraire. Marie Leprince de Beaumont y trouve sa place à côté de Françoise de Graffigny, auteure des *Lettres d'une Péruvienne* (1752).

MADAME LEPRINCE DE BEAUMONT.

Elle eut une influence utile sur notre littérature ; ce fut elle qui la première s'occupa avec détail, et une grande suite, de l'éducation de l'enfance et de la première jeunesse, et qui donna l'idée de travailler dans ce genre ; elle composa une petite bibliothèque pour ces deux âges. Elle a donné successivement : *Le magasin des enfants*, 4 vol. *in*-12. *Le magasin des adolescentes*, 4 vol. *in*-12. *Le magasin des artisans et gens de la campagne*, 2 vol. *in*-12. *Instructions pour les jeunes dames qui entrent dans le monde*, 4 vol. *in*-12. *Le manuel de la jeunesse*, 2 vol. *in*-12. Avec des retranchements, et quelques corrections, on pourrait faire de ces ouvrages une nouvelle édition, en 9 ou 10 vol. *in*-12, qui serait agréable et fort utile. Madame de Beaumont en a fait beaucoup d'autres, mais inférieurs à ceux-ci. Elle a donné aussi des contes et des romans. Cette femme estimable qui naquit à Rouen, en 1711, mourut en 1780. Elle était sœur de Leprince, fameux peintre de paysages et de sujets dans le genre

---

1 Genlis, Stéphanie-Félicité de, *De l'influence des femmes sur la littérature française, comme protectrices des lettres et comme auteurs ; ou Précis de l'histoire des femmes françaises les plus célèbres*, Paris, Maradan, 1811, p. 273-274.

de Téniers : cet artiste de l'académie de peinture était aussi excellent musicien, et d'une très-grande force sur le violon. S'étant embarqué en Hollande pour aller à Pétersbourg, il fut pris par des corsaires. Les vainqueurs, s'abandonnant au pillage, se partageaient le butin, lorsque Leprince, prenant son violon, se mit à jouer, et sans doute l'adagio le plus touchant ; car les corsaires étonnés suspendirent aussitôt le pillage, écoutèrent avec ravissement le nouvel Arion, et lui rendirent tout ce qu'ils lui avaient pris. Il aurait pu par un autre talent immortaliser ce triomphe, en peignant cette scène singulière.

BIBLIOGRAPHIE

ÉDITIONS ET TRADUCTIONS DES *MÉMOIRES DE MADAME DE BATTEVILLE*

Mémoires de Madame la Baronne de Batteville ou La Veuve Parfaite, Lyon, Pierre Bruyset Ponthus, 1766a.

Mémoires de Madame la Baronne de Batteville, ou La Veuve Parfaite, Londres, J. Nourse, 1766b.

Mémoires de Madame la Baronne de Batteville ou La Veuve Parfaite, Leipzig, Weidmann & Reich, 1766c.

Mémoires de Madame la Baronne de Batteville ou La Veuve Parfaite, Leide, P.H. Jaqueau, 1766d.

Geschichte der Frau Baronin von Batteville oder die vollkommne Witwe, Leipzig, Weidmann & Reich, 1766.

Memorias de la baronesa de Bateville ó La viuda perfecta, Malaga, Luis de Carreras, 1795.

The virtuous widow : or memoirs of the Baroness de Batteville, Dublin, J. Williams, 1767.

ŒUVRES DE MARIE LEPRINCE DE BEAUMONT CITÉS DANS CET OUVRAGE

Contes et autres écrits, éd. Barbara Kaltz, Oxford, Voltaire Foundation, coll. « Vif », 2000.

Contes moraux, Lyon/Paris, Saillant, 1773.

Instructions pour les jeunes dames Qui entrent dans le Monde, se marient, leurs devoirs dans cet état & envers leurs Enfans ; Pour servir de Suite au Magasin des adolescentes, Paris, Desaint & Saillant, 1764, t. 1.

La Nouvelle Clarice, Paris, Desaint, 1767.

Le Magasin des enfants ou dialogues entre une sage gouvernante et plusieurs de ses élèves de la première distinction [1756], La Haye, Pierre Gosse, 1768, t. 1.

Le Magasin des pauvres, artisans, domestiques et gens de la campagne, Londres, John Nourse, 1767.

Les Américaines ou la preuve de la religion chrétienne par les lumières naturelles, Annecy, M. Durand, 1769.

Les Américaines ou la preuve de la religion chrétienne par les lumières naturelles, Paris, Brunot-Labbe / Saintmichel et Beaucé, 1811, t. 2.

Le triomphe de la vérité ou Mémoires de Mr. De La Villette, Nancy, Henri Thomas, 1748.

« Lettres de Madame de Montier à la marquise de *** sa fille », *Nouveau Magasin français*, février 1750 – novembre 1752.

Lettres d'Émérance à Lucie, Lyon, Bruyset Ponthus, 1765.

Magasin des adolescentes, ou Dialogues entre une sage gouvernante Et plusieurs de ses Éleves de la premiere Distinction. Pour servir de suite au Magasin des Enfans, Londres, J. Nourse, 1777, t. 1 / t. 1, II / t. 2, III / t. 2, IV.

TEXTES PUBLIÉS AVANT 1900

A SOCIETY OF GENTLEMEN, *The Critical review : or, Annals of Literature*, vol. 21, Londres, A. Hamilton, 1766.

BERTRAND, Jean-Baptiste, *Relation historique de la peste de Marseille de 1720*, Amsterdam/Marseille, Jean Mossy, 1779.

Corte de Madrid, Continuacion del Memorial Literario, instructivo y curioso, Madrid, Imprenta Real, 1795.

DESCARTES, René, *Discours de la méthode pour bien conduire sa raison, & chercher la verité dans les sciences. Plus la dioptrique. Les météores. Et la géométrie. Qui sont des essais de cete méthode*, Leyde, Jan Maire, 1637.

DESCARTES, René, *Les Meditations métaphysiques de René Des-Cartes touchant la première philosophie, dans lesquelles l'existence de Dieu, & la distinction réelle entre l'ame & le corps de l'homme, sont demonstrées. Traduites du Latin de l'Auteur par M le D.D.L.N.S. Et les objections faites contre ces Meditations par diverses personnes tres-doctes, avec les réponses de l'Auteur. Traduites par Mr C.L.R.* [1641], Paris, Jean Camusat / Pierre le Petit, 1647.

Dictionnaire de l'Académie françoise, 4e édition, Paris, Veuve de Bernard Brunet, 1762, t. 1 / t. 2.

Dictionnaire de l'Académie françoise, 5e édition, Paris, J. J. Smits, 1798, t. 1 / t. 2.

Dictionnaire de l'Académie française, 6e édition, Paris, Firmin-Didot, 1835, t. 1.
Dictionnaire de l'Académie française, 7e édition, Paris, Firmin-Didot, 1878, t. 1.
FÉRAUD, Jean-François, *Dictionnaire critique, de la langue française*, Marseille, Jean Mossy, 1787, t. 1.
GENLIS, Stéphanie-Félicité de, *De l'influence des femmes sur la littérature française, comme protectrices des lettres et comme auteurs ; ou Précis de l'histoire des femmes françaises les plus célèbres*, Paris, Maradan, 1811.
GRAFFIGNY, Françoise de, *Lettres d'une Péruvienne* [1747/52], éd. critique par Rotraud von Kulessa, Paris, Classiques Garnier, 2016.
HESSE, Catharina von, *Etwas für meine deutsche Schwestern*, Donauwörth, Brunner, 1794.
LENGLET DU FRESNOY, Nicolas, *De l'usage des romans*, Amsterdam, chez la veuve de Poilras, 1734, t. 1.
L'HÉRITIER DE VILLANDON, Marie-Jeanne, *Marmoisan ou l'Innocente Tromperie, et plusieurs autres ouvrages et en prose et en vers*, Paris, Jean Guignard, 1695.
LITTRÉ, Émile, *Dictionnaire de la langue française*, Paris, Hachette, 1874, t. 4.
LUBERT, Marguerite de, *La Princesse Couleur de rose, et le prince Céladon, conte*, La Haye, 1743.
Mercure de France, Paris, Chaubert *et al.*, février 1766.
MÉRY, Joseph (éd.), *Les Contes de fées*, par Mme Marie Leprince de Beaumont, Paris, Librairie centrale, 1865.
MOLIÈRE, Jean-Baptiste Poquelin de, *Le Malade imaginaire. Comédie, Meslée de Musique, & de Dançe*, Paris, Christophe Ballard, 1673.
MOLIÈRE, Jean-Baptiste Poquelin de, *Le Misantrope. Comédie*, Paris, Jean Ribov, 1667.
PÈRE D'ORLÉANS, *Histoire de M. de Constance, premier ministre du roi de Siam et de la dernière révolution de cet état*, Tours, Philbert Masson, 1690.
RABELAIS, François, *Les Grandes et inestimables cronicques du grant et énorme géant Gargantua, contenant sa généalogie, la grandeur et force de son corps. Aussi les merveilleux faictz d'armes qu'il fist pour le roy Artus, comme verrez cy après*, Lyon, 1532.
RACINE, Jean, *Berenice. Tragédie*, Paris, Claude Barbin, 1671.
RIBALLIER, Philippe et COSSON DE LA CRESSONNIÈRE, Catherine, *De l'éducation physique et morale des femmes, avec une notice alphabétique de celles qui se sont distinguées dans les différentes carrières des sciences & des beaux-arts, ou par des talens & des actions mémorables*, Bruxelles/Paris, chez les frères Estienne, 1779, <http://siefar.org/dictionnaire/fr/Marie_Leprince/Philibert_Riballier_et_Catherine_Cosson>, consulté le 02.03.17.
ROUSSEAU, Jean Jacques, *Émile ou de l'éducation*, Amsterdam, Jean Néaulme, 1762.

ROUSSEAU, Jean-Jacques, *La Nouvelle Héloïse* [*Lettres de deux amans, Habitans d'une petite Ville au pied des Alpes*], Amsterdam, Marc Michelrey, 1761.

VILLENEUVE, Gabrielle-Suzanne de, « La belle et la bête », in Gabrielle-Suzanne de Villeneuve, *La jeune Américaine et les contes marins*, La Haye, Au dépens de la Compagnie, 1740/41.

VILLENEUVE, Gabrielle-Suzanne de, *La Belle et la bête*, éd. critique par Martine Reid, Paris, Gallimard, coll. « Femmes de lettres », 2010.

VILLENEUVE, Gabrielle-Suzanne de et LEPRINCE DE BEAUMONT, Marie, *La jeune Américaine et les contes marins. (La Belle et la Bête). Les Belles solitaires. [Suivi de], Magasin des enfants : (La Belle et la Bête) / Madame Leprince de Beaumont*, éd. critique par Élisa Biancardi, Paris, Honoré Champion, 2008.

SCUDÉRY, Madeleine de, *Clélie, histoire romaine*, Paris, Augustin Courbé, 1654-1660.

CHOIX DE TRAVAUX PORTANT SUR MARIE LEPRINCE DE BEAUMONT

ALBERTAN-COPPOLA, Sylviane et MCKENNA, Antony (éds.), *Christianisme et Lumières*, Paris, Presses universitaires de France, coll. « Dix-huitième Siècle », 34, 2002.

ALLERA, Sophie et REYNAUD, Denis, *La Belle et la Bête, quatre métamorphoses (1742-1779)*, Saint-Étienne, Publications de l'université de Saint-Étienne, 2002.

ANDRÉ, Valérie et KRIEF, Huguette (éds.), *Dictionnaire des femmes des Lumières*, Paris, Honoré Champion, 2015.

ARTIGAS-MENANT, Geneviève, « La vulgarisation scientifique dans *Le Nouveau Magasin français* de Mme Leprince de Beaumont », *Revue d'histoire des sciences*, vol. 44, 1991, p. 343-357.

ARTIGAS-MENANT, Geneviève, « Leprince de Beaumont, Marie », *Dictionnaire des femmes des Lumières*, éds. H. Krief et V. André, Paris, Honoré Champion, 2015, t. 2, p. 716-720.

ARTIGAS-MENANT, Geneviève, « Les Lumières de Marie Leprince de Beaumont : Nouvelles données biographiques », *Dix-Huitième Siècle*, n° 36, 2004, p. 291-301.

ARTIGAS-MENANT, Geneviève, *Lumières clandestines. Les papiers de Thomas Pichon*, Paris, Honoré Champion, 2001.

BAADER, Renate, « Die Literatur der Frau oder die Aufklärung der kleinen Schritte », *Neues Handbuch der Literaturwissenschaft*, éds. J. von Stackelberg, K. von See *et al.*, Wiesbaden, Athenaion, 1980, t. XIII, p. 78-106.

BALDENSPERGER, Fernand, « Un roman exotique de Mme Leprince de Beaumont », *Revue de Littérature Comparée*, n° 26, 1952, p. 45-53.

BÉRENGUIER, Nadine, *Conduct Books for Girls in Enlightenment France*, Burlington, Ashgate, 2011.

BÉRENGUIER, Nadine, « De pédagogue à conteuse. Images de Marie Leprince de Beaumont aux XVIIIe et XIXe siècles », *Une éducatrice des Lumières, Marie Leprince de Beaumont*, éds. R. v. Kulessa et C. Seth, Paris, Classiques Garnier, 2018, p. 243-265.

BÉRENGUIER, Nadine, « Lambert, Puisieux, Leprince de Beaumont, Epinay and the Legacy of their Educational Manuals in the Nineteenth Century », *SVEC*, n° 6, Oxford, Voltaire Foundation, 2007, p. 179-207.

BERGER, Günter (éd.), *Zur Geschichte von Buch und Leser im Frankreich des Ancien Régime. Beiträge zu einer empirischen Rezeptionsforschung*, Rheinfelden, Schäuble, 1985.

BEUTEL, Albrecht et LEPPIN, Volker (éds.), *Religion und Aufkärung. Studien zur 'Umformung des Christlichen'*, Leipzig, Evangelische Verlagsanstalt, 2004.

BIANCARDI, Elisa, « Leprince de Beaumont », *The Teller's Tale. Lives of the classic Fairy Tale Writers*, éd. S. Raynard, New York, State University of New York Press, 2012, p. 109-120.

BOLÚFER PERUGA, Monica et GOMIS COLOMA, Juan, « European Women Writers Translated into Spanish in the Eighteenth Century », *Les rôles transfrontaliers joués par les femmes dans la construction de l'Europe*, éd. G. Leduc, Paris, L'Harmattan, 2012, p. 33-44.

BOYER-VIDAL, Marie-Françoise, « Madame Leprince de Beaumont (1711-1780) », *Femmes pédagogues. De l'Antiquité au XIXe siècle*, éd. J. Houssaye, Paris, Fabert, 2008, p. 173-191.

BRAVO-VILLASANTE, Carmen, *Weltgeschichte der Kinder- und Jugendliteratur. Versuch einer Gesamtdarstellung*, Hannover, Hermann Schroedel, 1977.

BRODEUR, Pierre-Olivier, « 'Ma chère Julie n'a jamais lu de romans'. Madame Leprince de Beaumont et la recherche d'un romanesque nouveau », *Marie Leprince de Beaumont. De l'éducation des filles à « La Belle et la Bête »*, éds. J. Chiron et C. Seth, Paris, Classiques Garnier, 2013b, p. 47-57.

BRODEUR, Pierre-Olivier, « La providence romanesque de Mme Leprince de Beaumont »,
Œuvres et critiques, L'apologétique littéraire et les anti-Lumières féminines, n° 38/1, 2013b, p. 103-116.

BROUARD-ARENDS, Isabelle et PLAGNOL, Marie-Emanuelle (éds.), *Femmes éducatrices au siècle des Lumières*, Rennes, PUR, 2007.

BRUCKER, Nicolas, *Une réception chrétienne des Lumières. « Le Comte de Valmont » de l'abbé Gérard*, Paris, Honoré Champion, coll. « Les Dix-huitièmes siècles », 97, 2006.

BRÜGGEMANN, Theodor et BRUNKEN, Otto *et al.*, *Handbuch zur Kinder- und Jugendliteratur*, Stuttgart, J. B. Metzler, 1982.

BUSQUET, Raoul, *Histoire de Marseille*, Marseille, Jean Laffitte, 1998.

CALAS, Frédéric, *Le roman épistolaire*, Paris, Nathan, 1996.

CARADEC, François, *Histoire de la littérature enfantine*, Paris, Albin Michel, 1977.

CAVILLAC, Cécile, « Vraisemblance pragmatique et autorité fictionnelle », *Poétique*, nº 101, 1995, p. 23-46.

CHARRIER-VOZEL, Marianne, « La réponse de Mme le Prince de Beaumont à *L'Année merveilleuse* de l'abbé Coyer : pour une nouvelle masculinité ? », *Le Mâle en France 1715-1830. Représentations de la masculinité*, éds. K. Astbury et M.-E. Plagnol-Diéval, Frankfurt am Main, Peter Lang, 2004, p. 39-47.

CHARTIER, Roger, *Les Origines culturelles de la Révolution française*, Paris, Seuil, 1990.

CHERRAD, Sonia, *Le discours pédagogique féminin au temps des Lumières*, Oxford, Voltaire Foundation, 2015.

CHIRON, Jeanne et SETH, Catriona (éds.), *Marie Leprince de Beaumont. De l'éducation des filles à « La Belle et la Bête »*, Paris, Classiques Garnier, 2013.

CLANCY, Patricia A., « A French Writer and Educator in England : Madame Leprince de Beaumont », *SVEC*, nº 201, Oxford, Voltaire Foundation, 1982, p. 195-208.

CLANCY, Patricia A., « Beaumont, Marie Leprince de (1711-1780) », *Dictionnaire des journalistes : 1600-1789*, éd. J. Sgard, Grenoble, PUG, 1976, p. 29-30.

CLANCY, Patricia A., « Mme Leprince de Beaumont : Founder of Children's Literature in France », *Australian Journal of French Studies*, vol. 16, 1979, p. 281-287.

COHÈN, Michèle, « Intellectual women's roles across borders : French educationists Genlis et Leprince de Beaumont's influence in England in the late eighteenth century », *Les Rôles transfrontaliers joués par les femmes dans la construction de l'Europe*, éd. G. Leduc, Paris, L'Harmattan, 2012, p. 135-146.

DE GELDER, Wyneke, *Op het raakvlak van Verlichting en geloof : De Russische receptie van Jeanne-Marie Leprince de Beaumont (1711-1780)*, mémoire de maîtrise sous la direction de A. C. Montoya, Université de Groningen, 2011.

DEGUISE, Alix S., « Introduction », dans LEPRINCE DE BEAUMONT, Marie, *Civan, roi de Bungo*, Genève, Slatkine, 1998.

DEGUISE, Alix S., « Madame Leprince de Beaumont : conteuse ou moraliste ? », *Femmes savantes et femmes d'esprit. Women intellectuals of the French Eighteenth Century*, éd. R. Bonnel, New York, Peter Lang, 1994, p. 155-182.

DESCARTES, René, *Œuvres et Lettres*, éd. André Bridoux, Paris, Gallimard, 1953.

Dictionnaire de l'Académie française, 8e édition, Paris, Hachette, 1932-1935, <https://academie.atilf.fr/8/>, consulté le 22.11.18.

ERHART, Renate, *Die Schöne und das Biest… von der Erzählung zum Film*, Frankfurt am Main, Lang, 2007.

ESCARPIT, Denise, *La littérature d'enfance et de jeunesse en Europe. Panorama historique*, Paris, PUF, 1981.

FARGE, Arlette, *Effusion et tourment, le récit des corps : histoire du peuple au XVIIIe siècle*, Paris, Odile Jacob, 2007.

FISCHLIN, Daniel, « Queer Margins : Cocteau, *La Belle et la bête*, and the Jewish differend », *Textual Practice*, vol. 12, n° 1, 1998, p. 69-88.

GODINEAU, Dominique, *S'abréger les jours. Le suicide en France au XVIIIe siècle*, Paris, Armand Colin, 2012.

HAVELANGE, Isabelle et LE MEN, Ségolène, *Le magasin des enfants. La littérature pour la jeunesse (1750-1830)*, Ville de Montreuil, Bibliothèque Robert-Desnos, 1988.

HAZARD, Paul, *Le livre, les enfants et les hommes*, Paris, Hatier, 1967.

HEARNE, Betsy Gould, *Beauty and the beast. Visions and revisions of an old tale*, Chicago, Univ. of Chicago Press, 1989.

HENNARD DUTHEIL DE LA ROCHÈRE, Martine, « Marie Leprince de Beaumont médiatrice des contes français en Angleterre, ou l'éducation des filles en Lumière(s) », *féminin/in/visible. Women authors of the Enlightenment. Übersetzen, schreiben, vermitteln*, éds. A. *Sanmann*, M. Hennard Dutheil de la Rochère, V. Cossy, Lausanne, Centre de traduction littéraire, 2018, p. 169-198.

HERZ-GAZEAU, Ramona, *La femme entre raison et religion.* Les Américaines *(1769) de Marie Leprince de Beaumont*, Paris, Classiques Garnier, 2019.

HERZ-GAZEAU, Ramona, « Christian Fürchtegott Gellert und die "Frau von Beaumont" », *Jahrbuch der Kinder- und Jugendliteraturforschung 2013/2014*, éds. B. Dolle-Weinkauff, H.-H. Ewers et C. Pohlmann, Frankfurt am Main, Peter Lang, 2014a, p. 135-142.

HERZ-GAZEAU, Ramona, « "Ihre Werke sind in jedermanns Händen" – Marie Leprince de Beaumont und ihre Rezeption in Deutschland », *Jahrbuch der Kinder- und Jugendliteraturforschung 2013/2014*, éds. B. Dolle-Weinkauff, H.-H. Ewers et C. Pohlmann, Frankfurt am Main, Peter Lang, 2014b, p. 25-40.

HERZ-GAZEAU, Ramona, « La querelle de l'âme des bêtes dans *Les Américaines.* Une étude des sources de Marie Leprince de Beaumont », *Une éducatrice des*

Lumières, Marie Leprince de Beaumont, éds. R.v. Kulessa et C. Seth, Paris, Classiques Garnier, 2018, p. 177-193.

HERZ-GAZEAU, Ramona, « Marie Leprince », *Dictionnaire de la SIEFAR*, <http://siefar.org/dictionnaire/fr/Marie_Leprince >, consulté le 13.03.18.

HESSE, Carla, *The Other Enlightenment. How French Women became modern*, Princeton, Princeton University Press, 2001.

HUMIÈRES, Catherine d', *D'un conte à l'autre, d'une génération à l'autre*, Clermont-Ferrand, Presses Univ. Blaise Pascal, 2008.

ISRAEL, Jonathan, *Radical Enlightenment*, Oxford, OUP, 2001.

JANSSENS-KNORSCH, Uta, « Virtous hearts and critical minds. The progressive ideals on an eighteenth-century governess, Marie Leprince de Beaumont (1711-1780) », *De Achttiende eeuw*, vol. 19, n° 1, 1987, p. 1-16.

JOHNS, Alessa, *Woman's Utopias of the 18th century*, Champaign, University of Illinois Press, 2003.

KALTZ, Barbara, « Der Fall Beaumont oder : Wie lernten Mädchen im 18. Jahrhundert Französisch als Fremdsprache ? », *Sprachen der Bildung – Bildung durch Sprachen im Deutschland des 18. und 19. Jahrhunderts*, éds. W. Hüllen et F. Klippel, Wiesbaden, Harrassowitz, 2005a, p. 247-260.

KALTZ, Barbara, « Der Übersetzer als Schulmeister : Johann Adolf Schlegel », *Polychronie de la traduction. Temps de l'écriture – Temps de la traduction. Littérature et nation*, éds. B. Boie et S. Le Moël, n° 31, 2005b, p. 167-181.

KALTZ, Barbara, « *La Belle et la bête* – Zur Rezeption der Werke Mme Leprince de Beaumonts im deutschsprachigen Raum », *Romanistische Zeitschrift für Literaturgeschichte*, vol. 13, n° 3/4, 1989, p. 275-301.

KASTNER, Victor (éd.), *Contes de fées, tirés du Magasin des enfants par Mme Marie Leprince de Beaumont. Revised and edited with a complete French-English vocabulary*, Paris/Londres/Boston, Hachette, 1882.

KEIL, Regina, « Das *Magasin des enfans* der Mme Leprince de Beaumont. Inhalte und literarische Formen der Mädchenerziehung im 18. Jahrhundert », *Die Schiefertafel*, vol. 8/1, 1985, p. 3-19.

KÖBERLE, Sophie, *Jugendliteratur zur Zeit der Aufklärung. Ein Beitrag zur Geschichte der Jugendschriftenkritik*, Weinheim, Beltz, 1972.

KREMER, Nathalie, *Vraisemblance et représentation au XVIIIe siècle*, Paris, Honoré Champion, 2011.

KRIEF, Huguette, « Retraite féminine et femmes moralistes au Siècle des Lumières », *Dix-Huitième Siècle*, n° 48, 2016, p. 89-101.

KULESSA, Rotraud von (éd.), *Démocratisation et diversification. Les Littératures d'éducation à l'Époque des Lumières*, Paris, Classiques Garnier, 2014.

KULESSA, Rotraud von, « Ein Klassiker der französischen Erziehungsliteratur des 18. Jahrhunderts : Le Magasin des adolescentes der Marie Leprince de

Beaumont », *Große Werke der Literatur*, éds. G. Butzer et H. Zapf, Tübingen, Narr Verlag, 2015a, vol. XIII, p. 49-65.

KULESSA, Rotraud von, « Généalogies féminines à l'époque des Lumières. Françoise de Graffigny et Marie Leprince de Beaumont », *Femmes des Lumières. Recherches en arborescence*, éd. H. Krief et M.-E. Plagnol-Diéval, Paris, Classiques Garnier, 2018, p. 277-292.

KULESSA, Rotraud von, « La fonction du dialogue dans *Le Magasin des enfants* de Marie Leprince de Beaumont », *Marie Leprince de Beaumont. De l'éducation des filles à « La Belle et la Bête »*, éds. J. Chiron et C. Seth, Paris, Classiques Garnier, 2013a, p. 73-83.

KULESSA, Rotraud von, « L'apologétique chrétienne et l'éducation au féminin : Marie Leprince de Beaumont : *Les Américaines* (1769) », *Œuvres et critiques, L'apologétique littéraire et les anti-Lumières féminines*, n° 38/1, 2013b, p. 91-102.

KULESSA, Rotraud von, « Marie Leprince de Beaumont : éducatrice éclairée, femme philosophe ou apologiste catholique », *Études sur le 18e siècle. Femmes des Anti-Lumières, femmes apologistes*, éd. F. Preyat, Bruxelles, Presses universitaires de Bruxelles, 2016a, p. 159-170.

KULESSA, Rotraud von, « Marie Leprince de Beaumont et la Querelle des femmes », *Revue Lumières, La condition des femmes dans l'Europe du XVIIIe siècle*, n° 24, 2015b, p. 75-89.

KULESSA, Rotraud von, « Marie Leprince de Beaumont. Le *Magasin des pauvres, des artisans, domestiques et gens de la campagne* et la démocratisation de l'éducation au XVIIIe siècle », *Une éducatrice des Lumières, Marie Leprince de Beaumont*, éds. R.v. Kulessa et C. Seth, Paris, Classiques Garnier, 2018, p. 53-63.

KULESSA, Rotraud von et SETH, Catriona (éds.), *Une éducatrice des Lumières, Marie Leprince de Beaumont*, Paris, Classiques Garnier, 2018.

LASA ÁLAVAREZ, Begoña, « Mme Leprince de Beaumont : un cas d'auto-traduction au XVIIIe siècle ? », *Femmes-auteurs du dix-huitième siècle. Nouvelles approches critiques*, éds. A. SIRVENT RAMOS et M. I. CORBÍ SÁEZ, et. al., Paris, Honoré Champion, 2016, p. 177-185.

LATAPIE, Sophie, « Un dispositif intégré. Le conte dans le *Magasin des enfants* de Mme Leprince de Beaumont », *Féeries*, n° 1, 2004, p. 25-144.

LEHNER, Ulrich L. et PRINTY, Michael (éds.), *A Companion to the Catholic Enlightenment in Europe*, Leiden, Brill, 2010.

LOHREY, Ivana, « "Perdonatemi però, cara amica : io non vi posso ubbidre". Marie Leprince de Beaumont et ses traductrices en Europe : contraintes et stratégies », *féminin/in/visible. Women authors of the Enlightenment. Übersetzen, schreiben, vermitteln*, éds. A. Sanmann, M. Hennard Dutheil de la Rochère, V. Cossy, Lausanne, Centre de traduction littéraire, 2018, p. 199-218.

LORENZO-MODIA, María Jesús, « Mme Jeanne-Marie Leprince de Beaumont et l'histoire des magazines en Angleterre », *Femmes-auteurs du dix-huitième siècle. Nouvelles approches critiques*, éds. A. SIRVENT RAMOS et M. I. CORBÍ SÁEZ, et. al., Paris, Honoré Champion, 2016, p. 177-185.

LOSFELD, Christophe, *Politesse, morale et construction sociale. Pour une histoire des traités de comportement (1670-1788)*, Paris, Honoré Champion, 2011.

MALLINSON, Jonathan (éd.), *The Eighteenth Century now : boundaries and perspectives*, *SVEC*, n° 10, Oxford, Voltaire Foundation, 2005.

MASSEAU, Didier (éd.), *Dictionnaire des anti-lumières et des antiphilosophes*, Paris, Honoré Champion, 2017.

MASSEAU, Didier (éd.), *Les ennemis des philosophes. L'antiphilosophie au temps des Lumières*, Paris, Albin Michel, 2000.

MASSEAU, Didier (éd.), *Les Marges des Lumières françaises*, Genève, Droz, 2004.

MASSEAU, Didier, « Roman (Critique du) et romans antiphilosophiques avant 1789 », *Dictionnaire des anti-Lumières et des antiphilosophes*, éd. D. Masseau, Paris, Honoré Champion, 2017, t. 2, p. 1357-1362.

MCMAHON, Darrin M., *Enemies of the Enlightenment : The French Counter-Enlightenment and the Making of Modernity*, New York, OUP, 2001.

MOHR, Annette, *Madame d'Epinays Konzeption der Mädchenerziehung im Umfeld von frauenspezifischen Erziehungstraktaten des 18. Jahrhunderts in Frankreich*, St. Ingbert, Röhrig, 1997.

MONTANDON, Alain, *Politesse et Savoir-vivre.* Paris, Anthropos, 1997.

MONTANDON, Alain, *Sociopoétique de la promenade*, Clermont-Ferrand, Presses de l'Université de Blaise Pascal, 2000.

MONTOYA, Alicia C. et VAN DIJK, Suzan, « Madame Leprince de Beaumont (1711-1780), Mademoiselle Bonne en hun Nederlandse lezers », *De Achttiende Eeuw*, vol. 34, n° 1, 2002, p. 5-32.

NIÈRES, Isabelle, « Les contes du *Magasin des enfants* de Madame Leprince de Beaumont », *Nous voulons lire !*, n° 123, 1998, p. 13-26.

ONANDIA, Beatriz, « La fortune littéraire de Madame Leprince de Beaumont en Espagne », *Une éducatrice des Lumières, Marie Leprince de Beaumont*, éds. R.v. Kulessa et C. Seth, Paris, Classiques Garnier, 2018, p. 227-242.

PETIT, Adrienne, « Les passions aux sentiments : le tournant affectif de la première moitié du XVIIIe siècle », *L'Invention du sentiment. Roman et économie affective au XVIIIe siècle*, éd. Philip Stewart, Oxford, Voltaire Foundation, 2010.

PIQUER DESVAUX, Alicia, « Jeanne-Marie Leprince de Beaumont : l'art de bien apprendre à lire et à vivre », *Femmes-auteurs du dix-huitième siècle. Nouvelles approches critiques*, éds. A. SIRVENT RAMOS et M. I. CORBÍ SÁEZ, et. al., Paris, Honoré Champion, 2016, p. 197-208.

PLAGNOL-DIÉVAL, Marie-Emmanuelle, « Que lire et comment lire. Quelques prescriptions au XVIIIe siècle », *Démocratisation et diversification : les littératures d'éducation à l'époque des Lumières*, éd. R. von Kulessa, Paris, Classiques Garnier, 2015, p. 65-80.

PLAGNOL-DIÉVAL, Marie-Emmanuelle, « Statut et représentation de la lectrice chez Madame Leprince de Beaumont », *Lectrices d'Ancien Régime*, éd. I. Brouard-Arens, Rennes, Presses universitaires de Rennes, 2003, p. 615-623.

PLANTÉ, Christine, *La Petite sœur de Balzac*, Paris, Seuil, 1989.

PREYAT, Fabrice, « Apologétique et anti-Lumières féminines : Prolégomènes », *Œuvres et critiques, L'apologétique littéraire et les anti-Lumières féminines*, nº 38/1, 2013, p. 1-48.

REID, Martine (éd.), *Les Femmes dans la critique et l'histoire littéraire*, Paris, Honoré Champion, 2011.

REINALTER, Helmut, *Aufklärung und Moderne*, Innsbruck/Wien/Bozen, StudienVerlag, 2008.

REYNAUD, Marie-Antoinette, *Madame Leprince de Beaumont (1711-1780)*, La Plaine Saint-Denis, Éditions Publibook, 2002.

ROBAIN, Jean-Marie, *Madame Leprince de Beaumont intime. Avec ses principaux contes et des documents inédits*, Genève, Slatkine Érudition, 2004.

ROBAIN, Jean-Marie, *Madame Marie Leprince de Beaumont intime*, Paris, La page et la plume, 1996.

SEIFERT, Lewis, « Madame de Beaumont and the Infantilization of the Fairy Tale », *French Literature Series*, vol. 31, 2004, p. 25-39.

SETH, Catriona, « Introduction. Marie Leprince de Beaumont : Lumières et ombres », *Marie Leprince de Beaumont. De l'éducation des filles à « La Belle et la Bête »*, éds. J. Chiron et C. Seth, Paris, Classiques Garnier, 2013, p. 7-42.

SONNET, Martine, *L'éducation des filles au temps des Lumières*, Paris, Les Éditions du Cerf, 1987.

SORIANO, Marc, *Guide de littérature pour la jeunesse. Courants, problèmes, choix d'auteurs*, Paris, Flammarion, 1975.

SORKIN, David, *The Religious Enlightenment. Protestants, Jews, and Catholics from London to Vienna*, Princeton, Princeton University Press, 2008.

VAN DIJK, Suzan, *Traces de femmes. Présence féminine dans le journalisme français du XVIIIe siècle*, Amsterdam/Maarssen, APA Holland University Press, 1988.

VANOFLEN, Laurence, « Une pédagogie pour les femmes ? », *Femmes éducatrices*, éds. M.-E. Plagnol et I. Brouard-Arends, Rennes, Presses universitaires de Rennes, 2003, p. 183-196.

WOODWARD, Servanne, « Definitions of Humanity for Young Ladies by Madame Le Prince de Beaumont », *Romance Languages Annual*, vol. 4, 1992, p. 184-193.

ZYGEL-BASSO, Aurélie, *La mort du conte de fées ? Les conteuses des années 1730-1750 au carrefour des esthétiques*, thèse sous la direction de M. Delon, Paris IV, 2009.

INDEX DES NOMS

INDEX DES MOTS ET EXPRESSIONS EXPLIQUÉS

TABLE DES MATIÈRES

IMPRIM'VERT®

Achevé d'imprimer par Corlet Numéric,
Z.A. Charles Tellier, Condé-en-Normandie (Calvados), en octobre 2020
N° d'impression : 168719 - dépôt légal : octobre 2020
Imprimé en France